CARTAS
e outros textos

CARTAS E OUTROS TEXTOS
Título original: *Lettres et autres textes*
Gilles Deleuze
Edição preparada por David Lapoujade

© Les Editions de Minuit, 2015
© n-1 edições, 2018

Embora adote a maioria dos usos editoriais do âmbito brasileiro, a n-1 edições não segue necessariamente as convenções das instituições normativas, pois considera a edição um trabalho de criação que deve interagir com a pluralidade de linguagens e a especificidade de cada obra publicada.

COORDENAÇÃO EDITORIAL Peter Pál Pelbart e Ricardo Muniz Fernandes
ASSISTENTE EDITORIAL Inês Mendonça
PROJETO GRÁFICO Érico Peretta
TRADUÇÃO Luiz B. L. Orlandi
REVISÃO TÉCNICA Hortencia Santos Lencastre
PREPARAÇÃO Ana Godoy
REVISÃO Clarissa Melo

Este livro contou com o apoio dos programas de auxílio à publicação do Instituto francês.
Cet ouvrage a bénéficié du soutien des Programmes d'aide à la publication de l'Institut français.

A reprodução parcial sem fins lucrativos deste livro, para uso privado ou coletivo, em qualquer meio, está autorizada, desde que citada a fonte. Se for necessária a reprodução na íntegra, solicita-se entrar em contato com os editores.

n-1edicoes.org

Gilles Deleuze

CARTAS
e outros textos

Edição preparada por
DAVID LAPOUJADE

n-1
edições

07	NOTA DA EDIÇÃO BRASILEIRA
09	APRESENTAÇÃO por David Lapoujade
11	AGRADECIMENTOS DA EDIÇÃO ORIGINAL
13	PROJETO DE BIBLIOGRAFIA

CARTAS

19	A Alain Vinson
21	A Clément Rosset
28	A François Châtelet
33	A Jean Piel
37	A Félix Guattari
60	A Pierre Klossowski
70	A Michel Foucault
73	A Ghérasim Luca
78	A Arnaud Villani
90	A Joseph Emmanuel Voeffray
94	A Elias Sanbar
96	A Jean-Clet Martin
98	A André Bernold

DESENHOS E TEXTOS DIVERSOS

103 Cinco desenhos

109 Três leituras: Bréhier, Lavelle e Le Senne

113 Ferdinand Alquié, *Philosophie du surréalisme*

117 Ferdinand Alquié, *Descartes, l'homme et l'oeuvre*

121 Curso sobre Hume (1957-1958)

169 De Sacher-Masoch ao masoquismo

182 Robert Gérard, *Gravitation et liberté*

185 Curso de agregação: os *Diálogos sobre a religião natural* de Hume

194 Índios narrados com amor

197 Gilles Deleuze, Félix Guattari: entrevista sobre *O anti-Édipo* com Raymond Bellour

239 O tempo musical

244 Prefácio para a edição norte-americana de *Francis Bacon — lógica da sensação*

TEXTOS DE JUVENTUDE

251 Descrição da mulher. Por uma filosofia de Outrem sexuada

265 Do Cristo à burguesia

276 Dizeres e perfis

289 Matese, ciência e filosofia

300 Introdução a *A Religiosa* de Diderot

308 ÍNDICE ONOMÁSTICO

NOTA DA EDIÇÃO BRASILEIRA

A presente tradução baseou-se na primeira edição de *Lettres et autres textes*, publicada em 2015 pela Éditions de Minuit, incluindo-se as erratas posteriores. Buscamos, sempre que possível, seguir as soluções encontradas pela edição original para reproduzir as marcas e notações de Gilles Deleuze, uma vez que muitos dos textos aqui presentes são originalmente manuscritos. Para facilitar a navegação pelo livro, no entanto, optamos por alguns padrões mais familiares ao leitor brasileiro. Para as *Cartas*, por exemplo, ainda que Deleuze varie suas notações de data (ora por extenso, ora com números separados por barras), decidimos por padronizá-las sempre por extenso. As datas entre colchetes são aproximadas, sendo que as estações do ano se referem ao hemisfério norte. O endereço, muitas vezes redigido em três linhas, foi deixado em apenas uma.

Outra adaptação se deu no sistema de notas. Aqui, o sistema é todo numérico, sendo que as notas marcadas por [N.T.] são do tradutor, enquanto que aquelas marcadas com [N.A.] são do próprio Deleuze, concentradas em sua maioria no texto "De Sacher-Masoch ao masoquismo". Todas as notas sem rubrica são de autoria do editor francês.

Sempre que possível, procuramos dar a referência das edições brasileiras, com suas respectivas paginações indicadas entre colchetes. Para aqueles interessados em cotejar esta edição com a original, inserimos a paginação da edição francesa em cinza entre colchetes, sempre no início ou fim de um período para evitar interrupções no fluxo da leitura.

A tradução é de Luiz B. L. Orlandi. Do conjunto intitulado "Textos de juventude", 43 páginas [266-306] foram traduzidas por Guilherme Ivo. A tradução dos dois textos dedicados ao pensamento de David Hume [121-168 e 185-194] contou com a revisão de Rafael Fernandes Barros de Souza. Por fim, a tradução de "Descrição da mulher", publicada originalmente na revista *Limiar*, v. 2, nº 4, em 2015, é de Juliana Oliva e Sandro K. Fornazari, a quem agradecemos pela autorização para retomá-la aqui. O conjunto da tradução foi revisado por Hortencia Santos Lencastre, que buscou, no caso das cartas, manter e captar o clima de cada uma, diferenciando os tons mais coloquiais, mais íntimos ou mais formais, bem como os eventuais deslizes de linguagem de Deleuze.

APRESENTAÇÃO
por David Lapoujade

Esta coletânea agrupa três tipos de textos: 1. um conjunto de cartas endereçadas a diversos correspondentes, ora próximos, ora ocasionais; 2. uma série de textos publicados ou difundidos durante a vida de Deleuze que não figuram nos dois volumes precedentes de textos póstumos (*L'Ile déserte et autres textes. Textes et entretiens 1953-1974*; *Deux régimes de fous. Textes et entretiens 1975-1995*);[1] 3. quatro textos publicados antes de 1953, renegados por Deleuze, mas cuja publicação é doravante impossível impedir.[2]

Essas três seções formam blocos completamente independentes. No que concerne às cartas, seguimos a ordem cronológica no interior de cada conjunto, segundo a data averiguada ou presumida do envio, indo do mais antigo destinatário ao mais recente. Se não há carta alguma dos destinatários, é porque Deleuze não conservava correspondências. Sobre isso, pode ser útil lembrar a cautela de Deleuze em relação a uma das únicas cartas cuja publicação parcial foi autorizada por ele em vida (carta a Alain Vinson, reproduzida neste volume); numa correspondência de 4 de outubro de 1991, ele pedia ao seu destinatário "marcar a data e o caráter de carta privada". Isso o distingue de certos autores que consideram suas cartas como prolongamentos da obra em curso. De maneira geral, Deleuze não atribuía importância alguma às cartas — no sentido de que teriam feito parte de sua obra —, razão pela qual nenhuma das que recebeu foi por ele conservada, qualquer que tenha sido o remetente.

---

1. *A ilha deserta e outros textos* (*textos e entrevistas 1953-1974*), trad. bras. coord. por Luiz B. L. Orlandi. São Paulo: Iluminuras, 2006; *Dois regimes de loucos* (*textos e entrevistas 1975-1995*), trad. bras. de Guilherme Ivo. São Paulo: Ed. 34, 2016.

2. Respeitamos aqui a vontade de Fanny [esposa de Deleuze], Émilie Deleuze [filha] e Irène Lindon [editora], que optaram por editar esses textos, uma vez que eles já circulam, sem autorização, sob uma forma por vezes falha.

No que concerne à série dos textos publicados enquanto Deleuze viveu, trata-se ora de textos há muito indisponíveis, publicados em revistas ou jornais em diversos períodos, ora de textos inéditos — tal como o curso sobre Hume, que Deleuze visava publicar, como mencionado no projeto de bibliografia (reproduzido adiante) —, ou essa longa entrevista com Félix Guattari e Raymond Bellour gravada na primavera de 1973, após a publicação de *O anti-Édipo*, e ainda inédita. [8]

Finalmente, os textos de juventude, escritos por Deleuze entre os vinte e os vinte e dois anos, figuram ao final do volume.

Reproduzimos sistematicamente cada texto em sua versão inicial fazendo as correções usuais, com exceção da entrevista sobre *O anti-Édipo* retranscrita a partir de um registro de áudio.

Não quisemos tornar os textos pesados com notas. Limitamo-nos a dar algumas precisões bibliográficas antes de cada texto quando elas esclareciam as circunstâncias de sua redação.

O mesmo princípio prevaleceu no caso das cartas que, todavia, exigiam mais informação, levando-se em conta seu caráter frequentemente alusivo. Deleuze não datava e nem sempre situava suas remessas, donde certas datas aproximativas, restabelecidas graças ao contexto.

Tornamos precisas as referências de certas citações quando faltavam ou quando incompletas. Todas essas precisões ou correções entre colchetes são do editor. Aliás, algumas delas foram atualizadas para que o leitor de hoje possa reportar-se a isso mais facilmente. Todas as notas de Deleuze são indicadas com [N.A.]. Todas as notas sem rubricas são do editor.

AGRADECIMENTOS DA EDIÇÃO ORIGINAL
[9]

Antes de tudo, devo agradecer profundamente a Fanny e a Émile Deleuze pela confiança e amizade demonstradas ao longo deste trabalho. Sem a ajuda, o apoio, a generosidade, os conselhos de ambas, esta coletânea jamais teria vindo à luz. Meus agradecimentos vão também a Monique Deleuze, assim como a Lola Guyot pela preciosa ajuda.

Quero igualmente agradecer, muito particularmente, a Raymond Bellour, André Bernold, Daniel Defert, Claire Parnet e Elias Sanbar pela colaboração amigável e pelo esclarecimento de cada um; a Clément Rosset, Jean-Clet Martin, Arnaud Villani, Antoine Châtelet, Pascale Criton, Éric Pesty, Michèle Cohen-Halimi, Joseph Emmanuel Voeffray, Pierre Macherey e Irène Lindon pelas informações ou contribuições; quero agradecer, por fim, à biblioteca Jacques Doucet e ao Imec [Institut Mémoire de l'Édition Contemporaine] — em particular a Nathalie Léger, Marjorie Delabarre e François Bordes — por terem permitido o acesso aos arquivos de seus acervos.

PROJETO DE BIBLIOGRAFIA
[11–14]

Projeto de bibliografia, redigido provavelmente em 1989 para um editor estrangeiro. Todos os textos citados foram retomados em livros, seja por Deleuze (*Conversações, Crítica e clínica*), seja nas coletâneas póstumas *A ilha deserta e outros textos* (1953-1974) e *Dois regimes de loucos* (1975-1995), seja neste livro.

I. DE HUME A BERGSON

Empirismo e subjetividade (1953)
 Curso inédito de 1955
 Hume (em "História da filosofia", dirigida por Châtelet)
 Instinto e instituições

A filosofia crítica de Kant (1963)
 Sobre quatro fórmulas... (1986)

Bergsonismo (1966)
 A concepção da diferença em Bergson (em *Études bergsoniennes*, IV, 1956)
 Bergson (Mazenod, 1956)
 Prefácio para a edição inglesa (1988)

II. ESTUDOS CLÁSSICOS

Espinosa e o problema da expressão (1968)
 Resenha de M. Gueroult, (RMM)
 Prefácio a Negri, *A anomalia selvagem*

Espinosa, filosofia prática (1981)
 Sobre o estilo de Espinosa (carta a Bensmaïa, 1988)

A dobra (*Leibniz e o barroco*) (1988)
 Entrevista a *Libération* (setembro de 1988)

III. ESTUDOS NIETZSCHIANOS

Nietzsche e a filosofia (1962)
O mistério de Ariadne
Nietzsche e o pensamento nômade (Cerisy)
Prefácio para a edição inglesa
Nietzsche, sua vida, sua obra
Nietzsche e o labirinto
Nietzsche e são Paulo, Lawrence e Jean
Vontade de potência e eterno retorno (Royaumont)

IV. CRÍTICA E CLÍNICA

Apresentação de Sacher-Masoch (1967)

Proust e os signos
Mesa redonda sobre Proust

Kafka (1975)
Dois pequenos textos sobre Lewis Carroll
Wolfson, prefácio

(Projeto)

V. ESTÉTICA

Lógica da sensação, Bacon
O frio e o quente, Fromanger

Superposições, Bene (1979)
Pequeno texto sobre Bene e a voz

Sobre os monstros, Flinker (e quarto de doente) = desenhos
Ircam [Institut de Recherche et Coordination Acoustique/Musique]
Boulez, Proust e o Tempo

O que a voz traz ao texto... (novembro de 1987)
Sobre o romance policial (1966)

VI. ESTUDOS CINEMATOGRÁFICOS

A imagem-movimento (1983)
  Uma arte de plantador (Santiago)
  Film de Beckett (em *Revue d'Esthétique*, número especial)
  Três questões sobre seis vezes dois (*Cahiers*)
  Carta a *Libération* (outubro de 1983)
  Entrevista a *Cahiers* (outubro de 1983)
  Prefácio para a edição inglesa de *A imagem-movimento*

A imagem-tempo (1985)
  A imagem-cristal (*Hors-cadre*, 1986)
  Entrevista a *Cahiers*
  Entrevista a *Cinéma*
  Carta a Serge Daney
  Conferência Femis: ter uma ideia em cinema (1987) (o que é criar?)
  Prefácio para a edição inglesa (1988)

VII. ESTUDOS CONTEMPORÂNEOS

Diálogos (1977)
  Carta a Cressole
  Entrevista a *L'Autre journal* (1985)
  Prefácio para a edição inglesa
  Conversa a *Magazine* (1988)
  Sobre o sujeito: em inglês (*Topoi*)

Foucault (1986)
  Conversa com Michel Foucault, *L'Arc*
  Prefácio a Donzelot, *L'Ascension du social*
  Três textos sobre Foucault: a) *Nouvel Observateur*; b) *Libération*;
  c) *Autre journal*

Que é um dispositivo? (colóquio)
Grandeza de Arafat (*Études Palestiniennes*)
Proposições sobre a filosofia de François Châtelet (1987) (*Péricles e Verdi*)
Em que se reconhece o estruturalismo?

VIII. LÓGICA DO SENTIDO

e ensaios "Pontos".

IX. O ANTI-ÉDIPO

Prefácio a *Psicanálise e transversalidade*
Prefácio para Hocquenghem
Psicanálise e política
Conversa com Félix, *L'Arc*
Esquizofrenia, *Encyclopedia Universalis*

X. DIFERENÇA E REPETIÇÃO

O método de dramatização
Reflexões sobre a ilha deserta (# 1950)
Prefácio para a edição inglesa

XI. MIL PLATÔS

Entrevista a *Libération*
Prefácio para a edição italiana

CARTAS

A ALAIN VINSON

Carta a Alain Vinson sobre a "coisa em si" em Kant, publicada em *Lettres philosophiques*, nº 7, 1994. Eis a apresentação que A. Vinson dá de suas questões: "Lembro-me muito bem que a questão que eu levantava incidia sobre a unidade do suprassensível, tal como mencionada por Kant (mas como incognoscível) na *Crítica do juízo*. Mais precisamente, eu perguntava como é que aquilo que estava na fonte da aparição dos fenômenos podia não ser a mesma coisa que o fundamento da minha vontade, com meu eu [*moi*] numênico, do qual, na *Crítica da razão pura*, Kant mostra (mas sem demonstrar a realidade dele, nem mesmo sua possibilidade), que ele não estaria em contradição com a Natureza, com o mundo fenomênico. Não era necessário aí [...] que pudesse não haver diferença entre o substrato dos fenômenos e o fundamento da minha vontade — que houvesse uma pluralidade de domínios qualitativamente diferentes no interior da esfera numênica? E se essa pluralidade não pudesse ser afirmada [...], não seria preciso dizer, então, que a unidade do suprassensível apenas designaria — de uma maneira simplesmente negativa e antropomórfica — tudo o que é incognoscível para nós?".

11 de abril de 1964 [17]

Caro amigo,
Fiquei feliz por ter recebido notícias suas [...]. Suas questões sobre Kant me interessam muito. Mas sua análise é tão bem conduzida que não vejo outras respostas a essas questões senão aquelas que você mesmo dá.

1) É certo que a teoria das coisas em si tem dois aspectos: como substrato dos fenômenos, como fundamento da vontade — fora de nós e em nós.

2) Como fundamento da vontade, a coisa em si já não é uma "coisa" nem um "em si" (a esse respeito, creio que você encontraria uma análise interessante no recente livro de Éric Weil, *Problèmes du kantisme* — ou *Problèmes kantiens*, não sei muito bem qual é o título).[1]

3) Eu estaria tentado a dizer que a coisa em si voluntária racional

---

1. Éric Weil. *Problèmes kantiens*. Paris: Vrin, 1963.

é um caso particular, uma especificação[2] da coisa em si substrato. Por aí, eu teria menos que você a tendência de fazer do mundo moral a fonte da *aparição* dos fenômenos. [18] O mundo moral me pareceria quando muito, em última instância, a fonte de sua inteligibilidade. Na verdade, o problema que você levanta se coloca efetivamente no kantismo, mas não é resolvido pelo próprio Kant. Ele o é por Fichte, de um lado, de outro lado por Schopenhauer — e num sentido bem próximo daquele que você indicou (em Schopenhauer, a vontade é efetivamente fonte de aparição). Ou, sobre Fichte, veja o interessante capítulo de Vuillemin a esse respeito, *L'héritage kantien et révolution copernicienne.*[3]

4) Você diz que há mais do que um *acordo* das faculdades: há uma unidade suprassensível. Concordo totalmente com você. Mas só o acordo pode ser conhecido, e a unidade só pode ser concluída dele. Isso, aliás, traria uma precisão: pois se a coisa em si-substrato não é nem matéria nem *ser pensante*, é à maneira dos seres pensantes que nós conhecemos; ao contrário, se a coisa em si-vontade é *ser pensante*, é de uma maneira que nós não conhecemos.

5) O que você pode, com razão, censurar em meu pequeno livro,[4] é ele permanecer totalmente insuficiente quanto a esse problema dos dois aspectos da coisa em si. Não levantei esse problema, todavia muito importante. Mas se o levantasse, pessoalmente não iria nem mais longe que você, nem melhor.

Com amizade,
Gilles Deleuze

---

2. Uma especificação unicamente prática. [N.A.]

3. Jules Vuillemin. *L'héritage kantien et la révolution copernicienne.* Paris: PUF, 1954. (Cf. primeira parte, cap. IV, "Examen des principes kantiens à la lumière de l'interprétation fichtéene", seção II, "La signification de la raison pratique", pp. 98-129).

4. Gilles Deleuze. *La philosophie critique de Kant.* Paris: PUF, 1963.

A CLÉMENT ROSSET

Clément Rosset [1939–] e Deleuze encontraram-se em 1961, no momento em que Deleuze trabalhava sobre *Nietzsche e a filosofia* [São Paulo: n-1 edições, no prelo]. Deleuze queria conhecer o jovem autor de *La Philosophie tragique* [Paris: PUF, 1960]. Eles continuariam a se encontrar regularmente, mas, "a partir mais ou menos da publicação de *Mil platôs*, nossas relações tornaram-se raras e acabaram por se interromper sem que jamais tenha havido a menor 'ruptura' declarada entre nós" (Clément Rosset em *Cités*, nº 40, 2009, p. 117, em que esse conjunto de cartas apareceu pela primeira vez).

26 de fevereiro de 1966 [19]

Caro amigo,
Não lhe escrevi desde sua partida para o Canadá, preguiça e excesso (tomado pelo trabalho).[1] Entretanto, não foi por deixar de pensar em você. Penso bastante em você sob todas as formas canadenses possíveis: hilaridade: mas veja nisso tão só minha amizade, se essa vida por aí não for divertida. Recebi seus carta chimpanzés e Teilhard.[2] Gostei muito, são muito bonitos e de belo estilo (Châtelet, em *L'Observateur*... não concluo meu pensamento, múltiplo a esse respeito). Persigo obscuros devaneios sobre a necessidade de um novo estilo ou de uma nova forma em filosofia; terminei um longo Sacher-Masoch, com o qual não sei muito que fazer.[3] Mas Lyon é uma espécie de Canadá. Gostaria de vê-lo em breve. Com amizade.

Gilles Deleuze

15 de setembro de 1966 [20]

Escrevo-lhe às pressas, (dizendo-lhe apenas do meu prazer de ter recebido seu chimpanzés e de tê-lo lido completamente, muito divertido).

---

1. Clément Rosset foi ao Canadá para prestar o serviço militar no programa de cooperação.
2. Deleuze refere-se ao livro de Rosset que reúne os textos "Lettre sur les chimpanzés: plaidoyer pour une humanité totale" e "Essai sur Teilhard de Chardin" (Paris: Gallimard, 1965).
3. *Présentation de Sacher-Masoch*, publicado pela Minuit em 1967.

Quanto ao problema profissional, sei pouco:

1) Fundação T:[4] isso pode dar a você três anos sem fazer nada. Ou então três anos para você terminar sua tese. Pois creio que sua potência de trabalho, quando você se dedica, é muito grande. A questão não é se sua tese será boa, pois ela o será, e mais do que boa, mas se você quer trabalhar imediatamente. Porque se você não terminar sua tese em três anos, o que acontece? Me admiraria que viesse a ter a Pesquisa após Thiers, sobretudo logo após. Portanto, se você ganha Thiers, o que seria muito interessante no imediato, é preciso dizer-lhe que a confecção da tese impor-se-á com muita urgência. É verdade que, mesmo depois de Thiers, você poderá retomar o posto de assistente. E também que, de toda maneira, você tem interesse em dedicar-se a sua tese e terminá-la bem rapidamente.

2) Professor-assistente: haverá trabalho, mas talvez menos do que você imagina. É verdade que não conheço as exigências de Jankélévitch (principalmente trabalhos escritos a serem corrigidos). Esses cursos lhe são necessários ou somente lhe dão prazer? Ao terminar o período como assistente, você terá automaticamente direito à Pesquisa (a menos que as coisas tenham mudado, ou que, na lista dos mestres--assistentes, você não seja muito solicitado a ocupar um posto após seu tempo como assistente...).

É mais devaneio do que aconselhamento. Cada frase que escrevo é corrigida pelo vago. A decisão deveria depender de circunstâncias exteriores: você pretende retomar sua vida em Paris de forma livre e privada ou de forma profissional, incluindo contato com estudantes e professores? O vago advém por não se saber o que acontecerá em três anos, na nossa profissão (por exemplo, do ponto de vista da pesquisa). De toda maneira, nos dois casos, Thiers ou assistência, *o problema comum é a necessidade de preparar sua tese*: o que será mais favorável, o que será mais excitante para você? De todas as maneiras, não se indispor com J[ankélévitch] nem com G[ouhier] (é possível, através de uma longa carta, na qual você exporá a um ou a outro as mais dignas razões de sua escolha, não conforme o desejo dele — mas não diga

---

4. Fondation Thiers. Trata-se de um "Centro de pesquisas humanistas" que propiciava bolsas de estudo. [N.T.]

em que medida G[ouhier] lhe falou e o que ele lhe disse).[5] [21] Em suma: pensando em você, leve preferência por Thiers (todavia, nada sei sobre o modo de vida lá, sobre as "obrigações"; a menos que você sinta necessidade de fazer cursos). É isso aí. Bom Canadá. Conte-me sua decisão. Com amizade,

Gilles Deleuze

Maio de 1979

Caro Clément,

De tanto reenviar minhas cartas, tenho a impressão de ter criado um mal-entendido, do qual eu seria a única vítima caso você pensasse que deixei de pensar em você e de desejar vê-lo. Há muito não nos vemos (pelo que me lembro, você telefonou num momento em que eu não me encontrava). Continuo sentindo sua falta. Telefone novamente, se quiser, em sua próxima passagem, a fim de que façamos um bom almoço como só nós sabemos fazer. O ano passou num relâmpago. Minhas páginas se acumulam e eu estou bem contente com elas, mas falta-me sempre a distância infinita cada vez menor para terminar, de modo que isso não corre o risco de acontecer, a não ser por divina surpresa.[6] Minha única descoberta foi suprimir páginas a serem feitas, ainda não feitas, o que é a única maneira de ganhar tempo. Que alegria eu tive. Mas, e você, e você? Anexo aqui um bilhete para Descombes, de quem não tenho o endereço.[7] Prefiro enviá-lo a você. Leia-o e só dê a ele se achar conveniente. Abraço afetuoso.

Gilles Deleuze

(Envelope raro, porque não tenho outro. Foi-me emprestado por Émilie.)

---

5. Vladimir Jankélévitch [1903-1985] e Henri Gouhier [1898-1994] eram, então, professores na Sorbonne.

6. Alusão à redação em curso, com Félix Guattari, de *Mil platôs*.

7. Bilhete redigido por ocasião do lançamento do livro *Le Même et l'Autre. Quarante-cinq ans de philosophie française (1933-1978)* (Paris: Minuit, 1979), do qual um exemplar fora enviado a Deleuze por Vincent Descombes.

Abril de 1981 [22]

Caro amigo,

Fiquei muito feliz com seu pequeno bilhete. Então você está numa espécie de aposentadoria? Você sabe que tenho confiança em sua força e tenho o pressentimento de que você sairá disso com uma grande renovação, de uma maneira inesperada por todos os seus amigos. Fiz um pequeno relatório sobre o estado da literatura e da filosofia hoje, que gostaria de enviar a você e saber de sua opinião. Até breve. Com amizade,

Gilles Deleuze

— Você não deve pensar frequentemente, nem com prazer, na grotesca prova que a universidade lhe infligiu.[8] Eis que um certo número de pessoas, relativamente poderosas (Bourdieu, por exemplo) começam a se inquietar com esse estado de coisas. Gostaria muito, quando nos virmos, que você tivesse a paciência de me contar isso. Seria bom que houvesse um movimento contra.

21 de outubro de 1981

Caro Clément,

Não nos vemos mais, o que muito lamento. Passei as férias todas no Limousin sem retornar a Paris. Gostaria muito de tê-lo visto. Você acha que as pessoas estão mais gentis e descontraídas, desde nosso regime socialista? Aliás, isso não é uma razão para que o mundo universitário melhore. Estou sempre sobrecarregado, e isso me deixa nervoso: é a idade, ou então minha saúde frágil. Com Villani aconteceu alguma coisa que me deixou profundamente aborrecido:[9] ele havia me telefonado, e depois chegou a Paris sem me avisar quanto à data exata, e não pude vê-lo. Se for possível, diga-lhe que estou numa verdadeira confusão, mas também que ele não lastime muito, dado

---

8. Clément Rosset fora a Paris para ser admitido como professor das universidades, segundo o procedimento em vigor, mas não obteve voto entre o conjunto dos votantes.

9. Arnaud Villani, professor de *khâgne* no liceu Masséna, em Nice, escreveu um livro sobre Deleuze (*La guêpe et l'orchidée*. Paris: Belin, 1999) que ele desejava publicar pela Minuit. [*Khâgne* é o termo empregado para indicar os cursos preparatórios para a renomada Escola Normal Superior. N.T.]

que as conversações filosóficas são uma coisa dolorosa. [23] Você tem trabalhado bem? Abraço.

Gilles Deleuze

Você vem no Natal?

3 de dezembro de 1982

Estou contente por ter notícias suas. Acabo de escrever a Villani uma longa carta, mas não sei se ela o reanimará para imaginar, supor, reconstituir o que aconteceu. Ele a mostrará a você, talvez. Em poucas palavras, creio que houve um mal-entendido desde o início, e que as razões pelas quais eu gostei da carta de Villani eram justamente aquelas que tornavam Jérôme cada vez mais reticente, pois ele desejava um livro muito mais "escolar", em certo sentido, para um público estudantil.[10] Mas me dói que Villani esteja estremecido.

Estou verdadeiramente contente com sua nomeação. Sim, tive uma crise muito forte de respiração. Tenho, pois, uma vida cada vez mais retraída. Mas me sinto extremamente bem se não cometo nenhuma imprudência. E você, saiu do seu retiro momentâneo? Meu trabalho sobre o cinema me agrada muito; em todo caso, como você diz, é um tema virgem. O que você anda fazendo agora? Até breve, com toda minha amizade.

Gilles Deleuze

18 de junho de 1983

Caro Clément,

O que acontece que não nos vemos há tanto tempo? Suponho que você tenha a necessidade de uma aposentadoria tanto quanto eu tenho [*sic*], e de uma querida solidão. Mas isso nada suprime da minha amizade por você, e espero que você sinta a mesma coisa. Eu ficaria muito contente em vê-lo quando você retornar a Paris. [24] Quanto a esse colóquio Nietzsche, infelizmente, está acima de

---

10. Trata-se de Jérôme Lindon, diretor das Éditions de Minuit, que recusou o manuscrito.

minhas forças:[11] não me honre tanto a ponto de subordinar tantas coisas a minha presença. Tenho certeza de que eu teria pelo menos uma bronquite ou algumas erupções; e meu único prazer seria ver você; e também ouvir a música. O que seria bom é que você organizasse tudo como acha melhor, de modo que eu pudesse ver se irei no último momento, conforme meu estado, mas não para falar, somente para ouvir a música. Sobretudo não para falar. Você leu o *Cahiers de Rodez* (três ou quatro tomos grossos) de Artaud? Tenho a impressão de que se trata de algo tão importante quanto os últimos cadernos de Nietzsche. Uma genealogia e uma criação de ritmos fantásticos, com acerto de contas anticristão. Fiquei bastante comovido, muito comovido.

De antemão estou muito contente com seu próximo livro, embora eu não duvide, caro Clément, das suas duras opiniões a meu respeito. Mas você jamais alcançará as de um certo Mattéi (de Nice) que me enviou um estranho livro.[12] Até breve, é o que eu desejaria. Abraço.

Gilles Deleuze

28 de novembro de 1983

Caro Clément,

Também li seu livro,[13] gosto muito que nossos livros se cruzem. Há páginas esplêndidas, e você extrai um irrefutável argumento, [ao passo] que razões para a alegria, *justamente*, não há muitas. Admiro o que você escreve sobre a música. Seu estilo. O eterno retorno, do eterno retorno gosto menos, mas que importa é que acho belo o livro todo. Me dê uma informação, Clément, por favor. Você me dizia antigamente que o canto dos pássaros tinha um grande papel na música da Idade Média (?) ou do Renascimento (?). É verdade também que o galope de cavalo tinha um grande papel, os cascos...? No maneirismo não há muitas danças do tipo galope? Se pudéssemos

---

11. Trata-se do colóquio organizado, em 1985, pelo Centro de Pesquisa em História das Ideias, da Universidade de Nice, sob o título "Le modele grec: Nietzsche, Hölderlin et la Grèce".

12. Alusão a *L'Étranger et le simulacre* (Paris: PUF, 1983).

13. Trata-se de *La force majeure* (Paris: Minuit, 1983).

fazer da galopada e do ritornelo dois complementares, isso me conviria muito. [25] Isso me seria mesmo totalmente necessário. Quando você tiver tempo, poderá me dar indicações a esse respeito? Até breve. Com amizade.

Gilles Deleuze

Dezembro de 1983

Caro Clément,

Obrigado pela sua carta: ela me é muito preciosa, você encontrou tudo o que me interessava. Guardo-a (é óbvio que o citarei ao utilizá-la, e não digo isso por supor que isso lhe inquiete, mas porque eu mesmo me preocupo com isso). Sim, li o texto do *Monde*.[14] Se você tem semelhança com alguém não é com Voltaire, é com D. H. Lawrence. Mas as pessoas não veem isso. Espero com impaciência seu texto *Ritournelle* (se houver a menor dificuldade em enviá-lo, não se preocupe, apenas me previna, quando ele for publicado).[15] Até breve. Com amizade.

Gilles Deleuze

---

14. Trata-se, sem dúvida, do artigo de Roland Jaccard no *Le Monde* de 2 de dezembro de 1983.

15. Clément Rosset não publicou texto algum sobre o ritornelo ou com esse título.

A FRANÇOIS CHÂTELET

François Châtelet [1925–1985] e Deleuze foram amigos desde seus anos de estudos na Sorbonne, onde, juntos, prepararam a agregação em filosofia. Juntos, lecionaram na universidade de Vincennes, a partir de 1970. Deleuze prestou homenagem à obra de Châtelet após seu falecimento em *Péricles et Verdi* (Paris: Minuit, 1988) [*Péricles e Verdi. A Filosofia de François Châtelet*, trad. bras. de Hortência Lencastre. Rio de Janeiro: Pazulin, 1999]. Ver, igualmente, *Dois regimes de loucos*: "Ele era uma estrela de grupo", pp. 247-250 [281-285].

28 de fevereiro de 1966 [26]
Gilles Deleuze // 53 rue du Colombier // Lyon 7ème

Caro François,
Há meses eu queria ter escrito a você, pois li seu *Platão* assim que você o enviou.[1] Depois adiei, não por falta de admiração, mas por preguiça. Depois o retomei, não faz muito tempo. Estou impressionado pelo seguinte: que você aceite a ideia nietzschiana do platonismo como tendo determinado a filosofia, mas que você não se contente em defini-la pela distinção dos mundos, mas, de uma maneira muito mais profunda, parece-me, pela lógica da razão ou racionalidade do discurso. O que você extrai disso, do ponto de vista da dialética e da teoria do ser, me parece fortemente profundo. Espero ir em breve a Paris. Com amizade.

Gilles

[Outono de 1966]
Gilles Deleuze // 53 rue du Colombier // Lyon 7ème

Caro François,
Obrigado pela carta. Você bem sabe que eu ficaria feliz, se fosse o

---

1. François Châtelet. *Platon*. Paris: Gallimard, 1965.

caso, de escrever para a *Quinzaine*.[2] Infelizmente, não posso no caso Painter. Pois, como você, acho esse livro às vezes execrável, às vezes insignificante, e ruim desde o começo.[3] Ora, não quero escrever um artigo "contra" alguma coisa ou de "reprimenda" (também nisso creio ser como você, pois, pelo que sei, você nunca escreveu um artigo unicamente para dizer que algo era ruim). Para poder escrever devemos admirar um pouquinho. Painter era uma merda americana vagamente policial, vagamente etnográfico, vagamente erudito... não dá para falar disso. Estarei em Paris no final do mês e ficaria contente se nos víssemos, se você tiver tempo.

Amizade e saudações,

Gilles

(Respondo muito tarde, demasiado tarde, é que parti para Nantes, depois fiquei alguns dias em Paris, sem enviar, e retornei ontem). (Você conhece Macherey, do Althusser's Band? Ele é talentoso e num livro recente parece encontrar algo interessante no método Painter.[4] Portanto, ele teria alguma coisa a dizer...).

Domingo [outono de 1968] [28]
Gilles Deleuze // 53 rue du Colombier // Lyon 7ème

Caro François,
Ah! Minha tese é uma sopa na qual tudo boia (o melhor deve estar no fundo, mas é o que menos se vê). Tenho as autorizações, e a tese está com Schuhl[5] para uma segunda leitura. Estarei em Paris nos dias 11,

---

2. *Quinzaine Littéraire*, publicação bimensal fundada em 1966 por Maurice Nadeau. [N.T.]

3. Trata-se da biografia em dois volumes sobre Proust, escrita por George Duncan Painter [1914-2005], *Marcel Proust – 1871-1903: les années de jeunesse* e *Marcel Proust – 1904-1922: les années de maturité*. Paris: Mercure de France, 1966.

4. Trata-se de Pierre Macherey, *Pour une théorie de la production littéraire* (Lyon: Maspero, 1966), em que Painter é citado na p. 66.

5. Pierre-Maxime Schuhl [1902–1984], filósofo, especialista em filosofia antiga, era um dos membros da banca examinadora da tese de Deleuze. Em 1960, P. M. Schuhl publicou pela PUF *Le Dominateur et les Possibles*, no qual agradecia a Deleuze por ter revisto as provas. Em 1965, ele tinha pedido uma resenha para a *Revue Philosophique de la France*

12 e 13 de dezembro; ficarei feliz se nos virmos, se você tiver tempo.

Para sua *Histoire*, já estou de acordo, farei um texto sobre Hume no prazo indicado por você.[6] Mas para Espinosa é impossível, pois prometi à Presses um pequeno livro, de modo que não terei absolutamente mais nada para dizer.[7] Mas eu poderia propor algo simples sobre o estruturalismo como movimento de conjunto[8] — com a condição, evidentemente: 1) que isso possa entrar no seu plano; 2) que você já não tenha dado esse tema. Seria muito bom se pudéssemos conversar em Paris, pois tenho outras propostas para te submeter.

Com afeição e amizade,

Gilles

Segunda-feira à tarde [março de 1969] [29]

53 rue du Colombier // Lyon 7ème

François, muito agradecido pela sua palavra tão gentil. Eu também fiquei feliz por te rever mesmo que muito rapidamente. Ah, sobre essa defesa, que dizer, não há mesmo nada de engraçado a ser lembrado, o nada, o nada. Vi Alquié no dia seguinte e tive a impressão de que me fazia uma declaração de ruptura.[9] Melhor assim. Mas, a qualquer preço, é preciso que eu arranje um lugar, em Vincennes ou Nanterre

---

et de l'étranger do livro de Simondon, *L'individu et sa genèse physico-biologique* (Paris: PUF, 1964) — resenha retomada em *A ilha deserta e outros textos*, pp. 120-124 [117-122].

6. Alusão à obra coletiva em oito volumes sob a direção de François Châtelet, *Histoire de la philosophie. Idées. Doctrines* (Paris: Hachette, 1972-1973). O texto consagrado a Hume figura no tomo IV, pp. 65-78, sob o título "Hume". Ele foi retomado em *A ilha deserta e outros textos* (texto 22).

7. Trata-se da editora Presses Universitaires de France (PUF), na qual Deleuze havia publicado todas as suas obras. O pequeno livro a que ele se refere é *Spinoza* (Paris: PUF, 1970), retomado, ampliado em vários capítulos e publicado pela Minuit sob o título *Spinoza, philosophie pratique* em 1981. [Ed. bras.: *Espinosa: filosofia prática*, trad. de Daniel Lins e Fabien P. Lins. São Paulo: Escuta, 2002].

8. A proposta corresponde ao que será, finalmente, o artigo "À quoi reconnaît-on le structuralisme?", em *Histoire de la philosophie*, t. VIII: Le XXᵉ siècle (Paris: Hachette, 1973, pp. 299-335), retomado em *A ilha deserta e outros textos* (texto 23).

9. Ferdinand Alquié [1906-1985], especialista em Descartes e Kant, antigo professor de Deleuze, era o orientador da tese complementar de Deleuze, dedicada ao problema da expressão em Espinosa.

(se ainda houver), no próximo ano. Prefiro entrar em outra caverna do que recomeçar em Lyon. Portanto, eu te suplico, mantenha-me informado a respeito de tudo que poderia me interessar. Que bastardos, que nojentos. Jeannette fez um texto entusiasta, que acho (evidentemente) muito bom.[10] Te enviaremos amanhã. Mas saiba como estou tocado por tudo o que você faz, por tua amizade. Antes de tudo, estou ansioso que você leia esse livro do qual duvido sobre a Diferença e [a] Repetição (eu o enviarei a você, mas de Lyon); pois teu julgamento é daqueles que mais contam para mim, e somente se ele te agradar é que você falará desse livro. Digo isso em virtude da importância que atribuo aos teus artigos. Abraço.

Gilles

Terça-feira [outono de 1970]
Gilles Deleuze // Mas Revéry // 87. St. Léonard de Noblat

Caro François,
Li *La Philosophie des professeurs*,[11] admiro e gosto muito, porque de cabo a rabo é totalmente engraçado e totalmente sério. Não é uma tábua das categorias, mas elementos de toda tábua de categorias, portanto aquilo pelo que a filosofia engendra seus professores. [30] Estou brincando, todavia é isso que tenho feito no liceu. Os dois capítulos sobre a história da filosofia (com tua denúncia daqueles que querem "os textos"), e sobre o concreto, me encantam. Ah! Éric Weil. Você já tinha ido embora quando cheguei a Paris. Em todo caso, desde que você considere necessário, virei se houver "negociações" (?) a fazer. Ficarei muito aliviado se for nomeado antes do recomeço das aulas. Abraço (muito obrigado por tudo o que você faz).

Gilles Deleuze

---

10. Artigo publicado em 1 de março de 1969 em *La Quinzaine Littéraire*, nº 68.
11. François Châtelet, *La philosophie des professeurs*. Paris: Grasset, 1970.

Segunda-feira, 3 de maio de 1982

Penso em você em Évreux.[12] Afinal, você é uma prova viva da existência da alma, foi por ela que você se manteve quando teu corpo vacilou. Impressionou-me que, no pior momento, enquanto sofria, você permanecia de tal modo você mesmo, sendo esse o único signo que podia nos dar. Você é um homem maravilhoso, Noëlle também, maravilhosa (evidentemente, sinto quanto meu vocabulário é restrito). Acabo de telefonar a Noëlle, que ainda me falou do problema do quarto e de uma certa severidade do lugar, mas também da excelência do lugar. Virei, se isso te convém, na próxima semana, por exemplo, quinta-feira, dia 8. Os estudantes têm por você uma afeição muito grande: falta-lhes alguma coisa, isto é, alguém, você. Que o ano termine rápido... As etapas da cura, e depois tua convalescença, e depois tua invenção de um modo de vida que te protegerá mais, você saberá fazer tudo isso. Começa pela Normandie, também tem todas as características de uma incrível viagem interior. Fanny e eu te mandamos um beijo e te amamos.

Gilles

---

12. Trata-se do hospital d'Évreux, onde Châtelet se internou em razão de um enfisema.

A JEAN PIEL

Jean Piel [1902-1996] foi um alto funcionário do governo em economia e planejamento do território. Paralelamente, após a guerra, exerceu atividade editorial: foi diretor da revista *Critique* após a morte de Georges Bataille em 1962 e dirigiu conjuntamente, nas Éditions de Minuit, a coleção de mesmo nome.

27 de agosto de 1966 [31]

Mas Revéry // St Léonard de Noblat // Haute Vienne

Caro Senhor,

Peço ao senhor que me desculpe uma vez mais. Não esqueci o artigo sobre Céline, mas não consigo fazê-lo.[1] Eu acreditava poder escrevê-lo facilmente. Mas, com Sacher-Masoch, que ampliei durante essas férias,[2] e essa tese que me persegue tanto quanto a persigo (está no final), não consigo me fixar em outra coisa e dedicar o tempo que seria preciso, mesmo a um tema que admiro tanto quanto Céline. Se o senhor tiver ainda paciência, eu gostaria de fazê-lo, mas quando? Entretanto, tenho uma proposta a submeter-lhe: tive ocasião de ler o manuscrito de um curioso romance que deve ser publicado, no início do próximo ano, pela Gallimard; esse romance é uma espécie de Robinsonada, que traça uma gênese da perversão; isso me parece muito bom. O autor se chama Michel Tournier.[3] Ele me prometeu enviar as provas, assim que possível; e, então, eu submeterei ao senhor um artigo que se chamaria "neurose e perversão". É verdade que esse projeto não suprime em nada minha confusão quanto ao outro projeto repelido. O tempo, aqui, foi e permanece execrável, mas tenho

---

1. Esse artigo jamais seria publicado.

2. Trata-se do que virá a ser *Présentation de Sacher-Masoch*, publicado pela Minuit em 1967.

3. *Vendredi ou les limbes du Pacifique* foi publicado em março de 1967 pela Gallimard [Ed. bras.: *Sexta-Feira ou os limbos do Pacífico*, trad. de Fernanda Botelho. São Paulo: Difel, 1985. Aparece nessa edição, a título de posfácio, a tradução do texto de Deleuze, "Michel Tournier e o Mundo sem Outrem" (pp. 224-249), originalmente publicado como apêndice em *Logique du sens* (Paris: Minuit, 1969, pp. 350-372). Cf. *Lógica do sentido*, trad. bras. de Luiz Roberto de Salinas Fortes. São Paulo: Perspectiva, 1974, pp. 311-330].

trabalhado. Sua carta indica que o senhor também quase não tem férias. [32] Retornarei a Lyon por volta de 15 de setembro, e passarei por Paris em outubro. Agradeço-lhe profundamente pela sua compreensão. Saudações cordiais,

Gilles Deleuze

Sábado, 29 de abril de 1967
Gilles Deleuze // 53 rue du Colombier // Lyon 7ème

Caro amigo,
Estou profundamente agradecido pela sua carta. Foi o senhor que nos deu prazer pelo tempo que esteve conosco em Lyon. Estou muito feliz com sua impressão sobre o romance de Tournier; a minha era semelhante, é talvez um grande livro.

Eis o que se passou desde sua vinda aqui. Meu artigo ganhou uma certa extensão, porque eu devia dizer as coisas duas vezes, em dois níveis. Eu não via como fazer diferentemente (ao mesmo tempo, eu queria citar, creio que no espírito de *Critique*, trabalhos recentes, seja de Macherey, seja da escola Lacan, que me parecem importantes).[4] Donde, longe de me ater às 15 páginas que havíamos combinado, eu lhe envio 26.

A esse respeito sua carta me tranquilizou, seu parecer me é necessário e precioso. E igualmente para os seguintes dois pontos: primeiro, meu artigo vai convir? segundo, considerando a extensão dele e o que o senhor me havia dito dos seus projetos, quando pensa publicá-lo, se ele convier? — Não virei a Paris antes de junho, e lhe telefonarei. Com nossa viva lembrança e amizade,

Gilles Deleuze

12 de abril de 1968 [33]
Gilles Deleuze // 53 rue du Colombier // Lyon 7ème

---

4. A obra de Pierre Macherey, *Pour une théorie de la production littéraire*, foi publicada pela Maspero em 1966.

Caro amigo, escrevo-lhe bem tarde, após a noitada tão charmosa passada com você. Meus projetos, dos quais lhe falei e sobre os quais você manifestou interesse, mudaram completamente. Eu projetava um livro composto de artigos, metade dos quais, pelo menos, deveriam ser inéditos. Posto isso, eu trabalhei em um desses artigos, sobre Lewis Carroll. Mas ele tomou um tão grande porte, e se desenvolveu de maneira a virar um livro, não exatamente sobre Lewis Carroll, mas sobre a lógica do sentido em geral. É um livro que me parece bizarro, em todo caso, para mim, (infelizmente, isso não é suficiente) é melhor e mais divertido do que o que fiz até agora. Seria, então, um "tipo" de livro sobre Carroll de cerca de 150 páginas, às quais, em apêndice, eu juntaria cerca de quatro artigos desenvolvendo pontos precisos do livro.

Restam várias questões. Esse novo projeto lhe agrada, em princípio? Por outro lado, é preciso que o texto lhe convenha. Já fiz noventa páginas, mas não penso terminá-lo antes das férias de verão, ou em setembro o mais tardar. Evidentemente, eu teria o mais vivo interesse em que esse livro, se lhe convier, saia o mais rápido possível e o mais perto de minha tese em dezembro (eu já poderia apresentar a você as páginas feitas para que você me diga sua impressão, mas seria um bom método, pois está inacabado?). Diga-me seu parecer sobre tudo isso e também se o seu programa de coleção, após o retorno das férias de verão, torna tudo isso possível.

Você teve a grande gentileza de me dizer que, desde que eu lhe dê notícias mais precisas, estaria pronto, se calhar, para anunciar meu livro. Sobretudo, não o faça, nem mesmo fale sobre isso, eu lhe suplico (pois as Presses[5] repetiram várias vezes que esperam que eu lhes seja fiel e, antes de tudo, receio que, à menor contrariedade, eles não acelerem a impressão de minha tese). [34] É certo que virei a Paris na segunda metade de maio, você talvez passará antes por Lyon? Meus agradecimentos e cordiais saudações,

Gilles Deleuze

---

5. Trata-se das Presses Universitaires de France (PUF), na qual Deleuze havia publicado todas as suas obras e onde ele ainda publicaria *Différence et répétition*. *Présentation de Sacher-Masoch* será o primeiro livro publicado pela Minuit.

7 de maio de 1968
Gilles Deleuze // 53 rue du Colombier // Lyon 7ème

Caro amigo,
Obrigado por sua carta. Noto que a minha já era prematura. Pois meu texto tende a se alongar em demasia, de modo que, agora, duvido poder contê-lo em 200-250 páginas. Todavia, é possível. Mas, atualmente, já não sei mais nada. O que, evidentemente, complicaria, considerando seus projetos de publicações com o início das aulas. É verdade que, ao mesmo tempo, é duvidoso que eu o tenha terminado em agosto. Perdoe-me essas mudanças, estou surpreso com a forma que esse trabalho toma. O título projetado é *Lógica do sentido*, com o subtítulo "de Lewis Carroll aos estoicos".

Portanto, faço apenas isso. Quero dizer que sua proposta de um artigo para a revista *Critique* me agrada muito, mas me inquieta. Vejo apenas uma coisa, que poderia chamar-se "O esquizofrênico e a palavra", que acabo de fazer para meu trabalho atual.[6] Mas o enfadonho é que não vejo o meio de "enganchá-lo" a não ser num velho texto de Artaud e num artigo um pouco mais recente de *Temps modernes*. Virei a Paris na próxima semana; precisarei ver meus mestres universitários (se não foram comidos), as Presses, e tentar fixar minha data de defesa. Também telefonarei a você de Lyon antes de partir: queria que você perdoasse minha indiscrição ao dizer agora meus momentos livres na esperança de vê-lo nessa estada ainda agitada. Cordiais saudações e sinceros agradecimentos.

Gilles Deleuze

---

6. "Le schizophrène et le mot" aparece em *Critique*, nº 255-256 (agosto-setembro de 1968), retomado e remanejado em *Lógica do sentido*. [Pelo que a carta sinaliza em seguida, o texto aparece como a 13ª série desse livro com o título "Do esquizofrênico e da Menina". N.T.].

A FÉLIX GUATTARI

Quando Deleuze conheceu Félix Guattari [1930-1992], este era, ao mesmo tempo, psicanalista membro da Escola Freudiana de Paris, que seguia os ensinamentos de Lacan desde a origem do Seminário, e um ativo militante político, tendo não só atuado em diversos movimentos ("A via comunista", "A Oposição de Esquerda", "Movimento de 22 de março") como também havia sido um dos fundadores do Cerfi [Centre d'Études, de Recherche et de Formation Institutionnelles]. Deleuze e Guattari se encontram na primavera de 1969 no Limousin, onde Deleuze cumpria uma longa convalescença.

13 de maio de 1969 [35]
Gilles Deleuze // Mas Revéry // 87, St Léonard de Noblat

Caro amigo,
Obrigado pela sua carta. Também sinto que somos amigos antes de nos conhecermos. Perdoe-me também por insistir no seguinte ponto: é evidente que você inventa e maneja um certo número de conceitos complexos muito novos e importantes, fabricados em conexão com a pesquisa prática de La Borde:[1] por exemplo, fantasia de grupo; ou então seu conceito de transversalidade, que me parece de natureza capaz de superar a velha, mas sempre pronta para ressuscitar, dualidade "inconsciente individual-inconsciente coletivo" (é curioso, ou não curioso, como o inconsciente coletivo de Jung é hierárquico, para retomar um dos temas que você critica); ou então as paralelas que você encontra entre estruturas capitalistas e estrutura esquizo etc., mas não é menos evidente que esses conceitos não tenham ainda, por falta de tempo, de ocasião, sido objeto de uma elaboração teórica propriamente dita. A ideia de que as condições não estão ainda boas para fazê-lo, seja porque as coisas não vão bem na atual agitação,

---

1. A clínica de La Borde é um estabelecimento psiquiátrico onde Félix Guattari trabalhou, depois de sua fundação em 1953 pelo Dr. Jean Oury. Nessa clínica é que foram definidas, a partir dos trabalhos do Dr. Tosquelles, as bases teóricas e práticas da psicoterapia institucional (que considera o tratamento psicoterapêutico como inseparável da análise das instituições).

seja porque você mesmo não vai bem, me parece falsa: porque isso significa que só se pode verdadeiramente escrever quando as coisas vão bem, em vez de ver na escrita um fator modesto, porém ativo e eficaz, para se desligar um pouco da agitação e para a gente mesmo ir melhor. [36] É verdade que julgo tudo de fora, mas me parece, ao contrário, que talvez tenha chegado para você o momento de uma elaboração teórica. E mais, se você der sequência ao seu projeto de publicar seus artigos tais como estão,[2] não poderá dizer a si mesmo que apenas transferiu para mais tarde a perfeita elaboração, você a terá tornado impossível, e ficará a impressão de ter de retornar sobre algo já dito. *No entanto, se você mesmo julga atualmente impossível esse trabalho de construção* (ah, nada melhor do que a prisão para fazê-lo, à velha maneira dos militantes), *a outra solução, publicar os artigos tais como estão, vem a ser desejável e melhor.* Espero encontrar-me logo em melhor estado, e que possamos nos ver. Com amizade,

GD

Quinta-feira, 16 de julho de 1969

Mas Revéry // 87, St Léonard de Noblat

Caro Félix,

Seria preciso, evidentemente, abandonar todas as fórmulas de polidez, mas não as formas da amizade que nos permitem dizer um ao outro: você está brincando, não compreendo, isso não dá etc. Seria preciso que Muyard participasse completamente desta correspondência.[3] Seria preciso, enfim, que não houvesse regularidade forçada (um pode ter outra coisa para fazer ou ter necessidade de refletir, ou se reportar a um texto e não responder imediatamente). [37]

---

2. Trata-se dos artigos que compõem *Psychanalyse et transversalité*, que Guattari hesitava em publicar como estavam. A obra será finalmente publicada em 1972 pela Maspero com um prefácio de Gilles Deleuze (cf. *A ilha deserta e outros textos*, pp. 270-284 [249-260], "Três problemas de grupo").

3. Jean-Pierre Muyard, então em análise didática com Lacan, é psiquiatra na clínica de La Borde, onde Félix Guattari trabalhava. Foi por seu intermédio que Deleuze e Guattari se encontraram. Presente, então, desde as primeiras trocas, ele se retira rapidamente das sessões de trabalho entre os futuros autores de *O anti-Édipo*.

Eis as primeiras coisas que retenho do que você disse: as formas da psicose não passam por uma triangulação edipiana, em todo caso não passam, forçosamente, da maneira que se diz. Primeiramente, parece-me que isso é o essencial. Isso porque, no problema que nos interessa a todos, marxismo e psicanálise, ou economia analítica ou verdadeira "metapsicologia", ou não importa como, o que faz com que nem mesmo cheguemos a *colocar* o problema? É que se sai mal do "familismo" da psicanálise, do papai-mamãe (meu texto que você leu continua absolutamente tributário disso).[4] Então, de um lado temos o problema familiar e, de outro, os mecanismos econômicos, e se pretende fazer facilmente a junção com a determinação da família *burguesa*, e, antes mesmo de se dar conta disso, a gente já se encontra numa via completamente sem saída (creio que não será difícil mostrar que Reich permaneceu prisioneiro de tudo isso, e que foi isso que o impediu de colocar o problema no exato momento em que ele o descobria). Você dizia não haver certeza de que haja essa pirâmide "família — sociedade — deus". Em outros termos, enquanto pensarmos que as estruturas econômicas só atingem o inconsciente por intermédio da família e do Édipo, nem mesmo poderemos compreender o problema. Isso porque só se tem, então, duas vias: ou complicar Édipo (introduzindo aí um 4º etc.) ou fazê-lo variar etnograficamente. Tem-se, novamente, duas vias sem saída. Toda essa parte crítica, creio que a concebo bem, pelo menos vagamente.

Trata-se, portanto, de mostrar como, por exemplo, na psicose, dois mecanismos socioeconômicos são capazes de se implantar *diretamente* no inconsciente. Isso não quer dizer, evidentemente, que eles se implantem *tais quais* (como mais-valia, taxa de lucro…), isso quereria dizer alguma coisa mais complicada, que vocês abordavam uma outra vez quando diziam que os loucos não fazem simplesmente cosmogonia, mas também economia política, ou quando você considerava, com Muyard, uma conexão entre uma crise capitalista e uma crise esquizofrênica. Mas, justamente, sobre esses pontos vocês se

---

4. Alusão ao artigo sobre *Lógica do sentido*, que Guattari leu e analisou em "Machine et structure", retomado em *Psychanalyse et transversalité* (Paris: Maspero, 1972, reed. La Découverte, 2003). [Ed. bras.: "Máquina e estrutura" in *Psicanálise e transversalidade*, trad. de A. U. Sobral e M. S. Gonçalves. Aparecida/São Paulo: Ideias & Letras, 2004].

tornavam mais vagos. [38] Em que um louco faz economia política? Não é simplesmente quando ele faz um delírio reformista ou utópico (como seu engenheiro de La Borde); e também não é simplesmente quando ele apreende um mecanismo financeiro ou econômico como demência do mundo (como quando Nijinsky explica o caráter diabólico da bolsa): esses dois pontos são provavelmente importantes, mas seria preciso fazer uma análise de detalhe deles, mas são sintomas em conexão com algo mais profundo, *essa maneira pelas quais as estruturas socioeconômicas se implantam diretamente no inconsciente psicótico* (é aí que tomariam um lugar essencial, talvez, suas duas ideias que eu mal conheço da *máquina* e da *antiprodução*).

Isso também não quer dizer que não intervenha a triangulação edipiana ou uma estrutura desse gênero mais complicada. Mas, se eu bem os compreendi, ela interviria sobretudo no nível das conclusões e não das premissas ao modo de um "é, *portanto*, seu pai", "é, *portanto*, sua mãe", como se as posições parentais fossem determinadas como o resultado de mecanismos de outra natureza e ainda resultados parciais. Vocês pareciam mesmo ir mais longe, e aplicar isso até mesmo à morte, quando diziam que o problema esquizofrênico de modo algum é imediatamente a morte, mas que a morte aparecia sobretudo quando o esquizofrênico traduzia seus mecanismos num sistema de referência extrínseco: "é, *portanto*, a morte...". Em tudo isso o que está em questão é sempre a família como mediação inconsciente generalizada, é isso que é preciso criticar, porque é isso que impede de *colocar* o verdadeiro problema (mesmo quando a família é denunciada como família burguesa).

A direção que vocês abrem me parece muito rica pela seguinte razão: faz-se uma imagem moral do inconsciente, seja para dizer que o inconsciente é imoral, criminoso etc., mesmo quando se acrescenta que está bem assim, seja para dizer que a moral é inconsciente (superego, lei, transgressão). Eu disse uma vez a Muyard que eu não concordava com isso, e que o inconsciente *não era* religioso, não tinha "lei" nem "transgressão", e que isso era besteira: dá-se muita ênfase à religião fazendo dela a expressão espontânea de um inconsciente, ou mesmo um delírio, e assim como há racionalizações secundárias, totalmente secundárias, há irracionalizações secundárias; a religião nunca é um fenômeno, mesmo inconsciente, mas uma interpretação dos fenômenos. [39] Muyard me havia respondido dizendo que eu exagerava, e que a lei e a transgressão, tais como ressaltadas por Lacan, nada têm a ver com tudo isso. Seguramente, ele tinha razão, mas isso não importa, é até mesmo toda a teoria do superego que me parece falsa e toda a teoria da culpabilidade. A culpabilidade não é uma estrutura do inconsciente (o que admito somente para a primeira etapa concernente à angústia da perda de amor; quanto ao resto, é outra coisa que intervém, de modo algum do tipo superego e culpabilidade, e sobre isso precisaria dizer que "culpabilidade" é uma tradução em um sistema de referência extrínseco ao nível das conclusões). Em suma, encontramos o mesmo problema de um inconsciente socioanalítico.

Evidentemente, no que acabo de dizer não há palavra que seja apropriada, que não exija múltiplas nuanças e precisões. Mas ainda não chegamos nisso. A você é que cabe ver se há alguma coisa a ser tirada de uma tal correspondência; para mim, sim. Telefonarei para você quando estiver em Paris. Não sei se desta vez poderei passar na sua casa, provavelmente sim, e estou feliz que você tenha me dado as chaves. Em todo caso, aviso.

Com amizade,
GD

29 de julho de 1969[5]

Caro Félix,

Tenho, portanto, três textos seus sobre os quais refletir: sua carta, "Máquina e estrutura", e suas notas sobre Schreber.[6] À minha pergunta: *quais são os mecanismos socioeconômicos capazes de implantar no inconsciente* (isto é, sem passar pela figura familiar ordinária, mas que, ao contrário, talvez inscrevam seus resultados patogênicos nessa figura, pela via de uma "transcrição" ao modo de um "então é..."). [40]

Você respondeu: é a máquina (da sociedade industrial). "Máquina, ele mesmo, o esquizo exprime metonimicamente a máquina da

---

5. Diferentemente de todas as outras, esta carta — intitulada carta ii — está datilografada.
6. "Máquina e estrutura" é uma palestra de 1969, inicialmente destinada à Escola freudiana de Paris. Publicada em *Change*, nº 12 (Paris: Le Seuil), por iniciativa de Jean-Pierre Faye e retomada em *Psicanálise e transversalidade*.

sociedade industrial... ele trata você como uma máquina IBM trata suas informações" — É uma resposta bela e rigorosa. Ela levanta toda sorte de problemas.

1) O mais fácil: será preciso, de uma parte, estudar o tipo de máquina esquizofrênica ou paranoica, por exemplo, retomando o artigo de Tausk. Em minha lembrança, o artigo de Tausk é limitado porque ele vê, sobretudo na máquina de influenciar, uma imagem do corpo.[7] Seria preciso mostrar que é muito mais; e que, como toda máquina, a máquina esquizofrênica a/ é inseparável de um tipo de produção, aqui a (*produção*) propriamente esquizofrênica, a ser definida; b/ é inseparável também de um modo de transcrição ou de registro: não, ainda uma vez, no sentido em que ela transcreveria a imagem do corpo, mas no sentido bem mais fundamental, aquele em que ela transcreve seu próprio processo sobre uma superfície registradora que marca seu limite, o fechamento (por exemplo, a balança que registra o resultado do seu processo no mostrador). É claro que o *feedback* assegura um novo circuito da máquina ao introduzir o modo de transcrição no tipo de produção.

Lembro-me do recente livro de Henri Faure, absolutamente nulo sobre o objeto esquizofrênico.[8] Ele é nulo porque jamais se interroga sobre o mecanismo de produção de tal objeto, sobre as características da produção esquizofrênica. Por outro lado, há algumas indicações, belas em minhas lembranças, sobre a produção de uma mesa esquizofrênica, num recente livro de Michaux.[9] Seria preciso rever essas páginas; e sua experiência de La Borde deve nos fornecer todo tipo de análises alegres e precisas sobre os seguintes pontos: a produção esquizofrênica; a maneira muito particular pela qual o uso e o consumo entram em conexão com a produção; os modos muito particulares de registro (pode-se conceber, em geral, que o uso e o consumo são exteriores à máquina, embora numa conexão assinalável com a

---

7. Alusão ao artigo de Tausk "L'appareil à influencier'des shizophrènes" (1919), reeditado pela Payot em 2010.

8. Provável alusão a *Les objets dans la folie* (Paris: PUF, 1965-1966, 2 t.).

9. Henri Michaux, *Les grandes épreuves de l'esprit*. Paris: Gallimard, 1966, pp. 156-157, citado em *O anti-Édipo*, pp. 14-15 [17-18].

produção, mas que o registro é um fora-dentro, um limite envolvente, "fora" porque faz intervir uma superfície de exterioridade sobre a qual são transcritos resultados, "dentro" porque faz parte constitutivamente da máquina e regra o processo de produção) — Em tudo isso, definir, portanto, uma *economia puramente esquizofrênica* (sob o risco de perceber mais tarde que não há economia puramente esquizofrênica). [41]

(Questão de detalhe; não existe aí principalmente uma maldição do consumo na ordem esquizo? E de qual gênero?).

Nesse mesmo grupo de questões, intervém o que você diz em suas notas sobre Schreber: fazer um estudo diferencial com um esquizo da antiguidade, um esquizo feudal. Eu queria utilizar algo, mas sem saber o que fazer dele, sobre Calígula: o malicioso Suetônio narra que, em sua loucura, Calígula divide seu exército em dois, leva uma metade dele à praia e o faz pegar conchas, depois o faz massacrar a outra metade ou o inverso (a anedota é ainda mais bela do que a exponho). Racionalmente, isso se explica muito bem: "conchas" é o mesmo termo empregado para certas máquinas de guerra; Calígula tem razões para acreditar numa revolta de uma parte do seu exército, ele a desarma e a leva a liquidar-se... etc. Considerando o conjunto, há aí (mas, de uma certa maneira, do lado do próprio Suetônio) um registro esquizofrênico, isto é, uma transcrição de um processo de máquina sobre um outro registro, graças a um *jogo de palavras* concha- -máquina de guerra) — O problema esquizofrênico das línguas, seja Schreber com a língua fundamental, seja em Wolfson com seu sabir,[10] deve ser colocado assim, conforme suas indicações sobre Schreber: ele intervém necessariamente no modo de registro enquanto *acoplado* ao tipo de produção esquizofrênica.

Ainda uma vez, para o estudo diferencial e para todos esses pontos, creio que nos será preciso muito trabalho, mas que ele se fará como que por si, conforme outros problemas.

2) Ainda uma questão anexa: você começou sua carta lembrando que a oposição *manifestação/subjacência* não mais opera para o esquizofrênico.

10. Sabir é termo aportuguesado para indicar línguas compostas de elementos heteróclitos. [N.T.]

Se isso consiste em dizer que o complexo invadiu a consciência ao preço de uma perda de realidade, ou mesmo ao preço de um colapso do simbolismo — idade, sexo etc. — que seja. [42] Mas só parcialmente isso é verdadeiro, como lembra Lacan em sua tese,[11] pois há todo um sistema de transformações que intervêm e que fazem, por exemplo, com que a homossexualidade não seja "manifestada"... etc. E, com efeito, é evidente que você diz outra coisa, em conexão com sua concepção da máquina. Pode-se exprimir isso corretamente dizendo: o sujeito esquizo é habitado pela máquina, de modo que *a oposição "manifestação/subjacência"* é substituída nele pelo *acoplamento "produção-registro"*, de maneira que todo o trabalho do disfarce se faz no nível do registro, o que sugere, por outro lado, o final da p. 5 de "Máquina e estrutura")? Isso me parece muito importante, e percebo também aí, através de você, toda uma teoria fácil de ser feita. (A oposição "manifestação/subjacência" se acantona numa ordem exclusivamente familiar, ao passo que, do ponto de vista da psicose, os dados familiares, reais ou imaginários, seriam a *transcrição-registro* de um processo de outra natureza. Cf. 4).[12]

3) Começa o mais difícil. Você define a máquina por um corte, ou melhor, pela existência de múltiplos cortes:

a) no surgimento de cada máquina, do ponto de vista de uma história da tecnologia (aí não sei, não o vejo de minha parte, mas estou seguro de que você vai me convencer, necessidade de exemplos precisos).

b) relativamente ao sujeito, que, diz você, está ao mesmo tempo *do lado* da máquina e *ao lado* da máquina industrial (aí eu vejo bem, concordo).

c) em seu processo de produção (pois a máquina é sempre do tipo máquina de cortar presunto, donde o tipo de repetição e de reprodução — esses dois conceitos, a serem distinguidos conforme Marx — que ela implica; ela corta o que você chama uma cadeia significante ou várias; em nível ainda mais simples, ela corta uma simples

---

11. Alusão a *De la psychose paranoïaque dans ses rapports avec la personalité*, redigida em 1932 e publicada pela Seuil em 1975.
12. O parêntese é um acréscimo manuscrito.

cadeia associativa. É desse ponto de vista que seria preciso retomar o problema da impossibilidade do esquizofrênico *associar*. Em todo caso, e de qualquer maneira, a ideia de corte de uma cadeia é bem constitutiva, em modos diferentes, tanto da subjetividade quanto da máquina, e da subjetividade devindo máquina, quando esses modos se confundem. [43] E aí não é preciso referir-se a Lacan; pelo contrário, é preciso dar conta da tese de Lacan pela sua tese da máquina (essencial, insisto!). *A ideia da subjetividade como corte de uma cadeia associativa, vejo incontestáveis exemplos disso na arte, na literatura, e é por aí que a obra de arte correspondente é máquina).*

d) em seu significante, que, diz você, é destacado da cadeia (o que já é um outro tipo de corte), que não faz parte da máquina, mas funciona como representante de representação (aí estou à sua frente, mas não vejo bem ainda, você me explicará).

e) outro tipo de corte ainda, corte interno, entre o processo de produção e o modo de registro (isso remete a tudo o que acabo de resumir no 1) (Esse corte faz intervir, portanto, uma superfície externa de registro próprio da máquina, e uma tradução da produção sobre essa superfície).

f) corte-produção-consumo
produção-capital etc.

(Trata-se, desta vez, de uma superfície ou de um campo totalmente exterior à máquina, embora a máquina suponha esse campo. É desse ponto de vista, evidentemente, que devo me remeter a Marx, o que não faço há muito tempo).

Ora, compreendo bem que todos esses cortes na ordem da máquina formam um quadro totalmente coerente. Mas será preciso compreender que o esquizo foi invadido por todos esses cortes, que transferiu sua subjetividade à máquina (o que deixa supor que a conexão máquina-sujeito não é necessariamente esquizofrênica, que o corte do sujeito não é forçosamente investido pela máquina e em qual sentido??) — *ou então*, ao contrário, é preciso compreender (como me parece convidar a isso a segunda metade de "Máquina e estrutura") que o esquizo não mais opera corte, que está num estado de deslizamento completo num *continuum* puro, prisioneiro de intermináveis cadeias significantes ou mesmo associativas? — *Ou então ainda*, as duas coisas ao mesmo tempo? Esse ponto deveria ser rapidamente regrado, pois tenho a impressão de que o equívoco está no meu espírito mais do que em sua análise.

4) Finalmente, minha inquietação maior é com a coerência do seu conceito de antiprodução. Pois ele agrupa coisas tão diversas como: a) o campo no qual surgem e funcionam as máquinas (compreendendo aí as conexões de produção); b) as instituições sociais não produtivas (por exemplo, a família) da qual uma das funções normais na sociedade é uma espécie de registro; c) esse tipo inteiramente outro de registro que pertence à máquina à título de superfície, graças ao qual ela registra seu próprio processo de produção — É preciso compreender que os três, precisamente, se confundem na ordem esquizofrênica? Por exemplo, sendo a subjetividade esquizofrênica investida pela máquina, o processo de registro próprio da máquina inconsciente distribuiria por si só as informações relativas ao campo econômico a) e aquelas relativas à família sob a forma "transcricional" do *Então é!!* Mas, em todo caso, ou não compreendi seu pensamento, ou vejo o meio de expô-lo sem passar pelo seu dualismo brutal máquina-estrutura, substituindo-o sobretudo por um pluralismo maquinal. [44]

Paro, esgotado, no momento em que seria preciso ser mais detalhado. Fica para a próxima vez. Como combinado, responda-me ao acaso de sua própria inspiração. É assim que avançaremos. Você poderia apenas indicar o número da questão sobre a qual você encadeará?

Com amizade

[Setembro de 1969][13]

Suas notas são muito belas e essenciais. Tínhamos muita necessidade delas. Avanço na exposição do *Édipo* como limite, não sendo nem originário nem estrutural: mas escatológico. Nem acontecimento fora do tempo nem lugar vazio, mas limite não atingido, ou somente

---

13. Doravante as cartas sobre a redação de *O anti-Édipo* são mais breves; é que os dois autores, paralelamente, remetem um ao outro capítulos ou fragmentos de capítulos, datilografados por Fanny Deleuze, os quais eles corrigem mutuamente.

atingido em nossa sociedade. Se você tiver a ocasião de reagrupar ideias sobre transversalidade e sexualidade não edipiana, isso seria precioso. Mas que isso não atrapalhe o curso do seu trabalho tal como você o previu. Em *A muralha da China*, de Kafka, é contado no final que, no momento da conscrição, as jovens de um outro bairro vêm voluntariamente ao bairro afetado e aí recebem honras (sua benção tem, então, mais valor que a dos ancestrais), mas, assim que as cerimônias da conscrição terminam, elas são objeto de desprezo e banidas. [45] Estou certo de que Kafka se inspira num rito qualquer que lhe foi contado. Você tem uma ideia sobre isso? Fanny e eu precisaremos ir a Lyon para colocar à venda o apartamento de lá, de maneira que possamos procurar logo um em Paris. Que tarefa antecipadamente esgotante. Minha vinda a Dhuizon é certa, se você quiser,[14] mas a data depende do momento em que estará quase esgotado o estado atual do trabalho. Tenho visto Lindon em Paris (muito excitado porque foi amaldiçoado ritualmente pelo pai procurador, por ter escrito um prefácio para um livro sobre os *fedayin*)[15] — A ideia do nosso livro pareceu interessá-lo muito, veremos. Toda afeição a vocês dois,
    Gilles

[Final de 1969]
Caro Félix,

Aí estão as folhas. Infelizmente, a interrupção se dá no momento em que volta a ficar engraçado, bem engraçado, enfim. Mas era preciso a longa passagem austera e desconfiada na qual sofri, e por duas razões. De uma parte, a noção de mais-valia de código é bela e, além do mais, verdadeira, mas ela permanece obscura para mim, muito difícil para dizê-la, veja só. De outra parte, era preciso contornar Lévi-Strauss pelos seus discípulos, mesmo à força; sobre esse ponto creio que fomos bem-sucedidos. É evidente que todo esse capítulo, quando estiver concluído, precisará ser lido por um etnólogo (Cartry? ou então seu

---

14. Dhuizon é uma comuna do Loir-et-Cher próxima ao hospital de La Borde, onde Guattari alugava uma vasta propriedade.

15. Trata-se do prefácio de Jérôme Lindon, diretor da Minuit, ao livro de J. Vergès, *Pour les Fidayine* (Paris: Minuit, 1969).

especialista do sentido entre os Wolofs? melhor Cartry):[16] não para sua aprovação, pouco importa, mas por precaução mágica, para ver se isso o interessa. Enfim, sinto-me de novo alegre, abordando o paranoico de deserto. Tenha um bom congresso, imponha sua comunicação, bajule o bom doutor.[17] [46] Com afeição,
    Gilles

Como é bonita sua gravação de Lulu, é outra Lulu, não se compara. — O pacote, admiravelmente feito, dos pêssegos de Julien acaba de chegar. Muito agradecido. Entretanto, esqueci seu relógio, tão fininho. Que vergonha. Mas nós o enviaremos pelo correio, mas a Dhuizon, registrado.[18]

15 de abril de 1970

Caro Félix,

Suas notas são ainda extremamente belas e eu estou cada vez mais lento. Você não precisa se preocupar, isso sempre me aconteceu, isso me acontece sempre. Não obstante, envio-lhe um pequeno grupo, embora ele nem mesmo termine com o déspota (supondo-se que a distinção, pp. 200-201, entre representante recalcado, representação recalcadora e representado deslocado seja válida, será preciso mostrar que Édipo, que é representado deslocado na máquina territorial, torna-se representação recalcadora na máquina despótica, para terminar como representante recalcado na máquina capitalista. Será, portanto, uma verdadeira migração de Édipo no sentido biológico). Nassif veio com um amiguinho engraçado que, na mesma tarde de sua chegada, quebrou a clavícula.[19] Ele foi muito charmoso, e o que eu temia (um fluxo teórico) não se produziu de modo algum. Façamos dele um amigo (ele nos disse que ia a a sua casa). Desisti da [revista] *Temps modernes*, a menos que você faça questão; parece-me que há

---

16. Sobre Michel Cartry, ver a nota 20 p. 49 da carta seguinte. O especialista dos Wolofs é certamente uma alusão a András Zempléni.

17. Alusão a Jacques Lacan.

18. Sobre Dhuizon, ver a nota 14 p. 47.

19. Jacques Nassif, psicanalista próximo de Lacan, membro da Escola Freudiana de Paris.

inconvenientes e vantagens nas mesmas proporções para publicar alguma coisa incompleta. Com afeição,

Gilles

Sim, quando for possível, ficarei muito feliz em ver A, Z, Cartry.[20] Poderia me enviar, assim que você a tenha, a passagem da tese de Z sobre a água de verso?[21] [47] Isso me agrada muito. Quanto aos três livros de A, eu os enviarei a você no fim do mês. O que me aborrece é que eu rabisquei, sublinhei coisas no Griaule, pensando que era seu (e sabendo que você não veria nisso inconveniente algum). Mas respeitei as margens do incesto real. Espero que ele não fique zangado.

[Abril de 1970][22]

Caro Félix,

Como sua carta me deu prazer, sob todos os aspectos. Primeiramente, ainda bem que o grande doutor foi agradável com você,[23] e lhe tenha feito ganhar alguma coisa (jamais se saberá o quê, Nassif não me será de ajuda alguma,[24] pois esse pequeno bloco do Líbano é charmoso, mas de uma seriedade granítica, ele me telefonou, mas embora bancasse o velhaco — "então, o que houve de engraçado, então, o quê etc." — ele só me passou teoria). Em todo caso, é preciso elogiar, *amar*

---

20. Trata-se, respectivamente, de Alfred Adler, András Zempléni e Michel Cartry, etnólogos africanistas que colaboravam entre si. Dos três, Michel Cartry foi o mais próximo de Guattari. Aluno de Georges Balandier, trabalhava no campo da antropologia religiosa e publicou, com Alfred Adler, um importante artigo em *L'Homme*, em julho de 1971, "La transgression et sa dérision" (citado em várias retomadas em *O anti-Édipo*, pp. 213-4, 217-8 [189, 193]). András Zempléni redigiu em 1968 a tese *L'Interprétation et la thérapie traditionnelle du désordre mental chez les Wolofs et les Lebou* (citado em *O anti-Édipo*, pp. 244-245 [273-274]), colaborando igualmente com Adler. Seus respectivos estudos — e as sessões de trabalho com Deleuze e Guattari — constituíram uma das fontes mais importantes das teses relativas aos "Selvagens" em *O anti-Édipo*.

21. Água de verso ou de versículo (*l'eau de verset*) é a que se torna sagrada em contato com um verso ou versículo do Alcorão em rituais islâmicos pesquisados no Senegal. [N.T.]

22. Provavelmente, segundo uma correspondência de Félix Guattari de 21 de abril de 1970: "Lulu é quem?, diria Seguy! Referência, por favor" (em Félix Guattari, *Écrits pour L'Anti- Œdipe*. Paris: Lignes & Manifestes, 2004, p. 121).

23. Jacques Lacan.

24. Sobre Jacques Nassif, ver nota 19 p. 48.

o doutor: em tudo isso ele reconhecerá, aliás, que você é seu próprio mestre e não mais o discípulo dele. Por outro lado, estou plenamente feliz com seu sentimento de que nosso texto vai bem. E com a opinião de Cartry, que nos será cada vez mais preciosa (as observações dele já me levam a corrigir detalhes, e mais tarde também, com mais razão ainda, pelo que é preciso manter contato com ele). O que não impede que o essencial está no acordo entre nós dois. Eu saio, portanto, vigorado pelo que você disse. Esse capítulo é, evidentemente, o mais difícil, será uma massa que deve tornar os outros capítulos mais leves. Enviarei logo a você o grupo sobre o déspota. Virá finalmente o capitalismo para concluir esse capítulo, tenho a impressão de que, como previsto, isso nos levará ao final de maio. Obrigado pelos documentos e pelo seu novo pacote, que recebi esta manhã, (essencial para o capítulo 4). [48] 1) precisamos de detalhes sobre *a água de verso*, da qual Zempléni lhe falou[25] (o mais rapidamente que lhe for possível; é interessante, porque é exatamente o que Dali entende por método paranoico, com a diferença de que este prefere mergulhar no leite). 2) Você fez muito bem de passar para Cartry; para os outros talvez esperar que o capítulo esteja terminado; mas como você quiser. 3) Lulu é Lulu, como haveria uma referência, não é Fauré. 4) Quanto aos livros, estou em vias de ler *Capitalismo monopolista* de Baran e Sweezy, dois tipos de trotskistas americanos, é bem apaixonante.[26] Assim que você tiver a passagem de Lacan sobre Édipo... E se você tiver como pegar o Fortes (*Œdipe et Job*), e sobretudo de Luc de Heusch, *Inceste royal en Afrique*, não hesite.[27] Virei a Paris em maio, não sei quando. Com afeição,

Gilles

25. O texto, extraído da tese de Zempléni, está citado em *O anti-Édipo*, pp. 244-245 [273-274].

26. Cf. *Le capitalisme monopoliste* (Paris: Maspero, 1968), citado várias vezes em *O anti-Édipo*. [pp. 277 [310]n86, 279 [312]n87, 281[315]n90. n.t.]

27. Trata-se, para o primeiro, de *Oedipus and Job in West Africa* (New York: Cambridge University Press, 1959), que só será traduzido em 1975 (*Œdipe et Job dans les religions ouest-africaines*. Paris: Mame-Repères, 1975). Deleuze e Guattari citam, aliás, em *O anti-Édipo* [p. 166 [188]n3. N.T.], um artigo de Meyer Fortes em *Colloque sur les cultures voltaïques*, 8 (Paris-Ouagadougou: CNRS, CVRS), "Recherches voltaïques", 8 (colóquio do qual participou Michel Cartry). Trata-se, para o segundo, dos *Essais sur le symbolisme de l'inceste royal en Afrique* (Bruxelles: Université libre de Bruxelles, 1958), citado em *O anti-Édipo* (pp. 84, 238 [99, 266]).

[Meados de 1970]

Caro Félix,

Acabo de receber suas notas, e logo em seguida as li uma primeira vez. Uma maravilha, sempre: não há delírio ali, ou então o melhor. (Penso que você estaria desde agora capacitado [*faltam palavras*] nossas duas páginas lastimáveis no que acabo de enviar a você, introduzindo melhor e mais rigorosamente a noção de signo imperial ou significante despótico, fonológico). Oh, sim, irei com alegria ver Lacan na próxima passagem, mas com você, com a condição de que seja com você. Quanto ao seu desejo de que eu lhe envie provisoriamente, o conjunto de suas notas, desculpe-me por ter esquecido como que de propósito, pois você já me pedira numa carta anterior. [49] Mas é que isso me incomoda enormemente. Porque eu não tirei férias, propriamente falando. É verdade que não escrevo mais atualmente; mas leio ou releio de um lado e, de outro, ao mesmo tempo, anoto suas notas, prevendo a retomada sobre o capitalismo. De modo que, atualmente, preciso cada vez mais das suas notas; salto delas para o que estou lendo, e inversamente. Eu as talho e detalho. Pergunto-lhe, portanto, se lhe é possível ficar ainda sem elas até chegar à última parte sobre o capitalismo, momento em que poderei repassá-las a você sem inconveniente. Diga-me. Até breve. Com afeição,

Gilles

20 de julho de 1970

Caro Félix,

Sua vinda foi de um grande encanto para ambos. Entre as coisas que você disse, uma particularmente importante, de que não me dei conta, porque é sempre assim, só me apercebo depois. Estávamos nas duas direções da terapia: uma consistindo em garrotear o fluxo de figuras sobre a imagem edipiana, consistindo, portanto, em edipianizar; e a outra, a direção do futuro, consistindo em esquizofrenizar (um pouco como Burroughs diz que o problema é adquirir as *potências* da droga sem droga, ou justamente Miller, em sua extraordinária sessão de embriaguez com a água). Ora, você dizia que, praticamente, já aplicava essa direção de esquizofrenização terapêutica, forçando, precipitando seus pacientes da terapia a saltar, a *desligar* (não a resolver) Édipo. É

isso que eu queria que você escrevesse, suas direções atuais de terapia, não importa como, escreva isso se lhe aprouver, com um ou mais exemplos. É formidável. Isso iluminará o capítulo iv. Com afeição,
Gilles

(Seria essa a análise das resistências, que não foi compreendida até agora, pois o problema da transferência supõe um problema puramente analítico de fluxo, cf. *quanta* de libido).

[Setembro de 1970] [50]

Caro Félix,
Anexo o final sobre o déspota. É muito evidente que as últimas páginas estão extremamente ruins; será preciso reescrevê-las. Há uma baixa de tom, cansaço. Mas como lhe dizia, não tem importância alguma. É a lassidão desse capítulo universal. Lanço-me devagar no capitalismo. É preciso concluí-lo mesmo que se tenha de retomar mais tarde certas páginas. Meu coração já está no último capítulo, enquanto a mão ainda está neste aqui. Este último capítulo começará por uma repetição da produção desejante, das máquinas do desejo como estatuto a-pessoal do inconsciente: se você pudesse debruçar-se sobre ele desde agora, levando em conta o que dissemos nos capítulos precedentes, mas também o que ainda não dissemos, seria perfeito. É isso, o estatuto geral do inconsciente-máquina. Envie-me tudo o que você puder. Anexo os três livros pedidos pelo Adler. Você leu o *Primeiro amor*, de Beckett, obra-prima.[28] Adiei minha partida para Paris, tivemos de ir a Lyon, não há meio de vender esse maldito nojento apartamento. Eu avisarei assim que souber quando iremos a Paris. Afetuosamente,
Gilles

Depois do telefonema: fiquei bem contente em ouvi-lo. Espero suas novas páginas com impaciência. Estarei seguramente em Paris entre os dias 15 e 20.

---

28. *Premier amour*, publicado pela Minuit em 1970, o que permite datar aproximadamente a carta.

[31 de dezembro de 1971]

Ah, por qual delicadeza das coisas nosso livro termina num 31 de dezembro, afim de bem marcar que os fins são começos. Este trabalho é bem bonito, marca da sua força criativa, e da inventividade e da fluidez do meu esforço. Ele iria por si se você tivesse querido, embora 1) os cinco anos de férias 2) que, aliás, devem ser compreendidos num sentido apocalíptico, hermenêutico e cabalístico segundo unidades de medida não conhecidas 1) são para mim e não para você que deveria, pelo contrário, preparar ativamente o tomo seguinte 2) ao passo que eu não deixaria de fazer com que meu avô fosse analisado por Oury 1) tanto que tivemos de abrir mão de coisas nesse primeiro volume. [51] Fica faltando imediatamente a segunda impressão, para dar tudo em maio. Arlette deve ter pegado muito frio em Aix.[29] Saudações, saudações, saudações,
Gilles

[Final de 1976]

Ah, Félix,

Como de hábito, depois do meu entusiasmo, as dúvidas me vêm. 1) Pois Foucault diz que ele não havia pensado em nossa predição, mas que ela o convence. Eu me pergunto até que ponto ele está brincando, mas também até que ponto ele é sincero. Eu disse a ele que tinha visto B.-H. Lévy. Logo depois ele me diz que jantou na casa de "alguém" com Attali e Lévy, e que Lévy permaneceu tímido e silencioso. Falei-lhe da nossa preocupação de não parecer querer atraí-lo para nós. Ele responde que não há de se ter temor algum a esse respeito... e que, no que lhe concerne, ele conclui um livro para denunciar a identificação do poder com a lei.[30] Sua posição parece ser: vão em frente, veremos então se vocês cometem gafes (uma certa solidariedade mais ou menos secreta, sem causa comum). Ele tornou a me dizer de seu desprezo por Lyotard, sua cólera contra Lévy pela publicação de uma entrevista dele no livro coletivo.[31]

---

29. Arlette Donati, então companheira de Félix Guattari.

30. Trata-se de *La volonté de savoir* (Paris: Gallimard, 1976).

31. Alusão à obra coletiva *Politiques de la philosophie* (Paris: Grasset, 1976). Foucault, em geral, recusava participar de obras coletivas.

2) Saio pensativo. Digo a mim mesmo: por que Lévy parecia desejar tanto que escrevêssemos nosso ataque num jornal, de preferência no *Observateur*, ou num jornal pelo qual ele tenha um pouco de consideração? É que todos aqueles que estão envolvidos não estão forçosamente conscientes, ou não estão a par dessa operação que nós adivinhamos tão bem. Se publicarmos num jornal, ou nada haverá, ou então todo mundo virá para cima de nós, e o inimigo dispõe de muitos jornais. A esse respeito, nada muda se publicarmos no *Libération*: não só não teremos garantia alguma sobre a apresentação, a manchete, os subtítulos, mas *Libération* é estritamente como os outros jornais, sempre buscando uma polêmica prolongável, o que de maneira alguma é nosso objetivo. [52] Finalmente, graças a mim (pergunto-me em que medida é uma doença ou uma habilidade involuntária), todo mundo está ou estará a par, quanto mais não seja por Lévy, do nosso projeto de artigo, e nos espera. Ora, como você dizia, nossas forças não são nulas: não se atrevem a nos atacar; preferem apagar você, e me abstratificar. É justo dizer que, em um ano, você reconquistou suas posições políticas de força. Quanto a mim, minha pequena força é de jamais ter respondido a nada, nem participado de uma polêmica. Isso não significa, parece-me, que nada fazíamos. Mas tudo que fizemos e, curiosamente, é ainda mais verdadeiro sobre você do que sobre mim, isso nunca teve o sentido principal de um ataque; o ataque decorria somente de algo positivo (por exemplo, você não atacou a antipsiquiatria, nem a análise institucional, mas suas críticas decorriam de sua concepção positiva). (Assim também, no que você disse contra o *espontaneísmo*, a crítica decorria do tema positivo dos agenciamentos…) Fazendo um artigo de jornal, em que o ataque e a denúncia prevalecerão necessariamente, mesmo que seja apenas pela lei do gênero "jornal", arriscamos tomar nossas posições de força e ver se voltarem contra nós os acertos de conta que você soube evitar. Lançamo-nos numa polêmica que não poderemos controlar, e por causa de uma coisa à toa.

3) Dando corda a esses pensamentos, chego a Jérôme.[32] Adivinhe o que ele me disse: por que não uma pequena brochura de trinta ou quarenta páginas, muito diferente de *Rizoma*… Ele disse gentilmente: uma de suas forças é, também, seu bom editor, que pode publicar isso

---

32. Jérôme Lindon, diretor da Minuit.

imediatamente... O mais interessante é o argumento Jérôme concernente à diferença entre artigo de jornal e brochura. Ele diz que ninguém liga mais para um artigo de jornal depois que ele é publicado; aquilo a que nos referimos no dia a dia está sobretudo na polêmica que se desenvolverá, necessariamente, num terreno que não teremos escolhido, e à qual seremos forçados a responder em jornais que serão todos mais ou menos nossos inimigos. Vantagem da brochura, por outro lado: a) ela existe como um livro, de modo que os ataques que ela pode trazer consigo, por mais pessoais que sejam, ganham necessariamente o aspecto de crítica de um livro, à qual não somos forçados a responder; a relação de força com os jornais é então revertida a nosso favor; b) a brochura faria passar para o primeiro plano coisas positivas (o que é verdadeiramente o desejo, a análise das forças retrógadas, a oposição agenciamento-espontaneísmo... etc.) donde decorreriam nossos ataques sem que estes percam sua violência (contra Lyotard, contra a operação Clavel-Lévy, contra o eleitoralismo...); c) enfim, a brochura nos permitiria não fazer o que dissemos, pois as pessoas esperam um artigo.[33] [53]

Seria bom uma brochura a mais? Jérôme parece dizer que sim. Eis um relato incerto, meu Félix, mas exato e bem fiel. Conte-me suas reações. Um forte abraço,

Gilles

[Outono de 1977]

Félix,

Estou feliz com seu retorno, de como deve ter sido Bolonha e de tudo o que você fez.[34] Espero que não esteja cansado. Quanto a mim, tenho a impressão de ser dona de casa, creio que parei de fumar, mas não há

---

33. O projeto de brochura dará lugar à publicação do artigo "À propos des nouveaux philosophes et d'un problème plus général", suplemento da revista *Minuit*, nº 24, publicada em maio de 1977. Esse texto foi distribuído gratuitamente nas livrarias em reação, entre outras, à promoção massiva de numerosas obras de polemistas, sob o rótulo de "nova filosofia" (reproduzido em *Dois regimes de loucos*, p. 127 [143]).

34. A partir do outono de 1977, Guattari vai regularmente à Itália para participar das ações dos movimentos esquerdistas italianos. Sobre esses pontos, ver os textos de Félix Guattari, *La révolution moléculaire* (1977). Paris: 10/18, 1980 (reed. Paris: Les prairies ordinaires, 2012) [Ed. bras.: *Revolução molecular: pulsações políticas do desejo*, trad. bras. de Suely Rolnik. São Paulo: Brasiliense, 1981]. A próxima edição sairá pela n-1 edições.

muito tempo. Vejo o fim do nosso livro. Eis tudo o que submeto a você:

O plano (o que falta fazer é o que não está sublinhado):

i <u>Rizoma</u>	31 páginas
ii <u>Um só ou vários lobos</u>	15 pp.
iii <u>A geologia da moral</u>	47 pp.
iv Postulados da linguística	
v <u>Sobre alguns regimes de signos</u>	62 pp.
vi <u>Como criar para si um corpo sem órgãos</u>	37 pp.
vii <u>Rostidade</u>	32 pp.
viii <u>Três novelas ou O que se passou?</u>	22 pp.
ix <u>Micropolítica e segmentaridade</u> [54]	56 pp.
x <u>Devir intenso, devir animal, devir imperceptível</u>	99 pp.
xi Tratado de nomadologia (máquina de guerra e aparelho de Estado)	
xii Sobre o ritornelo	

xiii e seguintes: (os desenvolvimentos e conclusões sobre Agenciamentos — Máquina abstrata — Plano de consistência — Corpos sem órgãos etc.)

Já temos muitos elementos das partes não feitas. iv remeteria ao seu texto sobre a pragmática e os enunciados.[35] xii seria preparado no fim do x e remeteria ao seu recente texto sobre os pássaros e a novos desenvolvimentos sobre a música (busco coisas sobre Messiaen). xi seria demonstrado sistematicamente, à maneira de Espinosa (mas estou bloqueado a propósito do aparelho de Estado, necessidade de ver você).

No que lhe envio, o importante é tudo o que há sobre o plano de consistência, e o final sobre a música: será preciso refazê-lo, se você achar que não está bom. Mas está feito para lançar xii, de um lado, e, de outro, as conclusões.

Um forte abraço e até a próxima semana.

Gilles

(Será que você poderia me repassar os três grossos tomos sobre o exército — se não for trabalhar sobre eles?)

---

35. Alusão aos textos publicados mais tarde em *L'inconscient machinique. Essais de schizo-analyse*. Paris: Recherches, 1979 (notadamente capítulos 2 e 3) [Ed. bras: *O inconsciente maquínico. Ensaios de esquizoanálise*, trad. de Constança Marcondes César e Lucy Moreira César. Campinas: Papirus, 1988].

Domingo [verão de 1981]

Caro Félix,

Eis minha pequena carta para acolhê-lo no retorno da viagem-droga. Abraço-o muito ternamente, estou lhe esperando em casa. Creio que as viagens são respirações para você, transistências,[36] e lhe dão ideias. Eis, portanto, meu programa de trabalho para este ano. De uma parte, darei cursos sobre Cinema e Pensamento[37] (com efeito, li um pouco o pessoal de cinema, é de uma grande mediocridade, é preciso que a gente se misture). [55] Farei isso vinculado ao Bergson de *Matéria e memória*, que me parece um livro inesgotável. Mas, por outro lado, eu queria dar continuidade a essa tábua de categorias que coincide com nosso trabalho. E aí o centro seria para mim a busca de uma resposta totalmente clara e simples a O que é a filosofia?

Donde duas perguntas para começar. 1) a que você fazia, creio: por que chamar isso de "categorias"? O que são, exatamente, essas noções, "conteúdo", "expressão", "singularidade"... etc. etc. Peirce e Whitehead fazem tábuas de categorias modernas: de que maneira evoluiu essa noção de categoria? — 2) E depois, partindo das mais simples dessas categorias, "conteúdo" e "expressão", retomo minha pergunta: por que você foi levado a dar um privilégio aparente à expressão do ponto de vista do agenciamento? Seria preciso que você me explicasse com paciência.

É uma pequenina carta, como um ponto de partida para mim, ao passo que você talvez esteja em outro lugar. Volte logo, abraços,

Gilles

Acrescento terceira questão de partida: retornar à ideia de uma indiferença às coordenadas de existência... Dar um estatuto firme a essa noção. Acabo de receber um telefonema de Lebel.[38] Falar disso quando você voltar...

---

36. Esse termo traduz *transistances*, que, ao lado de *persistances* [persistências], aparece após o termo *agencements* [agenciamentos] no título do Seminário de Guattari de 8 de dezembro de 1981. Cf. <www.revue-chimeres.fr/drupal_chimeres/files/811208.pdf>. [N.T.]

37. Os cursos sobre cinema começaram em setembro de 1981, o que permite datar aproximadamente a carta.

38. Trata-se de Jean-Jacques Lebel [1936–], artista plástico, escritor, criador de manifestações artísticas, próximo de artistas da *beat generation*, amigo comum de Guattari e Deleuze.

[Fim de setembro ou início de outubro de 1982]
Saint Léonard de Noblat 87000

Caro Félix,
Tomara que o Brasil tenha sido mais alegre do que a triste Polônia.[39]
Como fazer e que fazer, mesmo do ponto de vista do sentimento,
quando os dissidentes não são mais agradáveis do que seus algozes.
[56] O Brasil, não obstante, deve ser melhor. Tenho pressa de revê-lo.
Telefonei pensando que você voltaria mais cedo, e foi Stephen quem
me disse que você voltaria por volta do dia 17.[40] Eu esperava que você
pudesse vir aqui, onde continuo e onde me isolo, porque vejo com
extremo pessimismo o retorno das aulas, como tomado por um mau
pressentimento. Tudo é terrível, e a história do Líbano me pareceu
insuportável.[41]

Assim que você voltar, tenho um grande favor a lhe pedir. A mãe
de Claire, acionando seus contatos militares, conseguiu liberar Julien
da prestação do serviço militar (queríamos Julien sem mau humor, e é
preciso dizer que ele tem um certo destino vital de fracassado).[42] Então,
um filho de Parnet me pergunta ainda se você poderia certificar que

39. Guattari tinha ido à Polônia, onde testemunhou repressões a que foi submetido o
sindicato Solidariedade, primeiramente suspenso, depois interditado pelo general
Jaruzelski após os primeiros sucessos políticos e o crescente eco que ele encontrava no
país (Guattari faz alusão a essa viagem por ocasião de uma mesa redonda em São Paulo,
em 3 de setembro de 1982. Cf. *Micropolitiques*. Paris: Le Seuil/Les empêcheurs de penser
en rond, 2007, p. 31 [Félix Guattari e Suely Ronik, *Micropolítica. Cartografias do desejo*.
Petrópolis: Vozes, 1996]). Após a viagem à Polônia, foi ao Brasil, onde se encontrou
principalmente com psicanalistas e pessoas próximas ao PT [Partido dos Trabalhadores].
Encontram-se detalhes sobre essa viagem em *Micropolitiques*, op. cit., pp. 465 ss.
40. Stephen Guattari é um dos filhos de Félix Guattari.
41. Sem dúvida, trata-se do massacre dos campos de civis palestinos refugiados de Sabra
e Chatila, em Beirute, em setembro de 1982, após o assassinato de Béchir Gémayel,
cometido por falangistas cristãos e milicianos das Forças libanesas, com a cumplicidade
do exército israelense. Deleuze volta a falar sobre esse massacre em "Grandeza de Yasser
Arafat", publicado na *Revue d'Études Palestiniennes*, nº 10, inverno de 1984, retomado em
Dois regimes de loucos, pp. 221-225 [249-251].
42. Trata-se de Claire Parnet, jornalista, antiga aluna e amiga próxima de Deleuze, coautora
de *Dialogues* (Paris: Flammarion, 1977 [Ed. bras.: *Diálogos*, trad. de Eloisa A. Ribeiro.
São Paulo: Escuta, 1998]), que tomou a iniciativa de várias entrevistas, notadamente do
Abécédaire (realizado por Pierre-André Boutang, 1989). O filho de Deleuze, Julien, queria
escapar do serviço militar obrigatório.

ele fez com você um estágio em La Borde (isso é necessário para o mestrado dele). Se você aceitar, eu ficaria verdadeiramente contente, e me previna para que François Parnet faça contato com você. Mas se isso lhe aborrece, diga-me sinceramente.

Tenho lido bastante sua carta, na qual você diz que nosso trabalho em comum se esfumou, que você não sabe muito bem nem o que ele foi para nós, e nem onde você se encontra hoje. Quanto a mim, vejo bem. Creio que você é um prodigioso inventor de conceitos "selvagens". Aquilo que tanto me encantava nos empiristas ingleses, é você que o tinha. Não estou seguro de que, como você diz, suas ideias filosóficas vinham de convicções e engajamentos extrínsecos. Em todo caso, o inverso é também verdade: é esse tipo de empirismo transcendental que animava para você a política. Reli o conjunto dos seus capítulos atuais sobre territórios, universos etc.: é um conjunto esplêndido, profuso.[43] [57] De duas coisas, uma vai acontecer: ou você vai tocar isso sozinho, ou voltamos a nos reunir para nossas sessões. Seria preciso que eu terminasse meu trabalho sobre o cinema, que me apaixona (eu redigi bastante aqui, e devo terminar ao longo do ano). Em seguida, estarei totalmente livre, porque aquilo que eu gostaria de fazer sobre O que é a filosofia? precisa muito do seu tema Território-Universo-Máquina. De qualquer jeito, creio fortemente que nós dois iremos trabalhar (e, como complemento, gostaria muito de fazer um pequeno trabalho literário sobre um autor de quem os dois gostássemos, um gênero de trabalho divertido).

Oh, sim, não gosto desse retorno das aulas, e St. Denis já não me diz mais nada. Espalho cada vez mais o boato sobre minha saúde muito, muito delicada (não se assuste). Estou feliz por revê-lo logo, forte abraço.

Estarei aqui até por volta do dia 20.

Gilles

---

43. Trata-se certamente de textos integrados mais tarde em *Cartographies schizoanalytiques* (Paris: Galilée, 1989).

A PIERRE KLOSSOWSKI

Pierre Klossowski [1905-2001] e Deleuze começam a se encontrar em meados dos anos 1960, em torno da figura de Nietzsche. Eles se tornaram amigos íntimos, demonstrando admiração mútua, até o início dos anos 1980, momento em que Deleuze rompe toda ligação com os Klossowski.

19 de dezembro de 1969 [58]
Mas Revéry // 87. St Léonard de Noblat

Caro Amigo,
Acabo de ser operado, covarde agressão orgânica, porcaria de cirurgia, mas estou bem melhor.[1] Penso frequentemente em você, e acabo de reler seu *Nietzsche*.[2] Minha admiração é total, imensa. Eu o relia por ter necessidade de falar dele num livro que faço atualmente (tenho a impressão de que as melhores páginas são aquelas em que falo de você).[3] Penso em você com profunda afeição (até breve, pois penso passar por Paris proximamente).
Gilles

Quarta-feira [início de 1970] [59]
Mas Revéry // 87. St Léonard de Noblat

Caro Amigo,
Recebi um bilhete de Catherine Backès, de quem gosto muito,

---

1. Deleuze foi submetido, no outono de 1969, a uma toracoplastia destinada a erradicar uma tuberculose contraída alguns anos antes. Essa operação, muito complicada, impôs um prolongado repouso.
2. Pierre Klossowski. *Nietzsche et le cercle vicieux*. Paris: Mercure de France, 1969. Lembremos que a obra foi dedicada a Gilles Deleuze [Ed. bras.: *Nietzsche e o círculo vicioso*, trad. de Hortencia Lencastre. São Paulo: Pazulin, 2000].
3. Trata-se de *O anti-Édipo*. [referências a Klossowski nas páginas 27 [36], 27 [36]n19, 74 [89], 75 [89-90], 89 [104-3], 92 [107], 104 [121-2], 106 [123], 219 [246], 394 [437], 413-14 [458-9], 441 [487], 442 [488]. n.t.].

falando-me de um número especial sobre você.[4] Eu gostaria muito de participar dele, ficaria muito alegre com isso. E pensei no seguinte: creio que já disse a você numa carta que eu estava fazendo com um amigo, Félix Guattari, um livro onde há uma longa passagem inspirada por você e comentando teses do *Círculo vicioso*; então pensei em propor essa passagem, remanejando-a e apresentando-a como extraída de um livro a ser publicado (o livro se chamará "Capitalismo e esquizofrenia", mas a passagem [se chama] "as três sínteses", e trata da conexão, da disjunção e da conjunção, cuja compreensão você renovou) — vejo nisso a vantagem de que esse texto diz nossa admiração por você, e o diz em termos diferentes daqueles que empreguei antes.[5] *Porém, antes de tudo, seria preciso que o princípio dessa fórmula convenha a você*: faça-me o favor de me dizer se você não vê inconveniente nisso (se houver inconveniente, farei de outra maneira). Terminou o grave *pensum* [o peso do pensamento] do *Nietzsche* de Martin?[6] Esteja logo livre para novas tarefas. Acabo de ler sua entrevista em *L'Idiot*.[7] É muito bela e me alegrou. Preocupado em encontrar um lugar para voltar a Paris, acabo de me apresentar à Sorbonne, o que foi uma catástrofe, oh là là; estou vivendo a experiência do bom menino que se acreditava amado e se descobre odiado, meu orgulho sai disso abalado. Queira Deus que Vincennes não desapareça e me acolha. Pois quero a qualquer preço me reinstalar em Paris (estou curado agora). Como ficarei feliz em revê-lo. [60] Com admiração e amizade, de todo coração.

Gilles

---

4. Catherine Backés-Clément era uma das redatoras da revista *L'Arc*. O número especial de *L'Arc* consagrado a Klossowski aparece em 1970 (nº 43) com um artigo de Deleuze e Guattari, "La synthèse disjonctive", extraído da redação de *O anti-Édipo* em curso.

5. Trata-se do artigo coescrito com Félix Guattari, "A síntese disjuntiva", extraído da redação de *O anti-Édipo* em curso. A referência a um texto anterior é uma alusão ao texto reproduzido em apêndice ao *Lógica do sentido*, "Klossowski ou os corpos-linguagem", pp. 325-350 [289-310].

6. Alusão à tradução do *Nietzsche* de Heidegger em dois volumes, publicado pela Gallimard em outubro de 1971.

7. Trata-se de uma conversa, "L'autre société", aparecida em *L'Idiot international*, nº 3, em fevereiro de 1970.

30 de outubro de 1970

1 bis rue de Bizerte // Paris 17ème

Caro Amigo,
Estamos reinstalados em Paris.[8] Emoção de reencontrar esta cidade que nos fazia falta, e sobretudo de estar mais próximo daqueles que amamos. Temos um apartamento estranhamente silencioso perto da fervilhante praça Clichy. Releio neste momento, para trabalho, suas páginas sobre o gregarismo e a seleção: é um texto admirável e revolucionário que mostra em seu *Nietzsche* uma via singular de ultrapassagem do freudismo. Como é belo e novo esse livro, à enésima leitura. Partimos para o feriado de Todos os Santos. Se me permitir, telefonarei a você ao retornar. Ficarei alegre em revê-lo brevemente. Com profunda amizade,
Gilles

18 de fevereiro de 1971

1 bis rue de Bizerte // Paris 17ème

Caro Amigo,
Catherine Backès me diz que você quase terminou um texto para esse número de *L'Arc*;[9] que você está prestes a permitir a reprodução de um dos seus desenhos (por exemplo, o prodigioso pequeno *bonhomme au doigt* [dedo do homem]; que você teria até mesmo feito um desenho, um esboço do meu retrato. Esse número de *L'Arc* suscita em mim uma espécie de terror (pois não creio estar amadurecido para ele) e de prazer inquieto, evidentemente. Mas que você esteja tão presente muda tudo, porque isso leva o conjunto a um nível mais elevado do que eu, e porque você aceita dar-me algo incomparável. [61] Eu gostaria que você sentisse que tenho por você uma espécie de reconhecimento e da mais viva admiração. Seria possível nos vermos em breve e que

---

8. A família Deleuze mudou-se de Lyon para Paris no verão de 1970.
9. Trata-se desta vez de um número de *L'Arc* consagrado a Deleuze (nº 49), publicado em 1972. O texto de Pierre Klossowski, "Digression à partir d'un portrait apocryphe", está nas pp. 11-14.

vocês viessem jantar aqui. Telefonarei, se você quiser. Com amizade,
  Gilles Deleuze

Nosso livro sobre a esquizofrenia, de Guattari e meu, aparecerá no
final de fevereiro: que você o leia logo — será o silêncio ou a guerra
com os psicanalistas)

21 de abril de 1971
1 bis rue de Bizerte // Paris 17ème

Caro Amigo,
Ah! Já é hora, já é hora. Eu li imediatamente seu livro, linha por linha,
e depois o reli. Há um grupo em Vincennes que trabalha o artigo
sobre *Fourier* e *La Monnaie vivante*.[10] Creio que esses dois textos
representam, não uma viravolta, mas uma nova figura de sua obra,
e que sua crítica fundamental da identidade é extraordinária; você
a faz descer agora de Deus e do Eu [*Moi*] para o objeto fabricado e
para as instituições (sobre isso todos os tipos de passagens que já me
haviam entusiasmado no *Círculo vicioso*, desenvolvem todas as suas
consequências. *Você introduz o desejo na infraestrutura* ou, o que dá
no mesmo, você introduz, inversamente, a categoria de produção no
desejo. Isso me parece de uma importância imensa; pois é 1) o único
meio de sair do paralelismo estéril Marx-Freud, Dinheiro-Excre-
mento etc., todas essas besteiras; 2) o meio de ser bem-sucedido ali
onde Reich, apesar da sua genialidade, fracassou (porque ele ficou no
nível de uma crítica das ideologias, não tendo visto, ele também, o
ponto de inserção das pulsões na infraestrutura).
  Eis que, uma vez mais, eu lhe sigo. (É preciso mesmo que eu me
ponha a ler Keynes, pois acredito em sua sugestão de que ele descobre
uma estranha conexão desejo-moeda). No que você faz há o suficiente
para que o duplo imobilismo marxista-psicanalista se movimente, talvez mesmo pule fora, o que seria uma alegria. [62] Gostaria que sua
amizade me perdoasse por ter ficado tanto tempo sem lhe escrever.

10. Trata-se do artigo "Entre Marx et Fourier" publicado no *Le Monde* de 31 de maio de
1969 e de *La Monnaie vivante* (Paris: Éric Losfeld, 1970).

Trabalho o tempo todo na nossa esquizofrenia, com Guattari, e me sentir sempre tão próximo de você naquilo que faço, ia adiando lhe falar do meu entusiasmo. E estava muito confuso. Vincennes é uma vida abrasadora. Felizmente, terminamos há pouco esse livro; será preciso que você o tome pelo que ele é, de seus seguidores.

A conexão entre o texto e as fotos, em *La Monnaie vivante*, é o que se chama "metapsicológica".[11] Transmitimos a vocês dois nossa admiração muito profunda (permita-me telefonar logo, ficarei muito feliz em ver você).

Gilles Deleuze

12 de janeiro de 1972
1 bis rue de Bizerte // Paris 17ème

Caro Amigo,
Pouco antes das férias fomos ver a exposição.[12] Foi um encantamento. Perdão por fazer ao artista o elogio muito raso das "preferências" (gostei mais disso…). Fanny e eu gostamos de: Roberte sentada de perfil, e de pé sobre seu joelho um pequeno personagem barbudo segura-lhe o dedo que também faz parte do personagem — o nu homem-mulher alongada —, o jovem Ogier, de uma graça extraordinária. Mas, na verdade, admiramos cada um dos desenhos. E a impressão de que desde 1971 uma nova certeza gráfica nasce em você. A vocês dois nossa admiração e amizade profundas.

Gilles Deleuze

25 de julho de 1978 [63]
St Léonard de Noblat

Caro Pierre,

---

11. O texto *La Monnaie vivante* era acompanhado de desenhos de Klossowski e de fotografias em preto e branco de Pierre Zucca.
12. Exposição de desenhos a bico de pena na Galeria André François Petit de dezembro de 1971 a janeiro de 1972.

Cheguei ao final da leitura do caderno *Roberte au cinema*.[13] É prodigioso. Ainda não vi o filme porque não pude me liberar no dia da projeção privada. Mas o que esse caderno mostra, antes mesmo de se ver o filme, é como o filme *sai* da obra escrita, e é, entretanto, autônomo. A decupagem da grande cena das barras paralelas me parece extraordinária, é um tipo de decupagem "lamelar", que mostra toda a importância desse tema das paralelas para vocês. O conjunto do caderno torna luminosa a concepção de um "teatro de sociedade". E o texto de Zucca, sobre as duas cabeças da imagem, me parece tão essencial quanto um texto propriamente seu, e convir com toda sua obra. Essencial, creio, para compreender sua diferença e sua conexão Imagem-Signo.

Portanto, estou com pressa de ver o filme — vou ver *La Vocation suspendue*, que já vai ser exibido.[14]

A propósito de *Dialogues*,[15] você me escreveu uma carta tão profundamente compreensiva e afetuosa que fiquei emocionado. Quem me dera merecer semelhante carta... Fiquei por muito tempo quase completamente afastado para concluir meu volumoso livro com Félix. Ele ficou muito disforme e longo, mas estou vendo o final e me sinto feliz, aliviado.[16] Soube de coisas desagradáveis que lhe teriam contado como vindas de mim: eu gostaria que você, nem por um instante, tivesse acreditado nelas, por uma razão simples: a própria natureza da admiração que tenho por você, e que não corre o risco de se modificar (principalmente, jamais vi em sua obra o menor "fantasma", no sentido que não me agrada). Naquilo que considero belo e importante há sempre o que você faz.

Uma coisa me parece não ser abordada no caderno, o papel do som, a conexão do som com a imagem, em seu filme. Em geral você dá à Voz um papel tão novo que o silêncio do caderno sobre esse ponto deve ser uma vontade de remeter ao filme. [64] Fico cada vez mais ansioso. Desejo-lhe ótimas férias. Meu carinho para você e Denise.

Gilles

---

13. Pierre Klossowski e Pierre Zucca, "Roberte au cinéma" in *Obliques*, 1978.
14. *La Vocation suspendue*, direção de Raoul Ruiz, julho de 1978.
15. *Diálogos* (com Claire Parnet), op. cit.
16. Alusão a *Mil platôs*, que será publicado em 1980.

Sábado [final de 1978]
Paris

Pierre,
Perdoe-me por escrever uma carta muito tardia, e que nada vale, salvo pela emoção que guardei do filme.[17] É completamente um filme, é realmente cinema, não uma aplicação do que você escreve ou desenha. O elemento aqui é, portanto, a imagem (ao passo que em sua escrita é outra coisa, de natureza silogística, e é outra coisa ainda em seus desenhos, uma natureza muito particular do "traço", mesmo que essas outras coisas tenham uma conexão interior com a imagem). Retomo, portanto, a impressão que tive ao ler o caderno *Obliques*: a extrema importância do texto de Zucca sobre os *dois polos* da imagem pura, não somente porque esse texto era adequado ao seu pensamento, e por isso ainda mais original, mas também porque ele exprimia a prática de cinema que vocês elaboraram um com o outro. Parece-me que, atualmente, há quatro grandes autores que pensam verdadeiramente a imagem (não só teoricamente, mas nas práticas, e como elemento moderno, do nosso mundo atual). É você, Godard, McLuhan e Burroughs. Ora, é curioso que esses quatro partam de uma natureza bipolar da imagem, que lhes permite, precisamente, produzir o movimento como que a partir de uma diferença de intensidade. Mas de modo algum eles distribuem da mesma maneira os dois polos. Se eu pudesse, gostaria muito de fazer (por prazer) um tipo de tabela das concordâncias e das discordâncias entre você e Zucca, de um lado e, de outro, cada um dos outros três. Se partirmos da distribuição de vocês, teremos, grosso modo: a imagem-documento, a imagem-fantasma, todo o filme *Roberte* completamente bem-sucedido em assegurar a comunicação, a circulação, a perpétua passagem em duração ou em instantaneidade, e a transformação de um polo no outro; o que só pode ser obtido, de fato, pelo cinema. [65] O que dá à imagem um valor que não é simplesmente de projeção, mas de verdadeiro "projétil". A esse respeito, Octave, com sua teologia, se comporta como um fogueteiro ou como o senhor de uma máquina

---

17. Trata-se de *Roberte*, dirigido por Pierre Zucca em 1978, lançado em março de 1979. Pierre e Denise Klossowski desempenham os papéis principais.

de guerra; e o desempenho de Roberte me parece muito ligado a esse exercício projétil (por exemplo, o papel da mão). Em termos de emoção, é como se o filme tivesse eliminado todo sentimento (salvo talvez em Antoine, de propósito). Nem por isso é "bressoniano", pois a originalidade é ter suprimido todo sentimento, empreendimento que se definirá como "perverso", mas para liberar toda a potência dos *afetos* em sua radical diferença com os sentimentos. É em Kleist que vejo alguma coisa que se assemelha, essa ligação afetos-projétil--imagem. De pronto, em função dos dois polos da imagem e do que decorre disso, sente-se a importância prática do tema das *paralelas*, e aquilo que será, talvez, o único elemento comum à sua escrita, seu cinema e seus desenhos. Só que *não são* paralelas euclidianas: a esse respeito, ainda, o desempenho de Roberte, suas atitudes de corpo, ou ainda a extraordinária importância de seu sorriso linear que tem uma precisão milimétrica, e do qual dir-se-ia que traça paralelas variáveis em valor afetivo. Enfim, uma questão, que eu lhe colocava na minha carta precedente, encontra sua solução necessária: é sobre o papel do som, o som sendo indispensável à comunicação entre os dois polos-imagens (como na cena muito bela e muito cômica da refeição). Prova inversa: que acontece quando o som é suprimido, na segunda série das Impressões, ao mesmo tempo em que a "Natureza" invade tudo. Num outro domínio, em que a circulação dos polos é igualmente intensa, gostei demais da cena Barbet-Schmid--carro. Os atores do futuro, no cinema, não serão mais atores, muito menos amadores, mas criadores vindos de outros lugares, como você, Roberte, ou então diretores de cinema, porque eles têm uma maneira muito especial de atuar (isso já me impressionou em *O amigo americano*, no qual Wenders faz com que só diretores, praticamente, atuem). Mas, à medida que escrevo, acho grotesco tudo o que lhe digo, que é lamentavelmente intelectual, em vez de dizer o concreto, o que se vê no filme. [66] Abraço para você e Denise. Espero muito ver vocês terça-feira.

Gilles

ps i: não consigo mais fazer uma carta, é terrível. Mas gosto desse efeito de solidão.

ps 2: minha convicção de que esse filme é verdadeiro-puro cinema faz com que eu lastime que você seja forçado, por falta de outras possibilidades, a exibi-lo em outro lugar que não numa sala comum. Pouco importa, aliás, pois o essencial é que as pessoas *possam vê-lo*.

4 de abril de 1979
1 bis rue de Bizerte // Paris 17ème

Pierre,
Não diga e jamais pense que você me pediu coisas em demasia. Pois eu teria vergonha que você pensasse isso, visto que eu é que lhe devo tanto, pela sua obra e pela sua maneira de ser. Lamento apenas não ter sido capaz de escrever sobre o filme, porque atravesso uma espécie de deserto e de incapacidade absoluta, justo no momento em que 1) você precisava um pouco de mim; 2) eu acreditava poder terminar por minha conta um longo trabalho no qual, (provisoriamente, provisoriamente) de repente, "surtei", a ponto de não mais escrever. Espero que Zucca tenha lhe falado um pouco disso. Espero que tal coisa aconteça com todo mundo e que não seja preocupante. Em troca, sei que todas as pessoas de Vincennes, e todos aqueles que tenho visto, que foram ver o filme, saíram "encantados". Penso em você: impressão que sua obra poderia ser considerada como uma espécie de ópera, mas dispersa; ela permaneceria, antes de tudo, como voz (seu estilo escrito é um prodigioso estilo vocal, graças a deus não linguístico: você soube fazer uma sintaxe muito pura e muito complexa em conexão com o latim, mas uma sintaxe justamente a serviço da voz); seus desenhos e painéis seriam verdadeiramente cenários, no sentido em que um cenário seria totalmente criador; o filme Zucca seria um outro elemento dessa ópera, na qual creio que a força de Zucca se reencontrou, harmonizada à sua. E Denise em tudo isso: em suma, uma ópera cujos elementos, habitualmente reunidos, nos são dados alternadamente. [67] Digo isso a você, não me peça para escrever, porque não sou capaz de nada neste momento. Eu queria descansar muito para conseguir voltar a escrever e terminar, com Félix, esse livro em que você reencontrará muitas coisas suas.[18] Tenho necessidade de uma

---

18. Alusão a *Mil platôs*, que aparecerá no ano seguinte, em 1980.

espécie de longo sono, justo no momento em que não deveria. Em anexo, remeto a você minha carta, que não é boa, mas que lhe pertence. Com toda minha admiração e afeto.

Gilles

A MICHEL FOUCAULT

Michel Foucault [1926-1984] e Deleuze começaram a se encontrar no início dos anos 1960, depois que Foucault tentou fazer com que Deleuze fosse nomeado na Universidade de Clermont Ferrand (o nomeado, finalmente, foi Roger Garaudy com o apoio do Ministério, ao passo que Deleuze será nomeado em Lyon). Eles permaneceram próximos até meados dos anos 1970, momento em que Foucault se distancia de Deleuze.

[Final de 1970] [68]

Caro amigo,

Eis como vejo as coisas: para mim você é aquele que, na nossa geração, faz uma obra admirável e verdadeiramente nova. Quanto a mim, vejo-me sobretudo como cheio de "trocinhos" bons, porém comprometido com demasiadas porções ainda escolares (isso talvez venha a cessar com a esquizofrenia, mas não estou muito seguro). Acontece-me frequentemente encontrar você, pensar em alguma coisa semelhante a você, seguir uma empreitada análoga, ou simplesmente, com mais frequência, aquilo que você escreveu me faz avançar instantaneamente. E eis que você escreve um texto no qual você diz que o que faço lhe parece admirável:[1] nem lhe digo quanta alegria isso me deu, adivinhe. E você o diz tão bem, com sua força e seu estilo, que acredito nisso. Poucas coisas me deram tanto prazer quanto essa leitura, nesta manhã (e tenho a impressão de que é também por outras razões, e não apenas por simples vaidade). É um texto maravilhoso. Tenho a impressão de que você me compreende plenamente e, ao mesmo tempo, de que você me ultrapassa. É, portanto, o sonho. Gosto, particularmente, do que você diz da história da filosofia como fantasmática (3), sobre a oposição à fenomenologia (6), as três teorias

---

1. Trata-se do artigo "Theatrum philosophicum" [Ed. bras.: *Nietzsche, Freud, Marx: Theatrum philosophicum*, trad. de Jorge Lima Barreto. São Paulo: Princípio, 1987] consagrado à *Diferença e repetição* [trad. bras. de Luiz Orlandi e Roberto Machado. Rio de Janeiro: Graal, 1988] e *Lógica do sentido*, que Deleuze pôde ler antes da publicação em *Critique*, nº 282, novembro de 1970, pp. 885-908, retomado em *Dits et écrits*, vol. II (Paris: Gallimard, pp. 75-99).

do acontecimento (14), o funcionamento do conceito (25), as páginas sobre *Bouvard et Pécuchet* (aí, em destaque: é isso que eu deveria ter dito, pena que você o tenha suprimido), a passagem muito bela sobre a droga (em destaque: o que vão pensar de nós?),[2] todo o final sobre o revir [*revenir*]. [69] Mas, sobretudo, há seu "tom" próprio, que confere a tudo isso alguma coisa de extraordinário. Telefonarei a você no final da semana. Com toda amizade.

GD

Terça-feira [final de 1970]
Mas Ravéry // 87. St Léonard de Noblat

Caro Amigo,
Sua carta me deu grande prazer. Que suas férias não sejam entediantes. Regozijo-me com o reinício das aulas, porque creio que sua presença no Collège de France será alguma coisa de formidável, o ano será belo e bom para você e para mim.[3] Fizemos a mudança, foi cansativo.[4] Parei de trabalhar há um mês, esterilidade pura e, todavia, vejo bem o que gostaria de dizer, mas sem coragem alguma para fazê-lo. Eu queria mostrar que há duas direções da terapia: a edipianização tradicional e a esquizofrenização, única libertária, porque há no esquizo algo como um produtor universal. O problema seria análogo ao de Burroughs (como conquistar a potência da droga sem se drogar?), ou de Miller (embebedar-se com água pura). Aqui: como captar o processo esquizofrênico sem ser produzido como esquizo? O grupo *Tel Quel* me irrita prodigiosamente quando se indigna altivamente com toda aproximação Artaud-esquizofrenia. Eles pretendem fazer de Artaud uma concepção rigorosa, mas fazem da esquizofrenia a concepção mais tradicional e a mais enjoativa, a mais achatada. Eles estão em Délay: um pouco de neurose é bom para a criação, mas não

2. Esse destaque figura em nota na versão publicada do artigo.
3. Foucault acaba de ser eleito para o Collège de France, onde leciona a partir de dezembro de 1970; antes, ele dirigia o departamento de filosofia da nova universidade experimental de Vincennes.
4. Os Deleuze deixaram Lyon durante o verão de 1970 para se instalar em Paris, rua de Bizerte, no 17º distrito.

muito e nada de psicose, sobretudo. São assombrosos imbecis. [70] Eu queria dizer-lhe uma coisa: estou plenamente feliz que você leia o que faço, ainda mais se você gosta; mas não é preciso que o projeto do artigo sobre mim o envenene, nem mesmo a bengala do papai Piel;[5] pois, se você estiver num momento em que não esteja propenso a escrever, é sagrado, não é preciso fazê-lo, suplico-lhe. A Tunísia, oh, sim, iria com prazer, mas não sei, sou um pouco inapto para viagens. Na semana que vem virei alguns dias a Paris. Desde que você ainda esteja lá, pois eu queria lhe fazer muitas perguntas sobre Vincennes.[6] Fanny e eu lhe expressamos nossa amizade.

GD

5. Sobre Jean Piel, ver p. 33.
6. Deleuze é nomeado na Universidade de Vincennes no outono de 1970, onde lecionará até sua aposentadoria em 1986.

A GHÉRASIM LUCA

Ghérasim Luca [1913-1994] é um poeta de origem romena que escreveu toda sua obra em francês. Deleuze o descobre por ocasião de uma pesquisa sobre o sonho, enquanto trabalha em um artigo, no prolongamento de *O anti-Édipo*. O conjunto dessas cartas, aqui completo, foi publicado pela primeira vez no *Cahier Critique de Poésie*. Centre International de Poésie Marseille. Paris: Gallimard, 2009.

27 de setembro de 1972 [71]
Gilles Deleuze // 1 bis rue de Bizerte // Paris 17ème

Senhor,
Li recentemente os textos de *Héros-limite*.[1] Estou entusiasmado, muito tocado pela força e novidade de seus textos. Desejo ler tudo. O senhor poderia fazer a enorme gentileza de me escrever ou me telefonar para dizer quais são seus textos após *Héros-limite* (e, sendo o caso, aqueles anteriores que não foram indicados). Na Biblioteca Nacional há um certo número deles, mas pouca coisa. Acabo de ler na *Novelle Revue de Psychanalyse* que o senhor escreveu com Trost um "Primeiro manifesto não-edipiano":[2] onde ele foi publicado? Perdoe-me importuná-lo assim, veja nisso apenas a prova da minha grande admiração.
Gilles Deleuze

1. Ghérasim Luca, *Héros-limite*. Paris: Le Soleil Noir, 1953, reed. Paris: José Corti, 1985.
2. Ele teria escrito com o escritor romeno de formação psicanalítica, Dolfi Trost [1916-1966], o *Premier manifeste non-œdipien* definitivamente perdido ou nunca redigido. Sua publicação foi anunciada em *Dialectique de la dialectique* de G. Luca e D. Trost (Bucareste: Surréalisme, 1945) que retoma certos aspectos dele. O artigo ao qual Deleuze faz referência é "Le rêve dans le surréalisme" de Sarane Alexandrian em *Nouvelle Revue de Psychanalyse*, nº 5 (Paris: Gallimard, 1972, p. 40), que Deleuze leu por causa do artigo "Bilan-programme pour machines désirantes", publicado pela *Minuit 2*, em janeiro de 1973, e retomado em apêndice de *O anti-Édipo*, "Balanço-programa para máquinas desejantes".

Sexta-feira, 6 de outubro de 1972 [72]

Caro Ghérasim Luca,

Não creia que eu tenha a mania de escrever cartas, nem um senso do diálogo, detesto. Mas escrevo-lhe novamente porque agora li tudo (o que há na Biblioteca Nacional) e ouvi muito seu disco. Sei com certeza que o que você diz e escreve é de uma profundidade, novidade, beleza dura da qual eu não tinha ideia. Eu queria dizer-lhe como cheguei até o senhor, pois o mercado faz do senhor esse autor de "luxo acre". Encontrei numa revista uma alusão ao *Premier manifeste non-œdipien*, sem referência, e eu disse a mim mesmo de uma maneira tola — curioso — tenho que ler isso.[3]

Como não o encontrei, peguei *Héros-limite*, já não é brincadeira, e depois da simples curiosidade experimentei uma perturbação. Desde então, tento encontrar o senhor, mas cada passo que dou me distancia ou me para (busca das edições misteriosas de l'Oubli,[4] visita a Minotauro,[5] apelo aos romenos de Paris que possa conhecer, e até mesmo a um surrealista etc.). Finalmente, o senhor me enviou seu disco, e percebo que ele foi editado por Givaudan,[6] que, precisamente, veio me ver a propósito não sei de quê, alguns dias antes de eu lê-lo. Esse círculo fechado é bem satisfatório.

Não vejo nada como seu disco que funcione como uma pura máquina de intensidade emotiva sobre os nervos e sobre a alma. Já tenho muitas coisas a dizer sobre seus livros (e como poderia ser de outro modo? Não consigo eliminar o comentário), mas isso me interessa menos neste momento do que a emoção e a admiração que eles me dão, que eles colocam em mim, mais exatamente. O senhor decidirá o momento em que nos veremos. Com amizade e admiração.

Gilles Deleuze

---

3. Ver nota anterior.

4. Editora romena que publicou várias obras de Ghérasim Luca (*Quantitativement aimée*, 1944, *Le vampire passif*, 1945; *Les Orgies des Quanta*, 1946; *Le Secret du vide et du plein*, 1947).

5. Livraria existente de 1948-1987 na rue des Beaux-Arts.

6. Trata-se de Claude Givaudan, galerista que, notadamente, lançou vários discos de G. Luca. O disco em questão é sem dúvida *Passionémment*, editado em maio de 1970 por Givaudan.

[Final de 1972] [73]

Caro Ghérasim Luca,

Perdoe-me mais uma vez. Sou incapaz neste momento de prever meus horários, tenho muitas reuniões inevitáveis de última hora. Todavia, minhas visitas ao senhor me são muito preciosas, e me fazem avançar bastante naquilo que busco e a que talvez só tenha acesso graças ao senhor. Queira desculpar-me por não poder vir amanhã, os eventos de psiquiatria me consomem. Agradeço-lhe pelo *La Clef,* que é um texto fundamental.[7] Se quiser, escrevo-lhe ao longo da semana, assim que essas ocupações inoportunas se acalmarem. De todo coração,

Gilles Deleuze

30 de dezembro de 1972

Caro Ghérasim Luca,

O que aconteceu que me impede a cada semana de dar um sinal de vida ao senhor e de vir vê-lo, já que desejo tanto isso e que o senhor me acolheu tão profundamente? Deixei-me prender (como um rato) por todo tipo de coisas, políticas, não sei o quê, e todo meu trabalho está atrasado, e não sou mais senhor de tempo algum para o mais essencial. Por isso lhe peço, como uma intensa marca de amizade, que seja paciente comigo, e que me acolha novamente, como o senhor já fez, quando eu tiver organizado meus afazeres. Além disso, estou aborrecido com um mal-entendido que fez com que a revista *Critique* acabe de anunciar a publicação de um futuro artigo meu sobre o senhor, tendo como título "sobre dois poetas romenos Luca e Trost". Não só Trost não é poeta, creio, como eu jamais considerei o senhor como um poeta "romeno". Escrevi imediatamente à *Critique* para que mude esse parêntese estúpido. Afirmo o efeito muito forte sobre mim dos nossos encontros, recentes e vindouros. Com profunda admiração e amizade,

Gilles Deleuze

7. Ghérasim Luca, *La Clef.* Paris: Poème-tract, 1960.

7 de junho de 1973 [74]
Gilles Deleuze // 1 bis rue de Bizerte // Paris 17ème

Admirável *Chant de la Carpe*.[8] Tudo ali é maravilhoso. Emoção de ver escrito *Pas pas*... (continuo a crer que nunca houve poema mais *forte*).[9] Ah! Por que não vim mais ver o senhor, porque não pude mais. É que no meu trabalho, em minha própria vida produzem-se tais abalos que já não tenho, atualmente, liberdade alguma. Luto por qualquer coisa, nem mesmo sei pelo quê, e não me sobra tempo. E, todavia, sei o quanto o senhor mesmo e aquilo que o senhor faz estão presentes em mim. Com profunda amizade,
GD

Terça-feira, 26 de maio de 1975
Gilles Deleuze // 1 bis rue de Bizerte // Paris 17ème

Caro Ghérasim Luca,
Fui ouvir o senhor e tive um tal sentimento de beleza que foi para mim uma noite rara e maravilhosa.[10] Eu nem mesmo teria desejado ver o senhor e "felicitá-lo", em seguida, por crer que eu só diria banalidades diante de uma coisa tão grande que o senhor faz e que o senhor é. Com minha profunda admiração e amizade,
GD

11 de março de 1986 [75]
Gilles Deleuze // 1 bis rue de Bizerte // Paris 17ème

Caro Ghérasim Luca,
Estou muito feliz pela reedição do seu livro[11] por um editor como

---

8. Ghérasim Luca, *Le Chant de la carpe*. Paris: Soleil Noir, 1973 (reed. Paris: José Corti, 1986).
9. Trata-se de "Passionnément" em *Le Chant de la carpe*.
10. Ghérasim Luca havia dado um "recital" no Museu de Arte Moderna de Paris alguns dias antes.
11. Ghérasim Luca, *Le Chant de la carpe*. Paris: José Corti, 1986. [N.T.]

Corti. O senhor está entre os maiores poetas. Pensando no senhor, não cesso de admirá-lo. Com profunda afeição.

Gilles Deleuze

4 de março de 1989

Caro Ghérasim Luca,

A noite na FR3 (já faz muito tempo) foi comovente.[12] O senhor dá à poesia uma vida, uma força, um rigor que só se iguala aos maiores poetas. O senhor é um deles. Sinto pelo seu gênio uma admiração e um respeito que fazem com que haja uma descoberta absoluta toda vez que eu o ouço ou leio. Muito agradecido por ter-me enviado *Le tourbillon qui repose*:[13] esplêndido. Estou cada vez mais tocado pela potência de uma "lógica" singular que move cada poema em sua obra. Com grande amizade.

Gilles Deleuze

24 de março de 1991

84 av. Niel // Paris 17ème

Mais admiração do que nunca.
(*Splendeur de la Forêt*)

---

12. Trata-se de "Comment s'en sortir sans sortir" (55 minutos), emissão na qual Ghérasim Luca recita oito poemas. Direção Raoul Sangla, difundido pela FR3, em 20 de fevereiro de 1989, editado sob forma de DVD em 2008 por José Corti.

13. Ghérasim Luca, "Le tourbillon qui repose" in *Critique et histoire*, 1973.

A ARNAUD VILLANI

Arnaud Villani [1944–] era então professor de filosofia em classes preparatórias para o liceu Masséna de Nice. Após ter pedido a Deleuze, em 1972, que orientasse sua tese de doutorado (coisa da qual Deleuze o havia dissuadido), A. Villani escreveu novamente a Deleuze quando da redação de um livro consagrado à sua obra (*La guêpe et l'orchidée*. Paris: Belin, 1999). O questionário foi publicado pela primeira vez in Arnaud Villani, *La guêpe et l'orchidée*, op. cit., pp. 129-131. Já as *cartas de dezembro* de 1981 a 18 de novembro de 1982 foram publicadas em Adnen Jdey, *Les styles de Deleuze*. Bruxelles: Les Impressions nouvelles, 2011.

21 de outubro de 1980 [76]

Caro senhor,
Eu também lamento não o ter visto, sobretudo se o senhor veio a Paris só para me ver (mas por que não me preveniu quanto a sua intenção?). Sinto-me confuso por não ter podido voltar a tempo. Todavia, não lastime muito, talvez este método escrito seja melhor, porque tenho dificuldade em seguir uma conversação se ela não for insignificante. Anexo respostas insuficientes às suas perguntas. Sinto um grande interesse pelo seu próprio trabalho e pelos textos que o senhor me enviou. Cordiais saudações,
    Gilles Deleuze

Questionário

O senhor é um monstro?
"Monstro" é, primeiramente, um ser compósito. E é verdade que eu escrevi sobre temas aparentemente variados. Monstro tem um segundo sentido: alguma coisa ou alguém cuja extrema determinação deixa subsistir plenamente o indeterminado (por exemplo, um monstro *como os de* Goya). Neste sentido, o pensamento é um monstro.

A physis parece desempenhar um grande papel em sua obra. [77]
O senhor tem razão, creio que giro em torno de uma certa ideia da Natureza, mas não cheguei ainda a considerar essa noção diretamente.

Pode-se dizer que o senhor é "sofista", no bom sentido, e o antilogos é retorno para além do golpe de força de Platão contra os Sofistas?
Não tanto. O antilogos, para mim, está menos ligado ao ardil, no sentido dos Sofistas, do que ao involuntário, no sentido de Proust.

O pensamento é "espermático" para o senhor. Ele tem uma conexão clara, nesse sentido, com a sexualidade?
Isso seria verdadeiro até *Lógica do sentido*, no qual ainda há uma conexão enunciável entre sexualidade e metafísica. Depois, a sexualidade me aparece sobretudo como uma abstração mal fundada.

Pode-se modelizar sua evolução através de sínteses?
Vejo minha evolução de outra maneira. Não sei se o senhor conhece a carta que escrevi a Michel Cressole:[1] nela explico minha evolução tal como a vejo.

O pensamento como audácia e aventura?
Não é tanto o pensamento como audácia e aventura. No que tenho escrito, creio fortemente nesse problema da imagem do pensamento, e de um pensamento liberado da imagem. Já está em *Diferença e repetição*, mas também em *Proust*, e ainda em *Mil platôs* (pp. 464-470 [43-50]).

O senhor tem uma capacidade para encontrar, apesar de tudo e de todos, os verdadeiros problemas.
O senhor é muito amável. Se isso é verdadeiro, é porque acredito na necessidade de construir um conceito de *problema*. Tentei em *Diferença e repetição*, e gostaria de retomar essa questão. Mas, praticamente, isso me leva a buscar, em cada caso, como um problema pode ser *colocado*. [78] É dessa maneira, parece-me, que a filosofia pode ser considerada como uma ciência (determinar as condições de um problema).

---

1. Cf. "Lettre à un critique sévère", em *Pourparlers* (Paris: Minuit, 1990, pp. 11-23) [Ed. bras.: "Carta a um crítico severo" in *Conversações*, trad. de Peter P. Pelbart. São Paulo: Ed. 34, 1992, pp. 11-22], publicada primeiramente em Michel Cressole, *Deleuze* (Paris: Éd. Universitaire, 1973).

A Arnaud Villani

Há um começo de rizoma Deleuze–Guattari–Foucault–Lyotard–Klossowski?
Poderia ter sido assim, mas não foi. De fato, há somente rizoma entre
Guattari e eu.

A conclusão de Mil platôs *consiste num modelo topológico radicalmente
original em filosofia. É ele transponível matematicamente, biologicamente?*
A conclusão de *Mil platôs*, em meu espírito, é uma tábua de categorias
(mas incompleta, insuficiente). Não à maneira de Kant, mas à maneira
de Whitehead. "Categoria" ganha, portanto, um novo sentido muito
especial. Eu gostaria de trabalhar sobre esse ponto. O senhor pergunta se há uma transposição matemática e biológica possível. Talvez seja o inverso. Sinto-me bergsoniano, quando Bergson diz que a
ciência moderna não encontrou sua metafísica, a metafísica da qual
ela tinha necessidade. É essa metafísica que me interessa.

*Pode-se dizer que um amor à vida, em sua assustadora complexidade, con-
duz o senhor ao longo de toda sua obra?*
Sim, o que me desgosta, teoricamente, praticamente, é toda espécie
de queixa em face da vida, toda cultura trágica... quer dizer a neurose.
Suporto mal os neuróticos.

O senhor é um filósofo não-metafísico?
Não, eu me sinto puro metafísico (cf. acima).

*Um século, segundo o senhor, poderia ser deleuzeano, leve? Ou o senhor é pes-
simista sobre a possibilidade de se livrar da identidade e do poder dos traços?*
Não, não sou de modo algum pessimista, porque não creio na irrever-
sibilidade das situações. Considere o estado catastrófico atual da literatura e do pensamento: isso não me parece grave quanto ao futuro.

Após Mil platôs? [79]
Acabo de terminar um livro sobre Francis Bacon (o pintor), que espero
poder remeter ao senhor. E tenho apenas mais dois projetos, um sobre
Pensamento e cinema e um outro que seria um volumoso livro sobre
"O que é a filosofia?" (com o problema das categorias).
*O mundo é duplo, macrofísico (e a imagem do pensamento funciona ali
muito bem) e microfísico (é seu modelo que, anos após a mesma revolução*

em ciência, em arte, dá conta dele). Há uma conexão polêmica dos dois pontos de vista?

A distinção do macro e do micro é muito importante, mas ela pertence mais a Félix do que a mim. O que me interessa é sobretudo a distinção dos dois tipos de *multiplicidades*. É isso o essencial para mim: que um desses tipos remeta a uma micromultiplicidade é apenas uma consequência. Mesmo para o problema do pensamento e mesmo para as ciências, a noção de *multiplicidade* (tal como ela é introduzida por Riemann) me parece mais importante que a de microfísica.

Dezembro de 1981

Caro Amigo,

Agradeço por ter-me enviado sua conferência. Acho-a forte e muito bela, e me comoveu. Desde o início, sua introdução das noções de problema, de detalhe é marcante. Mas como pôde o senhor dizer tudo aquilo numa sessão? Sobre muitos pontos o senhor se estende, está mais adiantado. Só há um ponto em que eu me sinto à frente do senhor. Dou pouca importância ao texto sobre o estruturalismo, e muito pouca importância a toda a parte de *Lógica do sentido,* ainda sob domínio da psicanálise (a casa vazia, e uma concepção demasiado estrutural das "séries"). No entanto, o conjunto de sua conferência é o único texto sobre mim que me ensina alguma coisa e no qual sinto o pensamento ativo de um leitor maravilhoso. [80]

Não sabia que Parain-Vial permitiu-se escrever sobre mim.[2] Boutang, eu sabia, mas também não tinha lido.[3] Eu me impunha uma regra de sabedoria de nada ler sobre esse tema (não li o livro de Cressole),[4] porque a gente se arrisca sempre a cair no desgosto ou na vaidade. Mas essa regra já não vale mais em relação ao senhor.

É isso que me autoriza a lhe fazer um apelo muito solene, se o senhor me permite. Não se deixe encantar e nem se obstinar por mim. Vi casos de pessoas que queriam muito tornar-se "discípulo"

2. Trata-se provavelmente de *Tendences nouvelles de la philosophie* (Paris: Le Centurion, 1978).

3. Alusão ao livro de Pierre Boutang [1916-1998], *Apocalypse du désir* (Paris: Grasset, 1979, reed. Ed. du Cerf, 2009).

4. Ver a nota 1 da p. 79.

de alguém, e que tinham certamente tanto talento quanto o "mestre", mas que saíram esterilizados disso. É terrível. Trabalhar sobre mim tem dois inconvenientes maiores para o senhor: isso não o ajudará em sua carreira universitária, o que talvez possa não ser o essencial, mas assim mesmo é muito importante; e, sobretudo, o senhor tem sua própria obra poética e filosófica para fazer, e que não pode suportar ser constrangida pela minha.

Sobre isso, mostre minha carta a Clément Rosset, porque ele é nosso amigo comum. Penso que ele me dará razão. O senhor vale infinitamente mais do que ser meu comentador. Evidentemente, ficarei encantado que o senhor escreva sobre mim (sobretudo como o senhor projetou, um livro muito acessível); estou pronto para ajudá-lo tanto quanto for do seu desejo. Mas é preciso que isso seja para o senhor alguma coisa de marginal, que não venha retardar e nem diminuir seus próprios trabalhos.

Volto a dizer o quanto fiquei feliz com sua carta. Sincera amizade, Gilles Deleuze.

23 de fevereiro de 1982 [81]

Caro Amigo,

Há muito tempo não lhe escrevo. Obrigado pelas suas duas cartas que me deram grande prazer. Com efeito, Lindon me falou do projeto: estou seguro de que vocês farão alguma coisa de muito bom, na qual sou eu que lhe seria devedor e não o inverso (e é por isso, certamente, que não é preciso me chamar de mestre). O que o senhor diz sobre a possibilidade de tratar a linha de fuga como uma síntese com dois usos possíveis, imanente e transcendente, me surpreende muito. É que, do meu ponto de vista, as linhas de fuga são de alguma maneira primeiras numa sociedade: uma sociedade não se define primeiramente pelas suas contradições, nem mesmo pelos seus centros de poder e linhas de resistência (Foucault), mas por um verdadeiro campo de fuga, necessariamente sintético, como o senhor diz. O uso imanente, segundo o senhor, seria o rizoma ou a teia de aranha. Lembro-me de um psicólogo, Tilquin, que fez uma tese muito interessante sobre as teias de aranha, era sua especialidade.[5] O senhor me deu vontade de relê-lo para ver se não haveria teias de aranha do tipo rizoma e do tipo árvore, muito mais centralizadas, entre aranhas julgadas (erroneamente) superiores ou transcendentes.

Já não vou a colóquios e não faço mais conferências, isso já está resolvido há muito tempo. Não porque minha saúde não ande boa. Ela só fica ruim quando me agito, e eu tenho necessidade de me repousar bastante, de modo que nunca tenho muito tempo. Meu sonho seria escrever, mas não falar mais nada. Este ano eu me meti num curso sobre o cinema pensando que o ano seria fácil, e descubro que nunca um curso me deu tanto trabalho e preocupação. Errei no cálculo.

Afetuosamente,

GD

1 de agosto de 1982 [82]

Caro Amigo,

Li tudo com muita paixão. É mais que um estudo sobre mim, é como uma aliança. Para mim é muito comovente. Tenho um sentimento bizarro: é como se o senhor me tivesse mergulhado num outro meio (o seu), com outras coordenadas (seus próprios autores). Não falo da exatidão que, na minha opinião, é total. Falo de uma espécie de refração, ou de passagem de um meio ao outro, um pouco como se o senhor me tivesse mediterraneizado. E parece que deu certo; pois o senhor lembrou da minha preocupação para que não passasse muito tempo atrás de mim, e que não atrasasse assim, seu trabalho pessoal. Pelo contrário, o senhor teve êxito duplamente: a exatidão e, todavia, seu mundo e seu estilo próprios operando essa refração. Por isso é um ensaio inventivo, ao mesmo tempo em que permanece exato.

Seria preciso corrigir a maneira pela qual, nas primeiras páginas, o senhor faz abstração de Félix. Seu ponto de vista permanece justo, e é possível falar de mim sem Félix. Acontece que *O anti-Édipo* e *Mil platôs* são inteiramente dele como são inteiramente meus, segundo dois pontos de vista possíveis. Donde a necessidade, eu lhe peço, de indicar que, se o senhor se atém a mim, é em virtude do seu

5. Cf. André Tilquin, *La Toile géométrique des aragnées.* Paris: PUF, 1942.

próprio trabalho, e de modo algum de um caráter secundário ou "ocasional" de Félix. É muito importante, e o senhor saberá dizê-lo melhor do que eu.

Cheguei aqui cansado, mas a visão das vacas me repousa e me anima. Espero que também o senhor tenha um pouco de repouso e que todos tenham férias felizes. Com amizade,

G

18 de novembro de 1982

Caro Amigo,

Saio de um período ruim, insuficiência respiratória, e creio que minha vida será cada vez mais imóvel e retirada, [83] o que me agrada muito. Tudo vai bem agora. Obrigado pelo que o senhor enviou (o poeta inglês é curioso, ele tem relação com a vista, o Japão, o senhor o traduziu muito bem). Não comparei sua segunda versão com a primeira, mas tenho a impressão de haver muita mudança. Em todo caso, o tom me parece mais vivo. Essa vivacidade é virtude sua, no sentido de "água viva", é um pouco assim que são suas páginas. Gosto do seu último capítulo. Evidentemente, é muito curioso e muito engraçado num certo sentido para o senhor e para mim. O senhor se lembra do texto de Nietzsche: um pensador lança uma flecha e um outro pensador a apanha e a lançará por sua vez a um outro... Ora, o senhor apanha bem minha suposta flecha, mas é a mim que o senhor a remete. Não posso dizer de outro modo minha impressão: o que o senhor encontra em mim, o senhor sabe completamente recriar pela sua própria força e, ao mesmo tempo, me devolve. O senhor cria de mim uma imagem virtual, de maneira que, quando o senhor me fala de uma colaboração possível entre nós dois, eu me digo que nunca algo será mais admirável que isso. É curiosamente um livro que se passa entre nós dois, mas, bem entendido, tudo se deve ao senhor.

Não cheguei ainda ao O que é a filosofia? Continuo, a propósito do cinema, minha classificação dos signos (queria 90 ou 200... ou mais). Gosto muito desse trabalho atual. O senhor me dirá o parecer de Jérôme Lindon. O que o senhor vai fazer agora? Meus reconhecimentos e sincera amizade,

GD

17 de maio de 1983

Caro Amigo,

Fiquei muito feliz em ter notícias suas e ler seus textos. Infelizmente, não consigo encontrar sua primeira carta, não me recordo exatamente. Mas se as coisas se arranjarem para seu livro, não escreverei o prefácio, porque me parece impossível prefaciar um livro sobre mim, mas confirmo minha proposição de fazer, então, um questionário ao qual eu responderia melhor e mais completamente. O texto de Roussel é muito bom (sempre me incomodou o ponto de vista linguístico de Foucault, que faz do procedimento da linguagem o segredo de tudo, e notadamente das máquinas: parece-me que, sem ter que dizê-lo nitidamente, o senhor tem um ponto de vista totalmente distinto). [84] Quanto ao texto da *Revue de l'Enseignement*, parece-me uma conferência realmente magistral. E se bem que sua análise e seu estilo levem em grande conta o tipo de público (é talvez isso que Lindon desejaria??), o senhor está ali, completamente. Por que não o acrescenta ao seu livro? É um bom texto. Meu livro sobre o cinema sairá em setembro, e eu o enviarei ao senhor. Boas férias. Com amizade,

Gilles Deleuze

Quarta-feira [sem data]

Caro Amigo,

Não é de admirar que eu não tenha recebido a carta que o senhor me enviou, pois perdi a correspondência numa pasta há algum tempo. Mas isso me deixa ainda mais confuso por ter faltado à nossa entrevista. Queira desculpar-me uma vez mais. Estou profundamente feliz com sua maneira de ler e reler *Mil platôs*: mas é preciso valorizar mais os encontros entre nós do que me atribuir todo o mérito. De minha parte, os dois capítulos que prefiro são Devir-animal e Ritornelo. Espero ser ultrapassado pelo que o senhor faz, tanto quanto o senhor, inspirado em certos pontos, pelo que eu faço. É por isso que quando o senhor insiste sobre uma micrológica, e que eu lhe respondo que não é bem assim para mim, porque o "micro" depende de uma teoria das multiplicidades que me parece mais importante — não pretendo de maneira alguma ter razão, e até mesmo penso que seu ponto de vista é também legítimo, e que pode até mesmo ser mais fecundo conforme o que o senhor tirar dele. O senhor define muito bem a exigência da "fuga": "sem tudo destruir". Quanto a Cressole, sua agressividade era uma vingança e não excluía uma espécie de charme, é a vida. Cordialmente,

GD

Domingo [março de 1985] [85]

Caro Amigo,

Li seu artigo, que me parece interessante, excelente, com esse "tom" todo seu. Ele me encantaria se uma outra coisa não me aborrecesse muito.

É óbvio que o senhor tem o direito de considerar os livros que Félix e eu fizemos juntos sob um ângulo que só remeta a mim. Mas isso me parece verdadeiro na perspectiva de um livro "sobre" mim. Ao contrário, no caso de uma publicação numa revista como *Critique*, torna-se muito incômodo uma análise que só fale de mim, ao passo que o tema é um livro escrito a dois. Mesmo sua advertência no início do texto não basta para desmentir que o senhor me considera como único autor válido. Por isso, se o senhor, em sinal de amizade, pedir meu parecer, não posso desejar a publicação de um texto, todavia tão bom, *em tais condições*.

Isso me preocupa muito. Por outro lado, alegro-me com outras notícias sobre seu trabalho. Me admira que as Éditions de la Différence estejam mesmo pensando em publicar alguma coisa sobre mim: estamos brigados, tive de processá-los a propósito de Bacon...

Estou feliz que seu filho tenha se recuperado de uma grave doença. Com grande amizade,

Gilles Deleuze

21 de março de 1985

Caro Amigo,

Confesso-lhe que não vejo grande diferença entre o novo texto e o precedente. Disse-lhe minhas razões de acreditar que era injusto apresentar esse texto como uma análise de *Mil platôs no âmbito de uma revista*: uma análise tem todo o direito de ser original, mas não tem direito algum de sugerir (mesmo com muitas precauções) que esse livro seja só meu no essencial. Estou, portanto, consternado que o senhor tenha a intenção de publicar esse artigo em *Critique*. Cordialmente,

Gilles Deleuze

30 de março de 1985 [86]

Caro Amigo,

Certamente o senhor tem razão; se não nos tivéssemos conhecido, não teria havido problema, pois eu nada teria sabido do seu projeto. O senhor se lembra que frequentemente me defendeu, sem que eu pedisse, e agora tomo a defesa de Félix, sem que ele tampouco a tenha pedido. O senhor invoca uma espécie de ambiguidade devida ao pouco conhecimento que temos um do outro. Segundo penso, a ambiguidade está em outro lugar: creio que, sinceramente, o senhor não compreende o que eu acho de tão deplorável na publicação do seu texto *numa revista*, assim como não compreendo porque insistiu em publicar, sempre numa revista, *esse* texto e não outro. Não estou furioso, como o senhor disse, mas muito aborrecido. Cordialmente,

Gilles Deleuze

29 de dezembro de 1986[6]

Caro Amigo,

Fiquei feliz por ter noticias suas. Espero a continuação, no próximo ano, dos seus trabalhos, filosóficos, poéticos, e, sobretudo, melhores condições de edição, enfim. Quanto a mim, a coisa vai bem mal: é o primeiro ano em que tenho, nessa faculdade, atividades de tal modo enfadonhas que tenho dificuldade em salvar meu trabalho, e só tenho esperança numa rápida aposentadoria. Portanto, infelizmente, estou de mau humor. Eu não deveria dizer isso ao senhor, que tem ainda mais tarefas. É verdade que os estudantes nos dão compensações.

6. Citada em *La Guêpe et l'orchidée*, pp. 56-57.

O senhor me pergunta como eu resumiria brevemente meus livros em artigos distintos. Isso é interessante, com efeito, pois então não seria preciso supor uma unidade. Creio que um livro, se ele merece existir, pode ser apresentado sob três aspectos rápidos: só podemos escrever um livro "digno": 1) se a gente acha que os livros sobre o mesmo tema ou sobre um tema próximo caem num tipo de *erro* global (função polêmica do livro); 2) se a gente pensa que alguma coisa de essencial foi *esquecida* sobre o tema (função inventiva); 3) se a gente se acha capaz de criar um novo *conceito* (função criadora). [87] Seguramente, isso é o mínimo quantitativo: um erro, um esquecimento, um conceito. Pouco importa que o livro seja sobre alguém ou sobre alguma coisa. E não falo isso somente para a filosofia, isso vale também para os outros "gêneros", com outras palavras. Então, eu tomaria cada um dos meus livros, abandonando a modéstia necessária, e me perguntaria: 1) qual erro ele teve a pretensão de combater; 2) qual esquecimento ele quis reparar; 3) qual novo conceito ele criou. Isso seria rápido. Por exemplo, meu livro sobre Masoch: o erro: ter insistido sobre a dor; o esquecimento: ter negligenciado a importância do contrato (e para mim o sucesso desse livro está em que, depois dele, todo mundo falou do contrato masoquista, ao passo que, antes, isso era um tema muito acessório); o novo conceito é a dissociação do sadismo e do masoquismo. — Outro exemplo, para *Proust e os signos*: o erro é a memória; o esquecimento são os signos; o conceito é a coexistência de três (e não dois) tempos — Eu faria assim, portanto, para cada livro. E, para concluir, veríamos os modos de unidade que se destacariam: seria uma combinatória, quase quantificável, e sobretudo objetiva (não se poderia trapacear: quantos livros resistem a esse modo de apresentação, precisamente porque eles nada têm a dizer).

Até breve. Com amizade,

Gilles Deleuze

15 de dezembro de 1992

Caro Amigo,

Estou muito feliz com suas notícias e com o avanço do seu trabalho. Disseram-me coisas inquietantes sobre essa sessão do Collège. Minha saúde está piorando, ou antes, não se trata de doença, é um estado que faz com que eu tenha dificuldade em respirar, constantemente: o senhor não imagina a que ponto isso muda tudo, incluindo o trabalho. Estou completamente incapaz de fazer os mais simples trabalhos, se eles precisam de verificação. Por essa razão, aquilo que o senhor me pede sobre Whitehead, não posso fazê-lo, o que me deixa desolado. Lembro-me somente do meu deslumbramento diante do surgimento de categorias tão estranhas no início de *Process and Reality*; depois, de um tipo de hipnose que senti diante dos Objetos Eternos. [88] Que livro! Perdoe-me minha insuficiência. Cordialmente,

Gilles Deleuze

A JOSEPH EMMANUEL VOEFFRAY

Diretor de teatro, Joseph Emmanuel Voeffray [1956–] era então estudante de filosofia na Universidade de Strasbourg; ele trabalhava numa dissertação de mestrado sobre o empirismo transcendental em Deleuze e tinha feito a ele um conjunto de perguntas.

25 de janeiro de 1982 [89]
1 bis rue de Bizerte // Paris 17ème

Senhor,
Recebi sua carta. Como o senhor é um leitor muito bom, suas perguntas são difíceis. Tento respondê-las na ordem mais simples para mim.

1) A descoberta e o desenvolvimento de um campo transcendental é a invenção de Kant. É por isso que fiz, antes de tudo, um livro sobre ele.

2) A ideia de um empirismo transcendental mantém, de uma parte, que há uma diferença de natureza entre o empírico e o transcendental e supõe, de outra parte, que o próprio transcendental é experiência, experimentação; enfim, coloca uma imanência completa entre os dois.

3) A primeira ideia de um empirismo transcendental é que as condições da experiência são condições da experiência real. Isso já é, de certa maneira, a reivindicação dos pós-kantianos. Mas parece que a descoberta da condição da experiência real, com a mudança que disso decorre no conceito de condição, será feita sob um horizonte totalmente outro: isto é, Bergson, donde meu livro sobre Bergson.

4) Noção alguma pode ser transposta do empírico ao transcendental: é por isso mesmo que a noção de sujeito não pode aparecer no transcendental, mesmo purificada etc. Tudo o que é válido no empírico deixa de sê-lo no transcendental. [90] É por isso que a noção de Crítica deve ser conservada e radicalizada: os conceitos de conhecimento, de moral, de religião — etc. só podem se dissolver. É ainda neste sentido que, em *Mil platôs*, é frequentemente dito que o molecular não é o molar miniaturizado.

5) O campo transcendental é ocupado por acontecimentos, singularidades etc. etc. O conceito (no sentido de conceito de diferença) concerne aos acontecimentos, às singularidades etc., por oposição aos conceitos empíricos (diferenças conceituais).

6) Dir-se-ia que cinco não leva em conta quatro, pois os acontecimentos parecem bem empíricos. É também preciso distinguir nos acontecimentos ou nas singularidades a parte que remete ao transcendental e aquela que remete à efetuação. Isso me parece adquirido em *Diferença e repetição* (cf. a distinção "diferençação-diferenciação" ["différentiation-différenciation"] e em *Lógica do sentido* (a distinção entre o acontecimento e a atualização).

7) Que será que é, se não é atualizado? Não pode ser "possível". É Real. É virtual num sentido muito particular, do qual Bergson e também Proust dão uma ideia. Virtual ≠ possível.

8) Por que é preciso que esse Real se atualize na experiência, já que a ele nada falta? Acho que isso é um falso problema, já que há imanência dos dois estados do acontecimento ou dos dois estados da singularidade.

9) Em meu trabalho atual, os termos do problema estariam deslocados: seria cada vez mais o par Máquinas Abstratas-Agenciamentos concretos. É nesta direção que Guattari e eu gostaríamos de ir.

10) Empirismo transcendental quer dizer: criação de conceitos. Por exemplo, com Bergson, o filósofo que mais longe vai num empirismo transcendental é Whitehead (começo agora a conhecer melhor sua obra).

Sei bem que essas respostas convêm mal às suas perguntas. Elas são rápidas e mal expressas, são mais reações do que respostas. Espero, todavia, que lhe sirvam.

Cordialmente.

Gilles Deleuze

16 de junho de 1983 [91]
Gilles Deleuze // 1 bis rue de Bizerte // Paris 17ème

Caro senhor,
Finalmente, pude lê-lo.[1] Sei que o senhor espera meu parecer, mas nada tenho a dizer, pelo menos no sentido desejado pelo senhor. É que o senhor partiu do começo e sou incapaz de refazer o caminho. Para mim, o que mais conta é uma certa ideia de acontecimento, que finalmente faz da filosofia e da literatura uma só e mesma "experimentação". Eu teria tendência a centralizar tudo no tema da literatura inglesa, em *Diálogos*, e na análise das hecceidades em *Mil platôs*. Ao mesmo tempo, porém, sonho fazer alguma coisa sobre *O que é a filosofia?* como invenção ou criação de conceitos. Sinto que voltarei a essa categoria de problema da qual o senhor faz seu ponto de partida. Acabo de terminar um livro sobre o cinema, sobre a imagem-movimento: muitas coisas que o senhor viu se encontram ali, não sei se o agradará.

Eu preferiria falar do senhor. É evidente que o senhor tem um rigor muito grande, e um sentido, um tato (empírico) de conceitos que para mim se unem com a filosofia. O senhor compreende verdadeiramente tudo aquilo de que fala. E o senhor tem ainda um *estilo*. Como se diz, o senhor já está, portanto, inteiramente maduro para me deixar, e só conservar de mim o que lhe possa servir. Acho que o senhor tem duas possibilidades: ou lançar-se no estudo de um grande clássico de que gostasse e que soubesse renovar; ou então, ainda melhor, um livro seu, um tema seu. Talvez o senhor já tenha projetos nesse sentido. Em todo caso, creio que o senhor é um escritor.

A pergunta que o senhor faz: é publicável? é bem difícil. O senhor está numa situação que não depende somente do senhor, mas do tema. Será que um livro sobre mim é atualmente publicável? Será bom para o senhor publicá-lo, como primeiro livro? [92] O senhor poderia apresentá-lo à editora Minuit. Mas, sobre isso, não tenho

---

1. Joseph E. Voeffray havia redigido uma dissertação de mestrado, em 1982, sob a direção de Renée Bouveresse, na Universidade de Strasbourg: *L'empirisme supérieur de Gilles Deleuze, l'éclair et le ciel noir*: esse estudo — que ele tentava publicar — buscava retraçar a construção de um empirismo transcendental desde *Empirismo e subjetividade* até *Diferença e repetição*.

poder algum nem mesmo quero intervir: eu nem deveria ler um livro sobre mim, jamais.

Veja o senhor, volto até mesmo ao conteúdo do seu livro, do qual eu dizia há pouco que era incapaz de falar. Todas as vezes em que escrevi por minha conta, eu tinha finalmente uma ideia simples de que alguma coisa essencial sobre o tema não tinha sido compreendida: por exemplo, em meu Proust, a ideia simples era que a memória não tinha importância; para Masoch, que isso nada tinha a ver com o sadismo; para Kafka, nada a ver com a culpabilidade e a lei. A mesma coisa também para os meus livros que não tratavam de outrem: eu acreditava ora que não se tinha compreendido o que era um *problema*, ora, sobretudo, que jamais se havia compreendido em que sentido uma *multiplicidade* era um substantivo. Se o senhor me pede absolutamente críticas, elas se refeririam a esses dois casos: talvez o senhor não tenha conseguido ver essas ideias simples negativas das quais eu partia; e não tenha dado suficiente importância ao estatuto das multiplicidades.

Eu deveria dizer tudo isso muito mais modestamente. O que é curioso no mais baixo nível é que ora isso funciona, ora não funciona. Meu Proust foi muito lido, mas não provocou nenhum efeito, as pessoas continuam falando da memória; Kafka, pior ainda. Masoch, esse funcionou melhor porque, depois desse livro, todo mundo se acha obrigado a falar de contrato. Noções como "rizoma", ou como "devir-animal", marcaram bastante, levando pessoas a retomarem isso apesar do bom senso e de maneira a desgostar a Félix e a mim. É muito curioso o sentimento de ser desbancado por parasitas idiotas.

Então, se me acho diante de alguém como o senhor, que é totalmente o contrário disso, e que já tem rigor e talento, eu gostaria que o senhor entrasse numa espécie de cumplicidade comigo, isto é, que o senhor tenha também suas ideias "simples negativas" que o farão escrever seus próprios livros. É tudo. Fiz tudo o que pude para satisfazê-lo. Com amizade,

Gilles Deleuze

A ELIAS SANBAR

Elias Sanbar [1947–] é um escritor palestino fundador e organizador da *Revue d'Études Palestiniennes* de 1981 a 2006 (Minuit), negociador de acordos de paz, embaixador da Palestina junto à Unesco desde 2006 e amigo próximo de Deleuze, a quem ele conhece em 1978.

Segunda-feira, 15 de julho de 1985 [93]
Mas Revéry // 87000 St Léonard de Noblat

Caro Elie,
De tanto ficar triste, acabei me acostumando. Demorei tanto para te enviar um primeiro projeto de escolha de textos, embora esse projeto deva tudo a tua amizade.[2] É que eu estava terminando meu cinema, e que a releitura do conjunto não só me cansava, mas me deixava perplexo e inquieto. Enviei a Jérôme e não falemos mais nisso. Aqui está a indicação dos textos que te proponho: o importante é que eles te convenham. Em todo caso, isso é apenas uma proposta. Busquei uma certa coerência. Partiremos amanhã para o Limousin, e não trabalharei durante quinze dias. Desejo que você também possa repousar um pouco. Nós três o abraçamos.
Amizade,
Gilles

I. *Apresentação* de Sacher-Masoch (ed. fr. 10/18)
   "A lei, o humor, a ironia" pp. 83-91 [81-90]
II. *Kafka* [94]
   "A lei e a imanência", pp. 91-93 [75-76] (desde "Se a justiça não se deixa…" até "… sempre deslocadas").
III. *O anti-Édipo*

---

2. O projeto, iniciado por Elias Sanbar e o poeta palestino Mahmoud Darwich, tinha por objetivo difundir o pensamento de Deleuze aos leitores árabes a partir de uma antologia de textos escolhidos pelo próprio Deleuze. Essa antologia apareceu parcialmente em *Al-Karmil*, revista então dirigida por Darwich.

"O inconsciente não é um teatro, mas uma fábrica…" (pp. 7-15 início [11-22]).

IV. *Mil platôs*

1) "Classicismo, romantismo, arte moderna" pp. 416-424 [152-160] (desde "Quando se fala de classicismo…" até "– viajar o som").

2) "Nomadologia" pp. 471-474 [50-55] (desde "O nômade tem um território…" até "o gelo, o mar") e pp. 482-488 [62-69] (até "potência do chefe").

3) "Árvore e rizoma" pp. 24-32 [25-33] (desde "O pensamento não é arborescente…" até "todo tipo de devires").

V. *A imagem-movimento*

"Dois tipos de espaço, Kurosawa e Mizoguchi" pp. 254-258 [231-234] (desde "A pintura chinesa…" até "pergunta de Feiticeira") e pp. 261-262 [237-238] (desde "O paralelo…" até "alguns meses mais tarde") e pp. 264-265 [240-241] (desde "Não é a linha…" até "trouxe ao mundo").

VI. *Proust* (capítulo VII)

"Classificação dos signos" pp. 103-109 [84-88] (até "da própria obra de arte").

VII. *Nietzsche e a filosofia*

"O ressentimento" pp. 126-133 [capítulo 4, três tópicos iniciais]

VIII. *Espinosa, filosofia prática*

"Espinosa e a vida" pp. 37-43 [31-35] (desde "Se a Ética e a Moral…")

IX. *Lógica do sentido*

1) "Que é o platonismo?" pp. 292-295 [259-262] (até "reversão do platonismo").

2) "Que é uma proposição?" p. 22-35 [13-23] (desde "Muitos autores…" [95]

X. Diferença e repetição

"Os postulados do pensamento" pp. 173-180 [193-201] (desde "É em vão que se pretende…" até "muito mais geral") e pp. 194-207 [216-229] (desde "o erro é o negativo…" até "a imagem dogmática do pensamento").

A JEAN-CLET MARTIN

Jean-Clet Martin [1958–], professor de filosofia em Altkirch, queria dedicar sua tese de doutorado à obra de Deleuze. É nessa ocasião que se trava uma relação, sobretudo epistolar — levando em conta o distanciamento geográfico. A tese conduzirá à publicação, em 1993, de *Variation. La philosophie de Gilles Deleuze* (Paris: Payot, 1993).

3 de agosto de 1988 [96]

Caro senhor,

Recebi sua carta. Em todo caso, o senhor destacou em algumas linhas os temas que são o essencial no meu pequeno livro sobre Bergson: fiquei comovido, e é como o signo de um bom trabalho do qual fico feliz por ser o objeto. Então a questão quem, com quem fazer esse trabalho é, com efeito, bem embaraçosa atualmente. Achei que Nancy seria "possível".[1] Em Paris, vejo René Schérer, um amigo, que é um dos filósofos mais inteligentes que conheço, mas que também está próximo da aposentadoria, e sobrecarregado[2] — ou então Laruelle, em Nanterre.[3]

Talvez eu já tenha feito isso, mas devo lhe dizer de outra preocupação a seu respeito. O senhor deve pressentir que um trabalho sobre mim não será especialmente "bem visto" pelas comissões futuras — mesmo que o senhor encontre um bom orientador. É legítimo que uma tese traga ao senhor as oportunidades para um posto numa faculdade e, nesse caso, serei um desserviço. O senhor não poderia pegar um tema no qual meu trabalho serviria, mas que não fosse diretamente sobre mim? Eu talvez já tenha dito isso, mas digo outra vez, pensando em seu futuro.

GD

---

1. Jean-Luc Nancy [1940–] era professor na Universidade de Strasbourg.

2. René Schérer [1922–] era professor na Universidade de Vincennes (Paris 8), onde Deleuze ensinou até sua aposentadoria em 1986. Ele orientará a tese de doutorado de Jean-Clet Martin, *Essai sur le concept deleuzien de multiplicité*.

3. François Laruelle [1937–] era professor na Universidade de Nanterre.

22 de novembro de 1990 [97]

Caro amigo

Acabei de me mudar, o que foi cansativo; levo adiante a versão definitiva de *O que é a filosofia?* menos como um pássaro inspirado do que como um asno que bate em si mesmo. Que alívio quando isso chegar ao fim. Sua carta foi bem-vinda. Estou muito feliz com as propostas que lhe fez Boundas;[4] e mais ainda com o vigor do seu trabalho. O que o senhor diz sobre o cérebro, no final da sua carta, me fez sonhar. O senhor diz exatamente: "o que é menor que o mínimo pensável cai nas sinapses, mas pode se tornar sensível por intensificação, como na regulagem da tela de televisão, cujas intensidades tornam sensível o que escapa ao grau de definição". Dê-me detalhes assim que for possível: tenho sinceramente necessidade dessa ideia e de homenageá-lo num próximo texto. O senhor tem ali alguma coisa de importante que eu gostaria de compreender melhor.

Com toda minha amizade

Gilles Deleuze

4. Constantin Boundas é o tradutor para o inglês de *Empirisme et subjetivité* (Paris: PUF, 1953) [Ed. bras.: *Empirismo e subjetividade*, trad. de Luiz B. L. Orlandi. São Paulo: Ed. 34, 2001]. Ele pediu a Jean-Clet Martin um texto sobre as relíquias para uma obra coletiva consagrada a Deleuze (*Gilles Deleuze and the Theater of Philosophy*. New York: Routledge, 1994).

A ANDRÉ BERNOLD

André Bernold [1958–], então professor nos Estados Unidos, encontrou Deleuze em 1980, quando de um encontro-debate em torno de *Mil platôs*, finalmente anulado. Depois de uma relação de ordem sobretudo epistolar, eles se tornaram próximos no início dos anos 1990.

28 de maio de 1994 [98]
Paris

André,
Penso muito em você. É curioso como nossas existências (falo de nossas duas existências) protegem teu estado de crise crônica encontrando um abrigo no que há de mais violento na arte, de mais terrível. Acontece que esse terror derrota a abjeção desse mundo (não há dia que não nos traga seu lote de comicidade abjeta e que não nos faça odiar nossa época, não em nome de um passado saudoso, mas em nome do mais profundo presente). Terríveis são os cantos mongóis que você me enviou, uma voz tão profunda, terrivelmente profunda, que as outras queriam preencher.[1] Temos apenas essas duas coisas, a violência da arte, e essa outra violência que é a graça e a beleza de uma criança, Nicholas.[2] Um pouco tardiamente, eu conheci e amei Ravel: ele não me parece assemelhar-se a nada, parece-me ter uma estranheza radical, e dispor, também ele, de uma existência frágil ao abrigo da extraordinária violência de sua arte. Trabalho como posso. O que você me escreve, o que você escreve me parece de uma tão grande beleza. Isso não deve ser sufocado, de maneira alguma. Parto para o Limousin por volta de 20 de junho. Espero te ver antes (se um dia você passasse pelo Limousin, seria maravilhoso, porém mais tarde, não antes de julho, porque um

---

1. Trata-se do disco *60 Horses in My Herd. Old Songs and Tunes of Tuva* (Shanachie, 1993) da formação Huun-Huur-Tu, canto de um povoado nômade da Sibéria meridional, na fronteira da Mongólia exterior.
2. Nicholas é o filho de André Bernold.

certo declínio de minha existência, sobretudo pela manhã, torna-me dolorosa a coabitação com um amigo querido, quando ainda não me adaptei). [99] Abraço-o com afeto.

Gilles

8 de junho de 1995

André,

Não estou muito bem neste momento, por isso te escrevo. Penso tanto em você. Você vive num sofrimento que é como uma conexão impenetrável com o pensamento. Como fazer desse acontecimento do pensamento uma alegria? Nicholas não é um signo obscuro, ou quem sabe luminoso, dessa conversão? Ele é belo como um pequeno deus, e tuas fotos fazem dele uma potência. Como eu poderia ajudar você sobre Artaud, que você apreende tão melhor que eu? Você adquiriu com ele uma conexão não mais pessoal ou privada, nem geral, mas "despersonalizada", intensiva. Vejo dois problemas: 1) Em que medida os *Cahiers* introduzem uma nova compreensão de Artaud, uma *retomada*? Um pouco como em Nietzsche, os cadernos chamados Vontade de potência. Parece-me que você tem, relativamente aos textos de Rodez, uma atitude às vezes ambígua, por estarem muito próximos de você, você vê neles uma palhaçada mais do que um cômico tornado mundo que, por modéstia, você evita saber por você mesmo. Rodez é uma genealogia (vital) em oposição à criação (orgânica).[3] Talvez esses *Cahiers* transformem em parte *todos* os outros textos... 2) Na própria obra de Artaud, é Heliogábalo que domina, incomparavelmente, as pedras, os fluídos, as potências. Nenhum livro é tão próximo de você a esse ponto. É aí que você retoma, completamente, à tua maneira, a vitalidade não-orgânica (e o papel da madeira, e o modo da projeção, e o estatuto da verticalidade *e da cruz*). É talvez nos *Cahiers* que se encontrem as razões últimas de tudo isso, mais do que numa direção geográfica: o Oriente não tem privilégio, pelo contrário, há a América do Sul, *com a madeira e a cruz* dos Tarahumaras. A vitalidade não-orgânica só remete a Heliogábalo e à interioridade dos *Cahiers*, não a uma exterioridade

3. Sentido das *listas* em você. [N.A.]

prestigiosa que apenas a traduz.[4] [100] — Tudo isso que te escrevo é bobagem e insuficiente: você está mil vezes na minha frente. Que tua mulher te obrigue a escrever cem páginas é tão bom quanto as dívidas de jogo como motivo para escrever. As insuficiências para escrever não são uma razão, pois só escrevemos com nossas insuficiências. Como é que você não sente toda a potência que está em você, e que você não para de tentar virar contra você? Talvez você tenha somente muito orgulho, muita profundidade. Tenho admiração por você, pela maneira como você escreve quando o faz. De todo meu coração, você é um terrível lugar de batalha, de onde a amizade pode extrair uma alegria, uma cumplicidade.

Gilles

---

4. Artaud, evidentemente, não se refere a uma tradição, a uma alquimia ou a uma dimensão extrínseca (o Oriente etc.). Ao contrário, são as dimensões e tradições que se conectam ao corpo sem órgãos (vitalidade não orgânica) e constituem seus *gradientes*. Donde a possibilidade de uma hierarquia dos próprios gradientes na vida não orgânica. 1) América do Sul, Tarahumaras 2) Bali, Tibete, Oriente; 3) África? (os Dogons e a madeira); 4) Greco-latim, Medeia etc. [N.A.]

DESENHOS E
TEXTOS DIVERSOS

CINCO DESENHOS [103]

Os cinco desenhos de Deleuze figuram numa dupla plaqueta editada por Karl Flinker em 1973, sob o título geral de *Deleuze Foucault. Mélanges: pouvoir et surface. Avec six surfaces de Gilles Deleuze*. A primeira plaqueta tem como título "Faces e superfícies". Trata-se de uma conversa entre Deleuze e Stefan Czerkinsky (reproduzida em *A ilha deserta e outros textos*, pp. 391-394 [353-356]) onde figuram cinco (e não seis) desenhos. A segunda plaqueta é um texto de Foucault intitulado "O poder e a norma".

Sem título

Sem título

Monstro nº 10. Ele sopra sobre seus dedos para formá-los.

Autorretrato de Deleuze estrangulando seu velho amigo Jean-Pierre Bamberger.

Monstro nº 31

TRÊS LEITURAS: BRÉHIER, LAVELLE E LE SENNE

[109]

Resenha publicada em *Cahiers du Sud*, XLII, nº 334, abril de 1955, pp. 498-500, provavelmente com a recomendação de Ferdinand Alquié, amigo devotado, próximo da revista. Referências das três obras: Émile Bréhier, *Études de philosophie antique* (Paris: PUF, 1955); Louis Lavelle, *De l'intimité spirituelle* (Paris: Aubier, 1955); René Le Senne, *La Découverte de Dieu* (Paris: Aubier, 1955).

Três livros são editados após a morte de seus autores: *Études de philosophie antique*, d'Émile Bréhier (PUF), *De l'intimité spirituelle*, de Louis Lavelle (Aubier), *La Découverte de Dieu*, de René Le Senne (Aubier). Sabe-se a importância desses três pensadores: eles foram, por razões diversas, mestres da filosofia francesa. Esses livros, além de outros inéditos, são compostos de artigos já publicados, mas em revistas difíceis de serem consultadas.

***

Apresentados pelos senhores Davy e Schuhl, os artigos de Émile Bréhier tratam do conjunto da filosofia grega, das origens ao neoplatonismo. Não se trata de uma revisão geral; o tema de cada artigo é extremamente preciso. Cada um, por mais breve que seja, nos ensina alguma coisa de importante, mostra-nos a história de uma ideia, sua duração própria, seus retornos, suas transformações. Citemos como exemplo o belíssimo texto intitulado: "L'idée de néant et le problème de l'origene radicale dans le néo-platonisme", ou então "Logos stoicien, verbe chrétien, Raison cartésienne". Sabe-se que Émile Bréhier buscava, através da história da filosofia, a própria filosofia, aquilo que ele chamava a essência. O livro começa com textos preciosos, nos quais Bréhier explica seu projeto. Nele há sempre um sentido agudo da especificidade da filosofia. Essa especificidade, de alguma maneira, se afirma exterior e interiormente: interiormente, porque a filosofia mantém uma conexão com sua própria história, completamente diferente, por exemplo, da conexão que a ciência ou a religião mantêm com a sua. [110] Exteriormente, porque não é filosofia todo pensamento em geral, toda concepção de mundo, mas, numa concepção do mundo, é filosófico aquilo que exprime um equilíbrio correspondente à condição da humanidade, uma sabedoria que sobrepuja os desequilíbrios, um "sangue frio", como diz Bréhier, uma construção do homem não como espécie biológica, mas como ser moral e racional. Portanto, à força de ser filósofo é que Bréhier fazia a história da filosofia. Ao mesmo tempo, a filosofia é coisa grega, e o humanismo é a história da filosofia. Os artigos que nos são apresentados parecem, nesse sentido, dominados por duas grandes ideias, duas ordens de buscas concernentes à essência: 1) Que é um problema em filosofia? Qual gênero de problema é filosófico? O que distingue um problema filosófico dos outros tipos de problemas? Ler-se-á sobre esse ponto um artigo apaixonante sobre "a noção de problema"; 2) Qual é a relação exata entre o pensamento filosófico e as imagens de que ele se serve? Não se deve separar o puro conceito das imagens que ele toma emprestado para se exprimir num meio? Questão que Bréhier coloca a propósito dos próprios pré-socráticos. Mas não há também imagens propriamente filosóficas? Questão que ele coloca num brilhante artigo sobre "Images plotiniennes, images bergsoniennes".

Le Senne e Lavelle desenvolvem ambos, em estilos diferentes, uma ideia comum à base da filosofia do espírito, que consiste em recusar e denunciar toda alienação do espírito no objeto. Le Senne com a ideia de valor, Lavelle com a de Ato, chegavam a um tipo de doutrina da salvação. Seus dois livros colocam um ponto final na coleção que eles próprios tinham fundado na editora Aubier. Toda a obra de Lavelle tendia para uma teoria da sabedoria, concebida como ciência da vida espiritual e como acabamento da filosofia: *De l'intimité spirituelle* se encerra precisamente numa comunicação concernente a essa sabedoria, ciência para além do conhecimento, dialética viva pela qual as diversas potências da alma, entendimento, sensibilidade, vontade não mais se opõem a não ser para se reunir. No conjunto do livro encontrar-se-á o comentário dos conceitos originais que Lavelle soube elaborar: o Ato em oposição ao dado, a participação como experiência que temos do ato; a gênese do tempo que decorre disso, e a constituição das dimensões do tempo, sendo o ato a própria presença do presente, sendo o futuro a potência e a possibilidade como razão de ser, e sendo o passado o dado correlativo; enfim, a concepção de uma conexão original entre a essência e a existência, na qual a própria essência afeta um caráter temporal. [111] A ideia central é que o mundo é "o instrumento de formação de nosso ser espiritual".

Por sua vez, é rumo a Deus que Le Senne orientava sua meditação. Na descoberta de Deus ele via o próprio da vocação filosófica. Sabe-se como sua filosofia do dever e de seu valor o conduzia a esse ponto: "Minha filosofia tem três centros: o dever, o eu e Deus, sujeito divino; todos três devem convergir na felicidade". O livro, constituído por Sr. Morot-Sir, começa com os extratos de Cadernos íntimos entre 1931 e 1932. Le Senne mostra ali que o valor é o absoluto, mas que o absoluto é sujeito, pessoa. Ele exprime várias vezes uma teoria do Uno que lembra, em certos pontos, o neoplatonismo; porém, mais profundamente aparece nele uma junção do idealismo com o personalismo, que ele desenvolve através de vários artigos: "Sujet et personne", "La relation idéo-existentielle", "Le lien humain", "L'homme et la valeur", "Le problème en axiologie", "L'expérience de la valeur", enfim, "Immanence et transcendance". O livro se encerra numa descrição da esperança e no esboço da obra que Le Senne projetava, e que devia, precisamente, intitular-se Descoberta de Deus: "Se por Deus entendemos algo além, que ultrapassaria todo objeto finito, cabe precisar por que chamamos de Deus esse além, e não o incognoscível ou o nada".

***

A obra de Lavelle e de Le Senne é extremamente importante. Mas em qual sentido? Entre os primeiros, na França, eles fizeram da filosofia uma filosofia dos valores, e da filosofia dos valores uma filosofia universitária; um ensino. O que eles buscaram era provavelmente um terreno sobre o qual poderiam repensar o conteúdo inteiro da filosofia, salvá-la de uma confusão ruinosa com a ciência, preservando-lhe a especificidade. Lavelle via na axiologia uma possibilidade privilegiada, para nós, homens modernos, de repensar o platonismo. Le Senne, um domínio no qual se devia reformar a dialética. [112] Portanto, é sob a forma de uma filosofia total que os valores chegaram até nós. Essa chegada força nosso respeito e nossa admiração; mas nós sentimos também o que resta para fazer. Pois se nos reportamos à origem mais longínqua da filosofia dos valores, vemos bem que, em

Nietzsche, a teoria permanece admiravelmente concreta e positiva, explosiva, precisamente porque ela jamais se separa de uma crítica e de uma denúncia: mais do que isso, a teoria é essa própria crítica. Na França, ao contrário, no século XX, o aspecto teórico passou de um lado, o aspecto crítico caiu de outro lado. Encontramos aqui o nome de Bréhier, que publicava, em 1939, um artigo essencial intitulado: "Doutes sur la philosophie des valeurs" (*Revue de métaphysique et de morale*).[5] Assim, tendo a filosofia dos valores se separado da crítica, a crítica se fez crítica da própria filosofia dos valores. Parece que hoje se abre uma segunda idade, um retorno à origem na qual a crítica e a filosofia dos valores não estavam separadas. Encontramos essas primeiras obras marcantes em várias direções: nas buscas morais do sr. Polin; ou então nos trabalhos dos senhores Canguilhem, Friedman etc., que nos apresentam sempre os valores em função de normas correspondentes, normas biológicas ou normas sociais, que são, elas próprias, objeto de um estudo positivo. Essa nova orientação se desenha: todavia, ela não esquece tudo o que se deve à obra de Lavelle e de Le Senne.

---

5. Émile Bréhier, "Doutes sur la philosophie des valeurs" in *Revue de Métaphysique et de Morale*, 46e année, nº 3, pp. 399-414, 1939.

FERDINAND ALQUIÉ, *PHILOSOPHIE DU SURRÉALISME* [113]

Resenha sobre a obra de Ferdinand Alquié, *Philosophie du surréalisme* (Paris: Flammarion, 1956) publicada primeiramente em *Les Études philosophiques*, nº 2 (abril/junho de 1956, pp. 314-316). Ferdinand Alquié [1906-1985], filósofo próximo do surrealismo e especialista em Descartes e Kant era, em 1945, professor de Deleuze, primeiramente em *khâgne* no liceu Louis-le-Grand, depois na Sorbonne. Em diversas oportunidades, em entrevistas, Deleuze lembra sua admiração de estudante pelo ensinamento e pelas obras de Alquié, a quem dedica *La Philosophie critique de Kant* (Paris: PUF, 1963). Alquié orientará a tese secundária de Deleuze sobre Espinosa (que será publicada em 1968 sob o título *Espinosa e o problema da expressão* [trad. bras. do GT Deleuze. São Paulo: Ed. 34, 2017] antes da ruptura, definitivamente consumada em 1969 (ver a carta a François Châtelet datada de 1969, p. 30).

O livro de Alquié se lê do começo ao fim com paixão, não só pela beleza do estilo, mas porque encontramos ali uma curiosa unidade: escrevendo essa filosofia do surrealismo, o autor expõe uma concepção da vida que lhe é cara, e desenvolve uma reflexão que põe em jogo toda uma metafísica. A análise de Alquié é verdadeiramente uma análise: ela não distingue somente temas, mas ordens de importância. Pois os erros talvez consistam menos em fazer os textos dizerem o que eles não dizem, do que em reverter a importância respectiva dos temas, em apresentar como essencial o que não o é, o que depende de outra coisa. Assim, Alquié é levado sucessivamente a mostrar que o essencial nos surrealistas não é o pessimismo, a negação, a angústia, a revolta, que se exprimem, todavia, em muitas de suas obras. Também não é uma preocupação com a expressão, uma preocupação estética, uma busca sobre a linguagem, embora certos surrealistas cheguem a essa busca. O essencial não é também o esoterismo, a iniciação espírita, a alquimia, que os seduzem ou atraem. Nem uma mística do super-homem, como queria Carrouges. Não é a dialética de Hegel, nem o marxismo e a revolução, da qual eles não querem, todavia, se separar. Não é, enfim, a retomada ou o exagero do romantismo alemão, cujo próprio projeto é muito diferente do projeto surrealista.

[114] Todos esses temas não estão menos presentes no surrealismo: Alquié nos mostra como, mas nos mostra também que eles não são o essencial ou o mais profundo. Para encontrar esse mais profundo, o autor tinha provavelmente vários meios de acesso. Primeiramente, sua participação pessoal no movimento surrealista, a vantagem do vivido; mas essa participação nunca é diretamente invocada por ele, salvo no final, numa nota em que ele fala em termos emocionantes de Joë Bousquet. Depois, um fato: o fato de que o surrealismo se tenha de certa maneira identificado a André Breton, pois aqueles que se separaram de Breton deixaram, em geral, de se dizerem surrealistas. Enfim, e sobretudo, um método de análise pelo qual Alquié mostra que os temas precedentes só podem ser compreendidos ao mesmo tempo se partirmos de outra coisa.

Tudo isso já traria à história do surrealismo uma afinação essencial. Mas Alquié não quer fazer essa história, ele faz a filosofia do surrealismo. Qual é, então, o mais profundo? Seria, segundo o autor, um certo tema da vida: o amor, o desejo, a esperança. E porque esse amor é um amor vivido, que não busca um além da vida, mas se dirige aos seres amados, a mulheres amadas, a figuras e a aspectos do mundo, ele é desejo. Mas porque esse desejo não é antes de tudo possessivo (salvo para Dali, de quem Alquié explica a situação particular), porque esse desejo é sobretudo atento, espera, atenção, ele é ao mesmo tempo esperança, apreensão de signos, gosto dos encontros, objetivos e terrestres, abertura ao maravilhoso. Admira-se às vezes que seja possível escrever e, todavia, desprezar a literatura. É verdade, nesse sentido, que os surrealistas escreviam poemas, e não pensavam que a estética fosse o mais profundo. Tal atitude se fundamenta porque o belo não é, primeiramente, caso de estética, mas caso de vida, objeto de um encontro, signo apreendido, porque ele fala ao desejo antes de falar numa obra, porque ele responde primeiramente a uma exigência ética e vital. Assim, em belíssimas páginas, Alquié lembra que a poesia é coisa distinta da literatura e mesmo coisa distinta da obra estética. Vê-se, portanto, que a ideia surrealista é dupla. O mundo do desejo ou do amor é o do sujeito: ele recusa o dado, ele não se reconhece em objeto algum logicamente definido, ele exprime uma espontaneidade fundamental, ele se exprime "desrealizando". [115] Mas, além disso, esse sujeito que deseja não é a última palavra: ele espera, está maravilhado, recebe um signo. A investigação do inconsciente e a experiência dos encontros, a escrita automática e o acaso objetivo são os dois temas que remetem um ao outro. Se há, segundo Alquié, um equilíbrio surrealista, é porque Breton sempre soube evitar dois perigos: levar ao extremo a potência do desejo, e assim negar o sentido em proveito de um arbitrário, esquecer que o signo é signo de um sentido; mas, no outro polo, nomear aquilo que o signo anuncia ao desejo, interpretar os signos, confundir o sentido com alguma coisa, com um dado, voltar então aos objetos para perder a liberdade. De fato, o desejo é mais que o objeto, mas ele é menos que o Ser: o signo é esse equilíbrio tenso entre o Ser e o objeto, a condição vivida sob a qual objeto algum é o Ser, e se reverte tornando-se signo.

Mas pode o surrealismo preencher totalmente essa condição? Pois se o desejo tem sempre esse duplo caráter, não será somente do ponto de vista de sua própria verdade? O desejo em si mesmo é ambíguo, porque ele se perde a cada instante em um ser ou se afirma todo-poderoso: é aí que se originam todos os temas que vimos, secundários, inclusive o pessimismo e o sadismo. Não é o desejo que se desvela, ele próprio, em sua verdade, é somente uma reflexão sobre ele que o desvela assim. Alquié pode também mostrar a evolução de Breton como uma passagem da esperança à reflexão sobre a esperança, à lucidez. Não se trata, para o surrealismo, de fazer uma síntese, de aceder a uma unidade do real e do irreal: esse ponto, onde os dois fazem tão somente um, o Surreal ou o Ser, não é para ser redescoberto, mas para ser determinado. E não para ser determinado como um além, como um sobrenatural, mas, ao contrário, como o princípio de uma separação que faz o ser do homem, como o princípio de uma passagem que faz a poesia, "meio de passar para a vontade" do real ao irreal, do irreal ao real, enfim como o princípio de uma tensão que faz a ética. A tensão, a passagem entre os dois definem sempre a mesma verdade, exprimida no signo: que o desejo é mais que a coisa, mas que ele é menos que o Ser, e que ele é mais que a coisa justamente porque ele é menos que o Ser. Mas então, será que essa verdade é acessível ao próprio desejo, ou somente à reflexão sobre o desejo, isto é, à Razão? Vê-se aqui como se encontram o surrealismo e a concepção que o próprio Alquié faz da metafísica. [116] Filosofia do surrealismo não quer dizer nem filosofia surrealista nem a filosofia

Ferdinand Alquié, *Philosophie du surréalisme*

que os surrealistas deveriam ter feito, mas uma reflexão que é para a metafísica aquilo que o surrealismo é para a poesia. E pela primeira vez vê-se, com a filosofia de Alquié, um racionalismo recusar o sistema e, todavia, enriquecer-se com o duplo conteúdo do desejo e dos signos ou, se preferirmos, da psicanálise e da poesia. Resulta disso uma metafísica estranhamente viva e, nela, o comentário mais profundo do surrealismo.

FERDINAND ALQUIÉ, *DESCARTES, L'HOMME ET L'OEUVRE* [117]

Resenha publicada pela primeira vez em *Cahiers du Sud*, XLIII, n⁰ 335, outubro de 1956, pp. 473-475. *Descartes, l'homme et l'oeuvre*. Paris: Hatier-Boivin, 1956.

Alquié publica um livro sobre Descartes, numa coleção cujo tema geral é "o homem e a obra". Se os livros sobre Descartes são numerosos, os de Alquié por sua vez se distinguem porque eles não nos mostram apenas, em Descartes, uma obra que é preciso compreender, mas uma concepção da filosofia que é preciso conservar, um pensamento que exprime a própria essência da metafísica. Alquié, em 1950, publicou uma tese extremamente importante, *La découverte métaphysique de l'homme chez Descartes* (PUF); Gueroult, em 1953, publicou seu *Descartes selon l'ordre des raisons* (Aubier): assim, dispomos recentemente de duas interpretações muito diferentes que renovam os estudos cartesianos. Em seu novo livro, Alquié retoma certos pontos de sua tese, mas num outro espírito e com um outro objetivo; marquemos esses pontos originais que distinguem a interpretação de Alquié. Segundo ele, primeiramente, não há uma ordem cartesiana, mas duas, que são complementares: uma ordem do sistema e uma ordem do tempo, uma ordem das razões e uma ordem da história, uma ordem das realidades e uma ordem de aparição dessas mesmas realidades. O infinito é primeiro, relativamente ao finito, mas ele não deixa de aparecer após o finito; "o cogito, que é primeiro na ordem do conhecimento, e, por essa razão, deve ser sempre retomado, revela que Deus é primeiro na ordem do Ser, e que o pensamento deve subordinar-se a isso". De outra parte, Alquié dá uma importância imensa à ideia cartesiana de uma criação das verdades eternas: que as próprias verdades sejam criadas livremente por Deus, significa que elas são esgotáveis, compreensíveis em si, resultantes de uma análise limitada, em suma, que o pensamento as ultrapassa e apreende seu aspecto de contingência, mas também que o Ser está alhures, num Deus criador, isto é, num fundamento ao qual o pensamento se subordina por sua vez: primeiro na ordem do conhecimento e segundo na ordem do Ser, é sempre isso o pensamento, que logo manifesta em sua própria natureza a distinção das duas ordens. [118]

É essa natureza do pensamento que a dúvida e o cogito significam ainda; e entre as mais belas páginas do seu livro é preciso considerar aquelas nas quais Alquié faz a análise das duas primeiras meditações e mostra, de uma maneira indiscutível, a evolução do cogito desde o *Discurso do método* até *Meditações*. Enfim, Alquié insiste sobre a necessidade de distinguir dois sentidos da palavra "ideia" em Descartes, pois a alma e Deus não podem ser ideias no mesmo sentido do triângulo ou da extensão: estas são representações relativamente às quais o pensamento permanece primeiro; aquelas são verdadeiras presenças que dão do Ser o testemunho de uma outra ordem, na qual o pensamento vem em segundo lugar.

Mas qual é o objetivo de Alquié ao escrever esse livro "*l'homme et l'oeuvre*"? Ele mostra a personalidade de Descartes e explica sua obra. Mas a unidade do homem e da obra é aqui mais profunda: ela reside numa certa *atividade*. Do começo ao fim do seu livro, Alquié nos apresenta a admirável atividade de Descartes, e faz a história dessa atividade. Atividade científica e atividade filosófica num mesmo homem: como Descartes conduz as duas, passa de uma a outra, descobre a segunda para além da primeira, que surpresa e que mudanças acarretam essa descoberta, eis o tema do livro. Vê-se bem que, para Alquié, Descartes é um caso exemplar, é como um caso de essência no qual se apreende o próprio princípio da metafísica, porque aí encontramos, primeiramente, a justa conexão vivida da ciência e da filosofia como atividades humanas. Descartes começa por ser homem de ciências, seu sonho é o de uma ciência universal e de uma técnica assegurada; é a certeza matemática que ele quer estender a todas as ciências, de maneira que, para servir de fundamento, ele conta menos com a metafísica do que com um método de tipo matemático. Esse ponto de vista das *Regulae* permanece como o essencial do *Discurso do método*: em páginas muito profundas, Alquié mostra que a dúvida e o cogito do *Discurso* diferem da dúvida e do cogito das *Meditações*, porque eles são de ordem ainda científica, mais do que metafísica. [119] Mas, justamente, como se fará a passagem do *Discurso* às *Meditações*? Descartes via bem a condição original do seu projeto de uma ciência universal e exata: a Natureza, sistema espacial, atual e mecânico, era privada de sua espessura, de suas virtualidades, de suas qualidades, de sua espontaneidade. Nesse sentido, a Natureza não é o Ser, o mundo é uma fábula. Mas "não se poderia privar o mundo de ser sem descobrir alhures esse ser do qual a evidência é a primeira em todos os espíritos". Se a Natureza não é ser, o Ser não é natureza, não é cientificamente compreendido, mas deve ser filosoficamente concebido, como distinto de todos os objetos, de todas as essências, de todos os mecanismos objetivos. É assim que Descartes é levado à ideia de um fundamento metafísico, fundamento da ciência, mas com a condição de sair da ciência: a natureza será subordinada ao cogito, e este subordinado a Deus, do qual ele tem o ser. E quando a ciência exigia um fundamento, ela não podia prever as consequências que decorrem agora do fundamento que a metafísica lhe dá: pois o ponto de vista do ser é reintroduzido, como se vê, nos *Principes* e nas últimas obras, com a teoria de uma substância material irredutível ao simples atributo, de um ser material distinto da ideia. O mundo reencontra uma substancialidade: só que esta, na medida em que a natureza não é ser, não é mais, como se esperava, a ciência certa que se encontra fundada; mas é o ser do mundo, ao contrário, que se encontra fundamentado, na medida em que ele não é resultado de um conhecimento científico certo. A operação do fundamento reintroduz o sensível, e o provável, e o sentimento: o que mudou mais profundamente, no início e no fim da obra de Descartes é a própria ideia de ciência.

Vê-se bem que concepção da filosofia como atividade se destaca do livro de Alquié. O autor a havia exposto alhures (*La Nostalgie de l'Être*, PUF), mas é aqui a primeira vez em que ele a trata na história detalhada de um caso particular. Parece que a atividade filosófica, segundo Alquié, tem três características principais, nas quais se reconhece Descartes: 1) Primeiramente, não se nasce filósofo, os filósofos não se reproduzem. O filósofo "descobre a filosofia por um movimento próprio que o leva a romper com os hábitos do seu entorno, as lições dos seus mestres, as tradições de sua família, de seu país, o próprio mundo objetivo". [120] 2) Aquilo com o que a filosofia rompe é também aquilo em relação ao qual ela se constitui necessariamente, aquilo sem o que ela não é filosofia: notadamente o estado da ciência em dado momento. É a ciência, de uma certa maneira, que chama a filosofia, mas a filosofia lhe dá algo totalmente distinto do que ela esperava, porque lhe consigna um "lugar". Nesse sentido, a filosofia é sempre surpreendente: ela não nasce apenas da admiração, mas, pelos seus resultados, ela conduz a outras admirações. Sua grandeza é dar outra coisa do que lhe era pedido de fora: ela jamais serve para justificar. "É próprio do andamento filosófico... não se saber onde ele leva". 3) A filosofia, portanto, não é sistema, pois que é inseparável de um andamento subjetivo: ela é metafísica, propriamente falando. E se vê que a metafísica é história, ordem histórica — mas em qual sentido? Em nada ela é redutível à psicologia do filósofo e menos ainda a uma história que o determinaria. Pelo contrário, ela é ruptura com a história, mas essa própria ruptura tem uma história, que é, em diferentes graus, a de um espírito e a do espírito. Como o espírito se descobre superior aos objetos determinados e às verdades positivas, e como ele descobre o Ser como superior a ele, é este o movimento temporal, sempre retomado, que constitui a metafísica.

CURSOS SOBRE HUME (1957-1958) [121]

Todos os acréscimos entre colchetes são do editor. Todas as referências foram atualizadas. Conservamos a paginação da edição Aubier, tradução Leroy, utilizada por Deleuze, mas indicamos em seguida, após a barra, a tradução corrente de P. Baranger e P. Salter, edição Garnier-Flammarion. Como essa edição é em três tomos, conforme à divisão do *Tratado da natureza humana* em três livros (I. O entendimento, II. As paixões, III. A moral), indicamos a cada vez o tomo de referência.

I. Introdução

A) *Recenseamento dos conceitos humeanos*

O *Tratado* data de 1739. De Condillac, em 1746: *Ensaio sobre a origem dos conhecimentos humanos*. O verdadeiro fundador do associacionismo é Hartley: *Observações sobre o homem, sua constituição, seu dever e seus destinos*, em 1749, ou seja, dez anos depois de Hume.

Os associacionistas não se valem verdadeiramente de Hume, que gosta demais, segundo eles, dos paradoxos. Bentham será mais justo a esse respeito, porque ele subordinou os princípios de associação ao princípio de utilidade.

O *Contrato social*: 1761. A viagem de Rousseau à Inglaterra: 1746.

O *Tratado* apareceu em duas vezes: o entendimento e as paixões em 1739, a moral e o apêndice em 1740.

Na "Introdução", Hume fala da política e da crítica, mas uma e outra estão ausentes. O *Tratado* só fala da lógica e da moral. A política teria contido o quê? De fato, a teoria do governo já se encontra na Moral. Provavelmente, a política teria desenvolvido a *economia política*. E a Crítica? Trata-se da crítica do gosto, isto é, da *estética*. Se Hume não as escreveu é que ele escolheu escrever livros mais fáceis de acessar do que o *Tratado*.

[122]

1741-42   *Ensaios morais e políticos* (contém um artigo essencial sobre a regra do gosto). Além disso, ensaios econômicos.

1748   *Ensaio sobre a imortalidade da alma, sobre o suicídio —*
         Investigação sobre o entendimento.
1751   *Investigações sobre os princípios da moral.*
1752   *Discursos políticos.*
         História da Grã-Bretanha.
1772   *Diálogo sobre a religião natural* (obra póstuma).

Sobre Hume, ler:
J. Laporte, *A ideia de necessidade*
O problema da abstração

G. Berger, *Husserl et Hume* (*Revue Internationale de Philosophie*, 1, 2, janeiro 1939).

Hume empreende um grande projeto, que ele não termina: o *Tratado*. Em sua correspondência retornam dois temas: "eu mutilo, eu castigo o *Tratado*"; ele quer fazer com que passe no *Ensaio* o que ele não teria podido fazer passar no *Tratado*, porque muito difícil ou muito perigoso. O que vai desaparecer nas obras que sucederam ao *Tratado*: a identidade das coisas e do eu [*moi*].

Qual foi a evolução na obra de Hume? Interesse cada vez maior mostrado pelas dependências imediatas das ciências do homem, a saber, a moral e a crítica; importância cada vez maior conquistada pela religião natural; importância cada vez maior atribuída na ciência do homem à experimentação: a história é um material experimental possível.

Há três interpretações possíveis de Hume e de sua evolução: *cética*: já no *Tratado*, Hume não cessaria de se contradizer; *tradicional*: subentende-se que o essencial do *Tratado* é o entendimento; *radical*: o essencial é a prática. Não se pode compreender os princípios por eles mesmos. A teoria do direito já é uma prática. É esta a interpretação de Norman Kemp Smith (1941): a associação é, para o utilitarismo, a teoria do direito; a crença é para o governo e a propriedade. A própria imaginação seria sempre considerada do ponto de vista da prática: o legislador imagina casos. [123]

Os princípios de associação são princípios da natureza humana. O que se distingue da natureza é a convenção, o artifício. "O homem é uma espécie inventiva". O que é artifício não depende diretamente dos princípios. Procedimento oblíquo: assim, o hábito procede obliquamente para o entendimento e a justiça para a moral. Tudo está na natureza, mas nem tudo é natureza.

O artifício ou o natural: efeitos indiretos ou diretos dos princípios. O hábito é o artifício do mundo do entendimento, como a justiça é o artifício do mundo da moral. Mas o princípio de utilidade não aparece com esse próprio termo: seriam princípios da paixão, entre os quais aqueles concernentes à utilidade e aqueles que tratam da simples e pura aceitação.

Os princípios de associação: semelhança, contiguidade, causalidade. Mas na página 357/1.358 [297][1] do *Tratado*: o princípio do hábito é um *outro* princípio (diferente da experiência).

Diferença profunda com os associacionistas, Condillac, por exemplo: seu *Ensaio* tem como subtítulo: "obra na qual se reduz a um só princípio tudo aquilo que concerne ao entendimento". Reduzir é totalmente estranho a Hume, salvo quando se trata de mostrar que o contraste não é um eventual quarto princípio de associação.

Os princípios são leis, quer dizer, regras constantes de certos efeitos. Eles remetem a efeitos, não a causas (ver último parágrafo da Seção IV, p. 78/1.56 [37]).

Entre os efeitos dos princípios, há a ideia complexa. Assim:

$$\left.\begin{array}{l} \text{ideias gerais} \\ \text{relações} \\ \text{substâncias} \end{array}\right\} \text{ideias complexas}$$

IDEIA GERAL o que conta é o princípio de semelhança e só ele, em sua constituição.

SUBSTÂNCIA é a causalidade e a contiguidade (p. 82/ 1. 61 [40]).

RELAÇÕES os três princípios contam tanto uns quanto os outros.

---

1. O número entre colchetes faz doravante referência à página do livro: David Hume, *Tratado da natureza humana*, trad. bras. de Déborah Danowski. São Paulo: Ed. da Unesp, 2001. [N.T.]

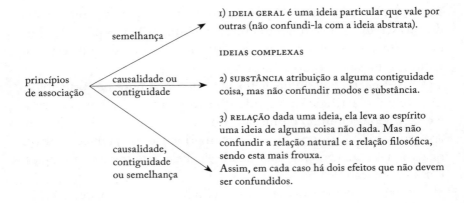

A distinção entre relação de ideias e matéria de fato é interior às relações filosóficas: relação de ideias, as que variam com a variação do objeto; matéria de fato: que podem variar, o objeto permanecendo o mesmo. [124]

Todas as relações são exteriores aos seus termos (pp. 115/1.99 [73] e 141/1.127 [97-98]). A igualdade faz parte das relações de ideias; a igualdade não é uma propriedade intrínseca das figuras, ela nasce unicamente da comparação que o espírito estabelece entre elas (p. 115/1.99 [73]).

Sentido e função dos princípios de associação

Eles nos fazem passar de uma ideia a outra, estabelecem relações entre as ideias das relações: seção IV, pp. 75-76/1.53-54 [34-35].

Trata-se, para Hume, de buscar o que é universal e constante, uma natureza humana. Para o racionalismo, trata-se de mostrar que existe uma estrutura da razão. Mas o fato de base, para Hume, é que a ideia não é o que é constante. Ninguém põe a mesma ideia sobre a mesma palavra. Então, a universalidade e constância não estão nas ideias. Mostrem suas ideias, diz Hume aos racionalistas!

Universalidade e constância estão na maneira de passar de uma ideia a outra — segundo certas regras, passo a certas ideias. Não há estrutura da razão. Mas isso quer dizer que, *sem* os princípios, o espírito não poderia ligá-las? De modo algum: essa ligação poderia ser feita, mas, ao acaso (p. 75/1.53 [34]). [125] Só o acaso juntaria as ideias na ausência dos princípios (Hume não diz que elas não seriam *juntadas*).

A imaginação é um delírio: a fantasia. Não que as ideias careçam de ligação, mas elas só têm ligações delirantes. Ela pode separar e reunir tudo o que ela quer (p. 74/1.51 [33-34] e criar "cavalos alados, dragões de fogo, gigantes monstruosos"...).

É preciso distinguir a imaginação como delírio e a imaginação regrada pelos princípios de associação. Os princípios são qualidades, não ideias, mas da natureza humana. As ideias associadas *na* imaginação representam o que buscamos de universal e de constante na natureza humana. Mas as ideias associadas *pela* imaginação, isso é o delírio.

Então existe um conflito entre os princípios de associação, que agem de fora constrangendo a imaginação, e a fantasia que recusa deixar-se constranger. Sobre esse conflito: p. 328/1.326-327 [270-271]) (a fantasia quer acrescentar relações, mesmo quando a imaginação está regrada, e sobretudo, a propósito da probabilidade não filosófica, a noção de ficção: os princípios agem sobre a fantasia que se acalma, mas há um uso ilegítimo dos princípios fora dos limites da experiência: "Um francês não pode ser sério"... É a revanche da fantasia sobre a causalidade e a identidade. Para esta, é bem mais que uma ficção: não se pode mais corrigi-la como no caso da probabilidade não-filosófica. Há uma contradição fundamental, é preciso escolher entre "uma razão errônea ou nenhuma razão".

Os três usos ilegítimos da causalidade:

1) probabilidade não-filosófica: intervém numa experiência fictícia, mas pode ser corrigida pelas regras da probabilidade.

2) a propósito da identidade: uso não só errôneo, mas ainda contraditório: não se pode mais corrigi-lo, é uma ficção necessária da natureza humana.

3) Deus nos *Diálogos*.

O segundo uso não se encontrará em Kant.

B) *A associação de ideias*

Ver seção 2 "Divisão do tema" [livro I, parte I] e começo do livro II, seção I sobre as Paixões [livro II "Das Paixões", parte I, seção I].

Impressões de sensação e impressões de reflexão; para as paixões, impressões originais e impressões secundárias. [126]

Foi Locke quem substituiu o conceito de ideia inata pelo de reflexão.

A divisão do tema: Hume introduz assim ao entendimento, mas ele toma exemplos tirados da prática e da paixão: a destinação do primeiro livro sobre o entendimento encontra-se no segundo (as paixões). Além disso, pp. 72-73/I.48-49 [31-32], Hume quer esforçar-se para tornar homogêneas essas impressões. Donde uma reversão do método:

A impressão de sensação dá lugar a uma ideia (ideia de sensação). O método natural consistiria em ir da impressão à ideia. Mas da própria ideia é derivada uma nova impressão, a saber a impressão de reflexão da qual procede a ideia de reflexão. Assim: impressão de sensação ⟶ ideia ⟶ impressão de reflexão ⟶ ideia de reflexão.

Como uma ideia de sensação pode dar lugar a uma impressão que não se assemelha a ela? Não há virtualidade no dado: o que é dado é dado de uma só vez. Não se pode ir da impressão à ideia; é preciso ir, no caso das ideias de reflexão, da ideia à impressão à qual ela não se assemelha. "Nossas ideias derivam de impressões que elas representam". Uma só exceção: aquela das nuanças de uma mesma cor: faz-se uma ideia sem impressão correspondente. Não cabe mudar nesse caso a máxima geral. A ideia é representativa de uma impressão prévia — esse princípio concerne à origem das ideias. As impressões são inatas, as sensações não o são. As impressões não são representativas de outra coisa, mas tão somente de si mesmas. É puro dado. (ver "Não é uma certeza da razão que tudo deve ter uma causa" pp. 152-155/I.388 [107ss]).

A impressão de sensação é um começo radical de existência. É provável que haja poderes da natureza e, na natureza, poderes reais: não se pode conhecê-los por eles mesmos (até mesmo a filosofia natural, até mesmo Newton falham neste ponto). Ver nota da página 135/I.388 [92]: para além das aparências sensíveis dos objetos, ceticismo e incerteza). As impressões de sensação não remetem a objetos e nem a causas que elas pressuporiam.

Quanto à conexão das impressões de sensação com suas condições, referir-se simplesmente aos sentidos. O estudo da sensação pertence à "anatomia e à filosofia natural". [127] O século XVIII é sensível a esse aspecto da obra de Newton, que põe a física em conexão com a anatomia, na sua teoria da visão. São especulações, não sobre os poderes da natureza, mas sobre as condições orgânicas e anatômicas das impressões. Assim, a impressão de sensação é um dado primeiro do ponto de vista da ciência do homem — não da filosofia natural ou da anatomia. A sensação enquanto tal diz respeito a um outro estudo (anatomia), mas do ponto de vista das ciências humanas ela é um ponto de partida radical.

Impressões de sensação e impressão de reflexão não são homogêneas. Em quê? Ver p. 105 (início)/I.88 [62-63]: a ideia de sensação contém tudo o que ela nos dá, sendo impossível tirar disso outra coisa além daquilo que ela nos dá; nela não há virtualidade alguma: é o *princípio da natureza* que a ideia deriva da impressão, que impressões novas sejam tiradas a partir de ideias.

Para as impressões de sensação, não há necessidade dos princípios da natureza. Para a ideia, bastam a imaginação e a fantasia. Porém, a partir de impressões ou de ideias procedem impressões ou ideias que *não se assemelham a elas*: é preciso que haja uma natureza humana para que atuem os princípios, por exemplo, que da impressão de prazer nasça a paixão nova da esperança.

Portanto, Hume considera antes de tudo, essencialmente, a impressão de reflexão (causalidade e paixões). Todo efeito dos princípios da natureza humana é uma impressão de reflexão (substâncias e modo, ideias gerais etc.).

Há ideias no nível da impressão de reflexão, não naquele das impressões de sensação: 1) Não há uma ideia correspondente à causalidade, mas um complexo de ideias; 2) da contemplação desse complexo sai uma impressão de reflexão; 3) isso, porque age um princípio da natureza humana.

Os princípios têm uma dupla ação: de uma parte eles produzem na imaginação uma impressão de reflexão; de outra parte eles selecionam certas ideias de sensação: papel seletivo e determinante. Desde que haja um princípio da natureza humana, já há uma regra para selecionar ideias em ideias complexas. (A fantasia também seleciona, mas sem regra alguma). [128] Quanto ao papel determinante, ele consiste em produzir uma impressão de reflexão a partir da contemplação da ideia complexa.

Se não há seleção, há um complexo puramente fantasista de ideias. O princípio tem apenas um papel determinante. Ver seção v: "Das relações": "… circunstância *particular*, mesmo quando da união arbitrária de duas ideias na fantasia" [37]. O princípio de associação age como uma regra, mas a circunstância pode desempenhar o papel do princípio: as paixões são casos de caráter.

Que há de novo nessa concepção da associação das ideias? É preciso retornar a Locke, introdutor do termo (4ª edição, 1700) e a Leibniz. Hobbes fala de fato em conexão de ideias. De Locke, *Ensaio sobre o entendimento humano*; de Leibniz, os *Novos Ensaios*.

Que era a associação de ideias antes de Hume?

Para Leibniz: 1) é o domínio do bizarro, do particular, do pessoal: a loucura pessoal. É a regra do mais particular e do mais individual; 2) a associação está em relação com um mecanismo dos espíritos animais. Relativamente a uma natureza da razão, a associação é o mais particular, o inconstante, o passional. O que não impede que ela tenha também suas leis (a trajetória dos espíritos animais) leis que remetem às leis do movimento dos espíritos animais — movimento da extensão e não do pensamento.

Para Locke é ainda a regra do mais particular e, por isso, a fonte da tenacidade de certos erros. Mas, com Locke, é negada a natureza do pensamento concebido como razão distinta da natureza humana. A ideia inata é substituída pela ideia de reflexão, consciência ou conhecimento que a alma tira de suas diversas operações. Locke ainda subordina a associação a um modelo fisiológico e à reflexão do espírito sobre suas próprias operações. Ela dá conta dos erros que cometemos, e assim que ela se submete à reflexão, não mais conduz ao erro.

Depois de Hume, é preciso referir-se ao verdadeiro associacionista, quer dizer Hartley, que conserva o modelo fisiológico (os espíritos animais são substituídos pelas "pequenas vibrações", às quais a associação está subordinada, tanto quanto às operações que o espírito é capaz de fazer sobre suas ideias). Dito de outra maneira, antes de Hume e depois dele, a associação é sempre compreendida a partir de outra coisa (os modelos fisiológicos, espíritos animais de Leibniz ou pequenas vibrações de Hartley) e subordinada à reflexão (Locke e Leibniz) ou às operações do espírito (Hartley). [129]

Para Hume, colocar o problema dessa forma é não o resolver, é condenar-se a nada compreender do objeto da filosofia empírica.

1) o modelo fisiológico pressupõe a associação; ele serve apenas para explicar os erros que fazemos.

2) as operações do espírito são exteriores às ideias: é preciso explicar as operações pelos princípios e não os princípios a partir das operações.

[II. O espaço e o tempo]

[falta uma página]

...significa que não há outra distinção a não ser a distinção real. (ver pp. 122/ 1.105-106 [37-39]; 387-388/II.124-125 [321-323]: não há distinção de *razão* nem distinção *modal* (pp. 324/1.322-323 [266]; 335/1.333: não há ideia perfeita de substância: se o critério é existir por si mesmo, neste caso toda percepção é substância...) e ver p. 334/1.333 [276], contra Espinosa, a propósito da distinção modal).

Que é a ideia abstrata? É a ideia que permanece individual em sua natureza, mas que se torna geral pelo que ela representa. Pelo princípio de semelhança, dou um mesmo nome a vários objetos: esse nome desperta em mim uma ideia particular e, junto a essa ideia, a impressão de um poder, de uma virtualidade: poder-se-ia, portanto, substituir qualquer outra ideia à qual o mesmo nome conviria. Em virtude da linguagem, a ideia à qual se juntou uma impressão de reflexão, é a ideia abstrata. Existe aí um tipo de esquematismo: é a possibilidade de uma substituição, de uma correção: "coisa admirável", diz Hume (p. 90/1.69 [48]). A agilidade do entendimento permite a subordinação ao domínio da necessidade e da utilidade.

Não há ideia abstrata, só há ideias gerais, mas não em sua natureza, e sim apenas pelo que elas representam. Não há distinção de razão: o exemplo da esfera de mármore negro e do cubo de mármore branco. Nunca posso separar a figura e a cor. Apreendo como separadas duas ideias que eram diferentes: nessa distinção, distingo duas relações que são separadas. [130] A ideia abstrata, a conexão necessária, a distinção de razão ou a distinção modal são impossíveis: só há distinção real. É este o critério do empirismo. Donde:

1) Há termos absolutamente simples: os *minima*.

2) As relações permanecem exteriores aos seus termos; elas dependem do espírito que compara, não dos termos comparados.

O espaço e o tempo nada pressupõem dos princípios de associação. (É preciso não confundir a contiguidade entre duas ideias e os princípios de associação). Os *minima*: pp. 94-95/1.76-77 [52-53] a propósito do microscópio, isso é tratado em Malebranche (o ácaro) e em Berkeley (a traça). É o microscópio que coloca o problema, pois ele mostra, à primeira vista, que alguma coisa que achávamos que era simples aparece como composta. É esta a objeção fundamental a toda afirmação de termos absolutamente simples. À qual Hume replica que importa distinguir:

1) Há sempre *objetos menores do que o objeto designado pela menor ideia que tenho*: entre a ideia do grão de areia e a ideia da décima milionésima parte do grão de areia, o que muda é o objeto, não a ideia. Ora, há assim um mínimo abaixo do qual nós não temos mais nem impressão nem ideia: é o *átomo*.

2) Mas não há *objeto menor que a menor ideia*. O ser em si da ideia é a ideia no espírito (o mínimo, o átomo).

Berkeley diz: não é a mesma ideia, portanto não é o mesmo objeto. Malebranche: é o mesmo objeto, mas a verdadeira causa de nossas percepções não são os objetos sensíveis. O problema do mínimo visível está especificamente ligado ao microscópio. Hume responde: é sempre a mesma ideia, mas o que muda, antes e após a visão do objeto no microscópio, é a denominação extrínseca. Antes do microscópio, a mesma ideia remete ao grão de areia; após o microscópio, ela remete a um objeto composto.

A *quantidade mínima de ideias* é essencial na teoria de Hume: é o que há de constante na própria fantasia. Todo mundo tem a mesma quantidade mínima de ideias. O que é constante é o átomo, o corpúsculo, o ponto indivisível. O *atomismo* é a teoria das impressões ou das ideias na medida em que elas são indivisíveis e exteriores umas às outras; o *associacionismo* é a teoria das relações enquanto exteriores às impressões e às ideias. [131]

Hume não faz *psicologia atomista*: só a quantidade mínima de ideias é constante, mas não é ela que permite uma psicologia da natureza humana. Ela permite somente uma teoria do espaço e do tempo. É a associação que nos permite passar — impressão ou ideia — do que é dado ao que não é dado. É isso que permitirá uma psicologia da natureza humana.

Hume e a matemática

A matemática, segundo Hume, é sólida em suas definições, mas não em suas demonstrações. Sua intenção é desmatematizar a percepção, mostrar que a percepção, de fato, não opera por geometria natural (contra a *Dióptrica* de Descartes e a *Busca da verdade* de Malebranche). Berkeley já havia suprimido a subordinação do sensível à matemática.

Para Hume, todas as impressões, quaisquer que sejam, nos dão o tempo; a ideia do espaço nos é dada por apenas duas impressões, a visão e o tato. O problema da própria percepção da extensão não o interessa, como também a Berkeley: a distância não nos dá a extensão. Hume se preocupa sobretudo em combater a submissão da matemática ao sensível. A matemática dispõe de um critério de direito: o ponto indivisível (que permitiria fundar, no limite, a aritmética), mas isso é tudo. Em suas definições, ela procede por aparências e correções de aparências, portanto sólidas: mas em suas demonstrações ela procede por ficções.

Os pontos da extensão são pontos sensíveis, visíveis e tangíveis. A extensão é a maneira pela qual uma coleção de pontos, pelo menos dois, se distribui. O espaço e o tempo são o modo de aparição e de distribuição de pelo menos dois pontos ou momentos indivisíveis. É uma *estrutura*, não um produto do raciocínio. Nunca é uma impressão separada das impressões que se distribuem (as cinco notas da flauta). O modo de aparição e distribuição de pelo menos dois pontos ou momentos é a *forma* do espaço e do tempo.

III. Causalidade e Probabilidade [132]

A) *Natureza do conhecimento*

A causalidade goza de um privilégio fundamental relativamente a toda operação do conhecer (p. 523/II.270 [449]), como relação, quanto às outras relações, e como princípio, quanto à contiguidade e à semelhança.

Um princípio de associação é uma regra para introduzir uma ideia a partir de uma outra. A ideia à qual eu passo foi, ela própria, dada: ideia da minha memória. No caso da causalidade, o que há de novo é que eu passo à ideia de uma coisa que nunca foi dada: a morte de César, o nascer do sol. O princípio de causalidade não produz, portanto, apenas uma relação, mas ainda uma inferência: eu ultrapasso o dado, eu infiro, eu creio. Ver pp. 185-186/1.174-175 [137-138].

O sistema da memória e dos sentidos está fundado sobre os princípios de associação, mas o sistema dos juízos está fundado sobre o princípio de causalidade. Resultado fundamental para a filosofia empirista: conhecer é um fato da natureza humana, é dizer mais do que aquilo que é dado, é dizer, por exemplo: "sempre", "todas as vezes que". Não é o dado que dá conta do conhecimento pelo qual eu ultrapasso o dado.

Ver *Crítica da razão pura*, 1ª edição da segunda síntese: a lei de associação é uma lei empírica. Quais são os princípios que permitem tal ultrapassagem? Kant censura Hume por não ter explicado por que o próprio dado se submete à ultrapassagem, ao conhecimento. É preciso, portanto, que o próprio dado seja submetido a princípios do mesmo gênero que aqueles que fundam a ultrapassagem do dado. O exemplo do cinábrio, ora vermelho, ora negro. Portanto, para Kant, não se trata de princípios empíricos, mas de princípios transcendentais.

Mas Hume viu o problema. Ver *Investigação*, p. 101.[2] Como é que o sol nasce? Há uma harmonia preestabelecida entre os princípios da Natureza e os da natureza humana: o finalismo substitui o transcendentalismo: *"Nossos pensamentos e nossas concepções, relativamente ao que vemos, sempre acompanharam o ritmo das outras obras da natureza"* (5ª seção, 2ª parte, solução cética dessas dúvidas, *Investigação*). [133]

Dever-se-ia normalmente voltar a estudar a relação, a inferência segundo a relação. Mas reviravolta, reversão: é preciso, primeiramente, estudar a inferência (*Tratado*, p. 256/1.246 [203]). Isso merece ser esclarecido.

B) *A causalidade*

De qual impressão deriva a ideia de causalidade? É ela uma ideia de sensação? As impressões de sensação são separáveis. Ora, a causalidade é a inseparabilidade da causa e do efeito. Ela só pode derivar,

---

2. A paginação remete à *Enquête sur l'entendement humain*. Paris: Aubier-Montaigne, 1947, trad. fr. de Leroy. (Ver igualmente *Enquête sur l'entendement humain*, GP, pp. 116-117).

portanto, de um princípio da natureza humana. Assim sendo, colocam-se dois novos problemas:

de onde vem a ideia de conexão necessária em geral?

para onde nos leva essa ideia? (À inferência)

A seção 3 [107] do *Tratado* aborda o primeiro problema. Mas novo fracasso: tal princípio seria ininteligível, pois ele sempre pressupõe a si mesmo. É preciso, portanto, interrogar a inferência e não a relação (ver seção 6 [115]).

A inferência depende de um *fato*: a experiência. O homem é um animal feito assim, ele passa pela experiência. Qual é o fato que caracteriza a experiência? É a repetição dos casos semelhantes. A espera é produzida pela experiência, mas a experiência não é o princípio, já que pelo princípio eu a ultrapasso. É pelo desvio da experiência que nós encontraremos pelo menos o princípio buscado.

Como a experiência produz a inferência? Pelo entendimento ou pela imaginação? (ver p. 163/1.151 [117-118]). As operações do entendimento, a probabilidade, por exemplo, pressupõem a causalidade. A experiência não pode servir de princípio para a inferência.

O princípio é o do hábito (seção 14 [188]): adquirir hábitos implica que eu faça uma experiência repetida, mas também que eu tenha o hábito de adquirir hábitos. O que não se explica por si só. É preciso um princípio da natureza humana que faça com que eu seja capaz de adquirir hábitos em geral. Pode-se dizer, então, que é a repetição — a experiência — que funda a inferência, com a condição de distinguir a repetição na própria coisa, que nada muda, e a repetição que produz alguma coisa de novo no espírito que a contempla: a experiência é um princípio, mas se ela produz a inferência não é pelo entendimento, mas pela imaginação. [134]

A causalidade pode ser definida seja como relação natural, a inferência tendo o hábito como princípio, seja como relação filosófica, a observação da repetição na experiência.

Mas a exterioridade das impressões de reflexão, relativamente às impressões de sensações, faz com que, a cada instante, a impressão de reflexão acabe me levando para fora dos seus limites legítimos. Esse é o problema da probabilidade: elaborar regras que mantenham as impressões de reflexão nos limites legítimos.

C) *A crença*

Reportar-se a Jean Laporte, *Revue de Métaphysique et de Morale*, jan.- -fev. 1933 e 1934.

A crença e a identidade pessoal, temas essenciais aos quais Hume voltará no Apêndice do *Tratado*.

A partir de Hume, esse conceito de crença tomará uma importância fundamental:

a) a crença subordina a si o conhecimento. Assim, está aberta uma questão de direito. Trata-se de perguntar ao conhecimento quais são seus direitos.

b) como ato do espírito, ela abre para o espírito possibilidades originais de apreensão, com a condição de se dizer que a crença não nos faz forçosamente conhecer alguma coisa (ver *Diálogos sobre a Religião Natural*).

c) o problema da existência não mais será colocado relativamente ao objeto, mas relativamente às nossas faculdades de conhecer. A fonte e a distinção do possível e do real não mais residirão no objeto, mas nas faculdades de conhecer (ver Kant).

Com efeito, já a existência da coisa é reportada às faculdades de conhecer, ora graças a uma simples diferença de *grau* entre a impressão e a ideia (*the vividness*), ora diferença de *natureza* entre duas faculdades do espírito, crença e concepção. No primeiro caso, a posição de existência está unida à vivacidade da sensação; no segundo caso, ela é reportada à crença como ato do espírito, e se confunde com um *sentimento*. [135] Há uma heterogeneidade das duas faculdades entre as quais Hume oscila e hesita, e Hume coloca o problema de sua unificação — o primeiro caso subordinando-se ao segundo:

1) 2ª parte, seção 6: a ideia de existência. Há uma ideia de existência? Não: não há ideia separada, distinta de existência. Ter uma ideia é sempre conceber o objeto como existente: toda ideia é ideia da existência possível. O problema é o da concepção.

2) A existência real: a existência está unida à impressão, à sua vivacidade. Se é uma ideia separada, posso crer em qualquer coisa, pois o poder constante da fantasia é *combinar* as ideias. Mas por intermédio do *testemunho*, a existência é reportada às faculdades de

conhecer. *1º caso*: a crença repousa sobre a vivacidade da impressão. Mas isso quer dizer o quê?

3) É próprio dos princípios fazer-nos passar de uma ideia a uma outra: quando há ação dos princípios, é na minha ideia que creio: o sol nascerá *amanhã*, *amanhã* não é uma impressão, *amanhã* não é dado. Então, que quer dizer "crer numa ideia"? Dois casos são possíveis:

a) a ideia ganha vivacidade, a impressão das palavras ouvidas lhe comunicam alguma coisa de sua própria vivacidade. De ideia concebida ela se torna ideia da memória. Há um grau intermediário entre a ideia e a impressão à qual ela se assemelha: a ideia da memória. Aqui só há uma diferença de grau.

b) a causalidade: passo de uma impressão a uma ideia, mas a uma ideia que nunca foi impressão. "O sol nascerá amanhã': é a ideia de alguma coisa que nunca foi dada. Não se pode mais invocar como intermediária a ideia da memória.

Na crença, *"uma ideia viva (está) unida ou associada a uma impressão presente"* (pp. 171/1.161 [125] e 757/1.375 [665]). No primeiro caso, a ideia ganha vivacidade: é simples, a ideia torna-se recordação da qual me lembro. No segundo, a ideia permanece puramente ideia e, todavia, ganha uma vivacidade que a *distingue da simples concepção*. Não é mais uma diferença de grau. Há aí duas faculdades heterogêneas. Só a causalidade é um princípio tal que a impressão presente pode comunicar sua vivacidade à ideia de alguma coisa que nunca foi dada, a ideia permanecendo, todavia, ideia. [136]

Ora, o bem inalienável da fantasia é a vivacidade da impressão. Quando a fantasia é fixada pelos princípios, ela se serve deles para comunicar sua vivacidade a toda ideia ligada à impressão. Se a vivacidade continuasse sendo sempre a determinação da impressão e não da ideia, isso seria dramático: de tudo o que não é a impressão não se acreditaria em nada. Inversamente, se a fantasia triunfasse (não fixada e comunicando sua vivacidade tanto às ideias quanto às impressões), acreditar-se-ia em tudo e cair-se-ia num estado de loucura. Entre esses dois casos extremos, *a natureza é prudente e escolheu uma via mediana* (seção 10 [148]). Entre o caso no qual só acreditaríamos nas impressões e aquele no qual acreditaríamos em tudo, há uma via mediana: procedimento prudente da natureza.

Mas a prudência da natureza está em conflito com a imprudência da fantasia, esta comunicando a vivacidade da impressão à ideia. Assim, no segundo caso, a *crença* é uma faculdade *heterogênea* à concepção. (Ver 358/1.358 [298]): "a memória, os sentidos e o entendimento, todos fundados, portanto, sobre a imaginação, sobre a vivacidade de nossas ideias").

D) *A probabilidade*

A inferência depende da repetição de casos semelhantes na experiência; não é um princípio. Ela depende do princípio do *hábito*. É preciso um princípio da natureza para que eu seja capaz de adquirir hábitos: "eu espero".

A contemplação da experiência: nesse sentido, a experiência é um princípio. Mas o hábito é um *outro princípio* tal (ver p. 357/1.358 [297]) que, ao contemplar a experiência, eu possa formar hábitos, adquiri-los. Nesse sentido, o hábito nunca é derivado da experiência.

Se permaneço na pura espontaneidade da natureza, nada é garantido. O princípio da *experiência* tem como efeito, em meu espírito, a *união dos objetos no entendimento* (e a desunião, igualmente: observo a experiência, a repetição ou não de casos semelhantes). Esses casos são independentes uns dos outros: os objetos estão separados. O princípio do *hábito*, por outro lado, *une as ideias na imaginação*. Os casos permanecem bem separados no entendimento, mas eles "se fundem" na imaginação. [137] O hábito não se forma por reflexão (ver pp. 167/1.155 [122], 181/1.169 [134] e 231/1.221 [180]). Há sim experiência passada, mas não reflexão.

É aqui que a fantasia tem sua revanche. Na imaginação, as ideias se fundem umas nas outras. Mas é daí que vem a repetição *fictícia*. As repetições fictícias trazem consigo falsas crenças (pp. 204/1.380-381 [156] e 202/1.192 [154]: "contrafações de crenças", "simulacros de crenças").

Em que consiste essa revanche da fantasia?

a) ela não se conforma com o princípio da causalidade, donde o uso ilegítimo da semelhança e da contiguidade.

b) ela finge repetições (a educação, p. 194/1.183-184 [146]; o mentiroso que crê em suas mentiras à força de repeti-las, p. 195/1.185 [147];

a poesia, p. 200/1.190 [152]; "Marte, Júpiter, Vênus"; a eloquência, p. 201/1.191 [152-153]: o estado de loucura, p. 202/1.192 [153]); é o triunfo da vivacidade que a imaginação imprime sobre as ideias.

Graças às circunstâncias afetivas, *tomamos por* uma repetição aquilo que não é: a paixão é o que nos faz tomar o acidental pelo essencial. Não tenho meio algum de *prevenir* isso — pois o hábito não passa pela reflexão! —, mas, pelo menos, tenho o meio de *corrigi-lo*. É preciso, então, assegurar a conformidade do hábito a uma verdadeira repetição na experiência. Assim, aparecem as *regras gerais* (pp. 203-204/1.380-381 [155-156]) onde o hábito produz seus efeitos de maneira oblíqua: é este o objeto do cálculo das probabilidades. Portanto, só se pode descobrir de uma maneira *corretiva e não preventiva* o que é causa e o que é efeito: é esta a regra metodológica de Hume.

É a *mesma* coisa que está separada no entendimento e unida na imaginação: o produto da fusão na imaginação é a vivacidade da ideia. As regras gerais vão, a partir de então, entregar-se a um verdadeiro cálculo dos casos semelhantes que permanecem separados no entendimento. Donde o fato de que a vivacidade seja proporcional ao número dos casos semelhantes. *"Assim, nossas regras gerais são de alguma maneira estabelecidas em oposição umas às outras"* (p. 234/1.223 [183]). Donde os dois tipos de crença, uma filosófica e a outra não filosófica.

As regras gerais dependem do mesmo princípio — o hábito —, mas é preciso observar a probabilidade não filosófica para corrigi-las. [138] Dessa maneira, o hábito é princípio tanto para as falsas crenças quanto para a operação que permite corrigi-las. As regras gerais de probabilidade não filosóficas determinam operações no espírito, crenças em conformidade com qualquer coisa que se faz passar por uma repetição. Essas regras gerais são antes de tudo *extensivas* e traduzem um uso ilegítimo da causalidade. Quanto às outras regras da probabilidade filosófica, elas corrigem as primeiras por um cálculo de quantidade. Assim, em *Investigação*, seção 10: o milagre é necessariamente corrigido pelo cálculo de probabilidade de tal maneira que, do ponto de vista da probabilidade, ele tem, de fato, chance zero! Em suma, o verdadeiro milagre se passa naquele que crê no milagre...

IV. A identidade[3]

O ponto mais importante, no problema da crença, é o da falsa crença (p. 360/1.360). Com que direito acreditamos, inclusive nas ficções? Ora, no nível da causalidade, as crenças fictícias podem ser corrigidas pelo cálculo das probabilidades (probabilidade filosófica). Mas, e a crença na existência dos corpos? É uma ficção, mas uma ficção que não pode mais ser corrigida, pois ela própria tornou-se um princípio. Essa contradição vivida é insuperável.

Com que direito acreditamos na existência dos corpos? Acreditamos em sua existência contínua e em sua existência distinta.

1) *A existência contínua*: se acreditamos nela, é a partir de certas características do dado. Há uma constância ou coerência das percepções. A coerência é uma ficção. Pois a partir da coerência inferimos uma maior coerência ainda. Não se trata de um uso normal da causalidade (de uma percepção dada a uma percepção esperada). Nesse caso, nós não esperamos perceber. A constância é mais complexa, pois aí intervêm três ficções. Constância é semelhança de duas percepções descontínuas. Primeira ficção: considero as duas percepções descontínuas como idênticas. Ora, a identidade em si mesma é uma ficção. A identidade nem é unidade nem multiplicidade. A é a: ficção pela qual eu reporto o tempo a um objeto invariável (mistura da multiplicidade do tempo e da unidade do objeto). [139] — Segunda ficção: eu confundo as percepções semelhantes descontínuas com a percepção de um objeto supostamente idêntico. Mas há uma contradição entre a identidade que eu atribuo às percepções semelhantes e a descontinuidade de suas aparições. Eu pretendo resolvê-la pela terceira ficção: a existência contínua. É lógico, mas é falso, pois há uma contradição entre a existência contínua e a descontinuidade das aparições. Donde a necessidade de afirmar a existência distinta.

2) *A existência distinta*: as percepções são descontínuas, mas os objetos são contínuos. Distinção entre percepção e objeto: é o sistema filosófico. Na filosofia antiga, distinção entre substância e acidente (ver Berkeley); na filosofia moderna, distinção entre qualidades segundas e qualidades primeiras. Mas há uma nova contradição: é

---

3. Existe uma outra versão manuscrita ao final do capítulo.

um uso demente da causalidade. Nunca apreendo um objeto independentemente da percepção que tenho dele. A distinção percepção--objeto é delirante.

Há, pois, contradição entre a imaginação e a reflexão, os sentidos e o entendimento, os sentidos e a razão, os princípios da imaginação e aqueles da razão (p. 304/1.300 [248]). Mas por que há também aliança entre os sentidos e a imaginação? O uso ilegítimo da natureza humana torna-se princípio da fantasia, princípio da crença na existência dos corpos. A identidade não concerne a tal ou qual objeto, mas sim ao sistema, o mundo criado pelas nossas percepções. É um verdadeiro princípio de ficção. Há, portanto, posição do uso ilegítimo enquanto princípio. São os sentidos que se encarregam desse princípio. A contradição fundamental entre a fantasia e os princípios de associação não é a mesma no caso da causalidade. A fantasia pode doravante dizer: o princípio dos sentidos sou eu. Estamos propriamente loucos.

Consequências: três argumentos:

1) solidão desesperada: sou um monstro.

2) frivolidade da natureza humana, pois a natureza humana repousa sobre um fundo de fantasia.

3) contradição irredutível entre a identidade e a causalidade.

É o delírio. É preciso *"escolher entre uma razão errônea ou nenhuma razão"*. Ou creio na causalidade e na identidade ao mesmo tempo, e me contradigo, ou então separo os dois, mas, suprimindo a fantasia, levo o entendimento a desmoronar-se. [140]

Pode ser, mas há a Natureza. Podemos sempre *jogar gamão e nos divertir em companhia de amigos*. (ver fim do livro i). O sentido do primeiro Livro só se descobre no segundo.

3) *A suposta existência de um eu:* novo ninho de ficções. Não se trata mais da continuidade, mas da invariabilidade. Na identidade pessoal, partimos de impressões diferentes umas das outras. Fluxo variável e, todavia, crença na invariabilidade de uma coleção variável. A memória é a faculdade de produzir uma semelhança nas percepções mais variáveis. Ela é necessária para descobrir a identidade pessoal. Eu sou uma coleção de percepções, um teatro sem lugar. Os princípios de associação impõem regras vindas de fora a esse fluxo de percepções.

Na coleção de ideias que me constituem há esses princípios. Essa coleção de ideias diz: eu. Como isso é possível?

As relações são exteriores a seus termos. E as percepções diferentes são separáveis. Contradição não nela mesma, mas relativamente ao eu. Donde consequências: as ideias têm certas características independentemente dos princípios de associação. Elas são qualificadas enquanto tais e pertencem a um conjunto no qual elas se situam. Há *relação de objeto* (*matter of fact*) quando os princípios da natureza humana nos fazem passar de uma ideia a um objeto ou de uma ideia a uma ideia do ponto de vista da *qualificação*.

Qual é a diferença entre relações de ideia e relações de objeto? Numa relação de ideia não tenho necessidade de passar pela observação: nas relações de objeto a observação é indispensável: conhecimento por prova ou probabilidade. Se é verdade que o conhecimento é antes de tudo uma regra da ação, ele só pode se sair bem nessa destinação passando pelos meios da causalidade. A destinação final do conhecimento teórico está na causalidade.

A memória é a reprodução do passado numa ideia mais fraca. O hábito é uma síntese que se exerce sobre o tempo. Nada de real é produzido pelo tempo. O hábito é que é produtor: ele é um sistema, ele constitui o passado como regra do futuro.

[Versão manuscrita de "IV. A identidade"] [141]

A posição do mundo implica a crença na existência (1) contínua; 2) distinta dos corpos. Sempre o problema do direito: sobre o que se funda essa crença? Ainda aí ultrapassamos o dado: o que nos é dado são as percepções descontínuas (existências ininterruptas), e nunca nos é dado um objeto distinto da percepção que temos dele — Veremos que a crença na existência contínua e distinta repousa diretamente sobre ficções: no caso da causalidade, a ficção só intervinha indiretamente, no mau uso de um princípio da natureza humana, e podia logo ser corrigida (pelo cálculo das probabilidades); aqui, ao contrário, a ficção será incorrigível, ela própria torna-se um princípio.

1) *Crença na existência contínua*
No dado, certas impressões se distinguem por suas qualidades

(p. 282/1.277 [227]). Essas qualidades são a *constância* (invariabilidade de uma árvore (minha cama, minha mesa, a janela…) e a *coerência* (no caso em que há mudança, coerência das mudanças).

A. A partir da coerência: ouço um ruído de porta, e um carteiro surge diante de mim entregando-me uma carta de um amigo distante. Sou forçado a supor que a porta, a escada, o oceano que me separa do amigo, *continuaram* a existir, mesmo que eu não os percebesse. Quer dizer: a partir de um certo grau de regularidade dada, infiro um mais elevado grau. Confiro aos objetos mais coerência do que aquela que observo em minhas percepções.

Já se tem aí um uso *fictício* da causalidade, uso extensivo ou transbordante. Com efeito, na causalidade, se dois objetos estavam unidos, percebo um e fico à espera de perceber o outro. Mas, aqui, não espero perceber o outro, afirmo a existência do outro mesmo quando não o percebo.

B. A partir da constância: caso muito mais complicado. Olho várias vezes a mesma coisa: a constância significa a semelhança de partes do objeto em suas diferentes apresentações, ou a permanência da ordem no retorno das impressões interrompidas. Vão intervir aqui três ficções: primeiro, esta semelhança entre duas percepções interrompidas me leva a considerá-las como idênticas; ora, a identidade *em si mesma* já é uma ficção, pois ela implica que apliquemos a ideia de tempo (isto é, o modo da sucessão *dos* objetos a um objeto uno (ver p. 136/1.120-121 [93]). [142] Por outro lado, a confusão da semelhança das percepções com uma perfeita identidade acrescenta uma segunda ficção à primeira (p. 291/1.287 [235-236]). Finalmente, como não pode nos escapar a contradição entre a descontinuidade das percepções semelhantes e esta perfeita identidade que nós lhe atribuímos, completamos o todo com uma terceira ficção supondo que nossas percepções têm uma existência *contínua* (p. 294/1.289-290 [238]). Esta terceira ficção é coerente e suprime bem a contradição ("uma interrupção na aparição para os sentidos não implica necessariamente uma interrupção em sua própria existência"), mas não deixa de ser uma ficção.

2) *Crença na existência distinta*

A existência contínua resolve bem uma contradição, aquela entre a identidade atribuída aos semelhantes e a descontinuidade de suas aparições. Mas a posição de uma existência contínua não deixa de ser falsa, pois ela implica um falso uso da causalidade. Como conciliar agora a descontinuidade das aparições com a própria existência contínua? Um só meio: atribuir a existência contínua a objetos distintos da percepção; as percepções são descontínuas, os objetos são "ininterruptos e conservam a existência contínua e a identidade" (300/1.296 [244]). Mas é um "paliativo", que nem mesmo tem o frescor da existência contínua: sistema filosófico, não mais sistema popular. E não só ele mantém as ficções precedentes, mas lhes acrescenta mais uma ainda, ainda um novo uso ilegítimo da causalidade, pois nunca o dado me apresentou um objeto distinto da percepção que tenho dele.

3) Portanto, já se tem cinco ficções diferentes. Mas o problema não está nessas próprias ficções; ele consiste na crença nessas ficções. Pois a *reflexão*, o *entendimento*, a *razão* nos lembram e nos mostram a existência descontínua. Hume diz: há contradição entre a reflexão e a *imaginação*, ou então entre o entendimento e os *sentidos*, ou então entre os princípios da razão e os da *imaginação* (304/1.300 [248], 307/1.302-303 [251], 321/1.318-319 [264]) ("Meus sentidos, ou antes minha imaginação..." 306/1.302 [250] (tema geral: ceticismo acerca dos sentidos"). [143] É que, na posição do mundo, a ficção já não é simplesmente um mau uso de um princípio da natureza humana; ela própria tornou-se *princípio*. E quando a própria ficção se torna princípio, ela serve de princípio para os *sentidos*.

v. A teoria das Paixões

O problema: encontrar uma conexão entre os princípios de associação e os que concernem à moral e às paixões. Pois é nas paixões e na moral que os princípios de associação encontram seu verdadeiro sentido: a causalidade encontra sua verdadeira significação na propriedade. No nível das paixões, as regras gerais vão reaparecer, descobrindo o verdadeiro sentido daquelas do entendimento.

O método e o tratamento das paixões por Hume: pouca coisa na tradição francesa prepara para isso. Todavia, isso se liga à concepção empirista das paixões. Mas há uma originalidade fundamental em Hume:

1) *O plano do livro*: as paixões são divididas em paixões diretas e indiretas. Indiretas: dois grandes grupos (orgulho e humildade — amor e ódio) e diretas: desejo, aversão, alegria, tristeza, esperança, medo.

Hume começa pelas paixões indiretas. Em 1755, ele publicava uma *Dissertação sobre as Paixões*,[4] na qual ele começava, ao contrário, pelas paixões diretas. Talvez fosse mais simples. Mas, no *Tratado*, a razão não é somente a complexidade das paixões indiretas: Hume nota que nelas há uma "conjunção de outras qualidades", alguma coisa que intervém a mais. No caso das paixões indiretas, é que uma relação de ideia vem se juntar a elas. Mas se permanecemos nesse texto, as paixões indiretas seriam ainda mais complicadas que as diretas, e por que então começar por aquelas antes que por estas?

Além da diferença de complexidade, há sobretudo uma diferença de natureza: as paixões [in]diretas[5] têm em sua base uma disposição natural diferente daquela das paixões diretas. Isso é essencial. Há aí um método original relativamente à tradição racionalista: as paixões são o objeto de uma *decomposição*: é o método de decomposição física. Hume, Newton das ciências do homem: não se trata somente de buscar as leis em geral, trata-se ainda de reter seu processo de decomposição. [144] A paixão, em si mesma, é um movimento uno, mas não deixa de haver regras análogas às que o físico descobre ao decompor o movimento uno em movimentos compostos (ver 612/ III.94 [533-534]).

A natureza humana é um todo indivisível, ela é uma força. Mas isso não impede que se possa dividi-la por analogia com o que é feito pelo físico — ainda que, de um outro ponto de vista, ela possa muito bem ser mantida como uma força una:

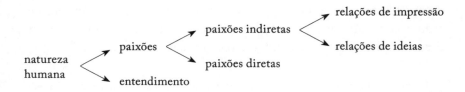

---

4. A data correta da publicação da *Four Dissertations* é 1757. [N.T.]
5. A palavra foi incorretamente grafada por Deleuze. A inclusão assegura o entendimento preservando o deslize do autor.

É esse método de decomposição física que permite a Hume começar pelas paixões indiretas.

2) Ver o subtítulo do *Tratado*: foi encontrado no livro x "o método experimental nos temas morais"?.[6] Em que consiste precisamente esse método? A história é o lugar privilegiado onde se verifica a conexão constante motivo-ação, assim como a física é o lugar privilegiado onde se verifica a conexão constante causa-efeito. Para Hume, a evidência moral é de mesma natureza que a evidência física (o condenado à morte sabe que ele deve sua execução tanto ao efeito da ação do machado quanto à inflexibilidade, à lealdade do seu carrasco (*Tratado*, p. 515/II.261 [442-443] e na *Investigação*). A história é o laboratório natural para a ciência do homem.

Seria esse o projeto de Hume? Mas, ver primeira parte sobre o orgulho e a humildade, início da seção 6: Hume anuncia uma série de experiências a serem feitas para verificar a teoria das paixões; e na seção 8 ele sublinha a necessidade de duas experiências a serem feitas, assim que a pp. 434 ss. / II. 177 ss. [366 ss.] anuncia sete experiências para confirmar o sistema. Não é a história que ele invoca aqui, mas um conjunto de experiências imaginativas, mentais: trata-se de fazer variar mentalmente relações de ideias ou de impressão, sendo evidente que, se a teoria for justa, a supressão da ideia deve trazer consigo a supressão da paixão. Hume faz variar as relações para descobrir o momento exato em que há uma paixão e em que a paixão cessa enquanto tal. [145] O tratamento das paixões está ligado ao método "experimental".

3) O racionalismo sempre concebeu a terapêutica das paixões como a redução delas (com esta reserva, talvez, de que a razão não pode lutar diretamente contra as paixões e que é impossível fazer com que desapareçam do homem todas as paixões). Mas trata-se sempre de reduzir a paixão invocando todas as forças do entendimento: confundida com um erro ou uma falta, a paixão deve ser "dissipada".

---

6. O livro em apreço não é o x, mas o II, intitulado *Das paixões*, cuja página de rosto traz o título da obra, *Tratado da natureza humana*, além do subtítulo, *Uma tentativa de introduzir o método experimental de raciocínio nos assuntos morais*, assim como uma frase das *Histórias* (I, I) de Tácito — frase empregada como epígrafe que ressoa como permanente aspiração: "Rara felicidade de uma época em que se pode pensar o que se quer e dizer o que se pensa" (ver p. 307). [N.T.]

É certo que Hume admite haver uma luta, mas não se trata mais, de modo algum, de reduzir, de dissipar. Pois o que ele reprova na paixão é que ela nos torna parciais. Gostamos do que é contíguo, semelhante, causa (o vizinho, o irmão, o pai). E da própria parcialidade da paixão fazemos uma virtude: o pai que preferisse um estranho ao invés dos seus filhos seria muito mal julgado. Então, não se trata de reduzir a paixão, mas, ao contrário, trata-se de *estendê-la*: é preciso chegar a estimar ou censurar uma ação ultrapassando a parcialidade da paixão; é preciso não mais restringir a paixão pelo entendimento, mas alargá-la pela imaginação.

A distinção das paixões indiretas e das paixões diretas

Uma paixão é sempre uma impressão de reflexão. Necessidade, substância, relação filosófica ou relação não filosófica, é sempre uma impressão de reflexão que procede de alguma coisa. Forçosamente, a paixão procede de uma impressão de sensação ou de uma ideia de sensação. De qual gênero de ideia ou de impressão de sensação? Dos prazeres e das dores. Para que haja paixão, é preciso haver um prazer ou uma dor distintos. Assim, aparece uma associação de um tipo novo e irredutível à associação das ideias (sobre sua força e sua originalidade, ver pp. 529-533/II.276-279 [454-458].

É preciso princípios da natureza humana para que uma impressão de reflexão proceda de uma impressão de sensação, e esses princípios não são mais aqueles da associação das ideias.

Princípios da Natureza Humana
(aqui: princípios de associação
das impressões que escolhem ⟶ impressões de reflexão
impressões de prazer ou
de dor)

O prazer (ou a dor) é uma coisa, é um fato da experiência em geral; mas a tendência a buscar o prazer é outra coisa. O princípio é que o prazer seja o objeto de busca, a dor o objeto de fuga. Por quê? É um *fato* da natureza humana: o prazer é aquilo a que digo sim; a dor é aquilo a que digo não. Isso poderia ter sido feito de outra maneira, mas é assim. Do amor procedem outras paixões: a benevolência, por exemplo, que é desejo de felicidade na pessoa amada. Mas o inverso seria também possível: a natureza humana teria podido ser outra. [146]

1) A impressão de reflexão pode *fazer o espírito* se voltar para o bem ou para o mal, para o prazer ou para a dor *de que ela procede*: é a tendência a me unir ao bem ou ao prazer do qual a impressão procede. Neste caso, a paixão é *direta* e é um primeiro tipo de disposição natural.

2) Ou então há uma disposição natural que, enquanto tal, determina uma impressão de reflexão de outro gênero: ela faz o espírito se voltar para a *ideia de um objeto que ela produz*: neste caso, a paixão é *indireta*.

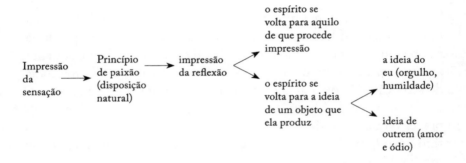

São duas disposições naturais diferentes. Mas a disposição própria da paixão indireta é tal que exige não somente uma associação de impressão, mas ainda uma *associação de ideias*, diferentemente da paixão direta.

O prazer e a própria paixão devem ser duplicados por uma relação de ideia entre a causa do prazer (a coisa que dá prazer) e o eu ou outrem (objetos da paixão indireta). Assim:

Sou proprietário, tenho uma bela casa, eu a olho: "Como ela é bela!". Encontro aí, primeiramente, um prazer distinto; experimento, além disso, uma impressão de reflexão como tendência a me unir a esse prazer (= alegria) e então experimento uma outra impressão de reflexão que me faz voltar para a ideia de "eu" (= deleite do orgulho), pois a causa do prazer me pertence (a casa). [147] Há uma *relação de ideia* entre a causa do prazer (a casa) e o objeto da paixão indireta (eu ou outrem). Além disso, paixões diretas e indiretas se misturam o tempo todo: a alegria com o orgulho.

Conexões entre a paixão e a imaginação

É preciso distinguir a ação da paixão sobre a imaginação e a ação da imaginação sobre a paixão.

a) *ação da imaginação sobre a paixão*: os princípios dão uma regra ao delírio, fixam a imaginação, dão-lhe uma natureza. Os princípios de associação tinham como efeito introduzir na imaginação transições fáceis entre as ideias. Os princípios da paixão têm como efeito impor à imaginação pendores ou, como diz Jean Laporte, "preferências". Esses pendores são de três tipos:

1) relativamente ao eu: p. 443/II.186 [374]: passo facilmente do meu irmão a mim e não de mim ao meu irmão. Do ponto de vista da associação das ideias, o movimento ocorria nos dois sentidos: meu irmão sendo meu, eu sou o dele. Mas o sentido é único, do ponto de vista dos princípios da paixão.

2) relativamente ao tempo: Livro II: a imaginação antecipa.

3) relativamente a outrem: p481/II.225-226 [410]: concepção da maldade e da inveja.

Os pendores saídos dos princípios da paixão não têm a reciprocidade, a reversibilidade que são asseguradas pelos princípios da associação. Os pendores definem regras para as próprias paixões, determinam as circunstâncias em que tal ou qual gênero de paixão aparece.

De fato, a ação da imaginação sobre as paixões é ainda mais complexa, pois são os princípios da paixão que, agindo sobre a imaginação, vão dar as regras, as circunstâncias indispensáveis a tal ou qual gênero de paixão.

b) *ação da paixão sobre a imaginação*: pp. 710 a 713/III.206 a 209 [624-626]. A paixão fixa e constrange a imaginação, mas de uma certa maneira — ela "ressoa": há um poder de ressonância. Metáfora musical importante "o espírito humano não é da mesma natureza de um instrumento de sopro... que perde imediatamente o som logo que cessa o sopro; ele se assemelha mais a um instrumento de percussão, no qual, após cada batida, as vibrações ainda conservam o som, que morre gradual e insensivelmente" (p. 552/11.299 [476]). [148] Essas ressonâncias, por sua vez, vão formar paixões próprias à imaginação, que serão as paixões do gosto (sentimento da imaginação). Esse jogo de paixões próprias à imaginação se manifesta nos sentimentos estéticos, moral e jurídico e são as "ressonâncias" das paixões na imaginação. Daí surge um prazer não mais ligado ao interesse, mas ao livre exercício da imaginação.

VI. A moral e a teoria do direito

O estudo das paixões dá dois resultados:

a) Existem paixões e, enquanto existem, elas supõem princípios da natureza humana que não se reduzem aos princípios de associação: são princípios de associação das impressões (prazer ou dor e emoções). Qual é seu efeito sobre o espírito, a fantasia? Sob a ação dos princípios da paixão, a imaginação é fixada pelas paixões e recebe, de outra parte, pendores que definem verdadeiras regras concernentes às circunstâncias da aparição das paixões. Os pendores definem um *sentido exclusivo*: as impressões de reflexão são de um *outro gênero* conforme elas se reportem às associações de ideia ou aos princípios da paixão.

b) Hume fala de uma influência das regras gerais sobre a paixão (pp. 383/11.129 [327-328] e 475/11.220 [404-405] *"A imaginação se apaixona apesar dos seus próprios pendores"*. Eu me apaixono pelo mais longínquo, ao passo que todo o sentido dos pendores é dar primazia ao mais próximo. A imaginação faz o percurso contrário e sacrifica o mais próximo ao mais longínquo: senão não haveria moral. Então a influência da imaginação é uma verdadeira reação da fantasia que ultrapassa, supera a coerção que lhe é imposta pelos princípios da paixão: ela os submete ao seu próprio serviço, fazendo-os atuar a seu favor, fora do seu próprio exercício legítimo. Donde um jogo totalmente novo de paixões, que não se reduz nem às paixões diretas e nem às paixões indiretas. Essas paixões são experimentadas fora e independentemente das circunstâncias atuais que os princípios da natureza humana pareciam exigir para toda paixão: são paixões calmas (p. 527/11.273-274 [453-454) por oposição às paixões violentas — os sentimentos estéticos, morais, jurídicos.

A) *Paixão e Razão* [149]

Irredutibilidade dos princípios da paixão que não são consequências dos princípios de associação, irredutibilidade da paixão e da razão (pp. 522-528/II.268-274 [448-454]) e ver *Investigações sobre os princípios da moral.*

a) Como efeitos dos princípios de associação, as relações jamais determinam uma ação, quer se trate de relações de ideias ou de objetos. Todavia, elas entram, sim, na determinação de uma ação, mas unicamente por intermédio da causalidade (p. 523/II.270 [449-450]). É ainda preciso que a relação causal tenha em si o efeito colocado como um bem. Na ação, a causa torna-se meio e o efeito torna-se fim. É preciso a afetividade, a paixão e seus princípios para colocar um efeito como desejável, como um fim. A razão só pode dizer uma coisa: o que for útil, se eu me enganar; ela só pode, portanto, fazer uma coisa: obedecer, pois os fins são colocados primeiramente pela paixão. Se há um combate, é entre as paixões calmas e as paixões violentas, não entre a razão e a paixão.

b) A razão compara: toda relação é uma comparação, pois todas as relações são exteriores a seus termos. Mas as paixões são dados incomparáveis: um prazer, um sentimento, uma emoção, nada representam. Uma paixão nem mesmo pode ser contrária à razão. Há uma hierarquia dos fins, porém fim algum é mais racional que um outro. "Não é contrário à razão preferir a destruição do mundo a um arranhão em meu dedo" (p. 525/II.272 [452]). A razão nada produz, nem ação nem volição e nada contraria, nem ação nem volição. Mas é um *fato* da natureza que todos os fins não se equivalem, que há ações condenáveis, outras louváveis (p. 573/III.52-53 [498]). As ações podem ser louváveis ou condenáveis, elas não podem ser nem racionais nem irracionais.

B) *Moral e Razão*

Ver Livro II, seção 1 & 2 e, para uma comparação com a moral de Kant, seção 1, 2ª parte do livro III.

A moral, tanto quanto a paixão, não pode depender da razão nem do conhecimento nem do juízo claro. Seis argumentos:

1) *indireto*: a moral age sobre a ação, e não a razão. Então, pelo que age a moral, por uma ideia ou por uma impressão? Por uma impressão (de prazer ou de dor). É esta a impressão da moral, e a ideia significa ideia representativa de alguma coisa. [150] Mas se a ideia deriva de uma impressão, não é de uma impressão de prazer.

2) *por absurdo*: identifica-se erro e vício, verdade e virtude. O mal consistiria num julgamento errado, dizem os racionalistas. Há um julgamento errado em mim quando ajo mal, ou no outro quando me vê fazendo a ação. No primeiro caso, coloco um fim e isso nada tem a ver, diz Hume, com um julgamento verdadeiro ou falso, com um julgamento de conhecimento. No segundo, basta no outro o julgamento errado para que o vício torne-se virtude: p. 576/III.55 [501] "uma pessoa que vê, pela janela, que eu me conduzo de maneira libertina com a mulher do meu vizinho pode ser suficientemente ingênua para imaginar que é certamente minha mulher" (Ver cartas entre Blyenbergh e Espinosa, na qual Blyenbergh, mercador de grãos — empirista — "Será que existe uma pessoa à cuja natureza particular de modo algum repugna, mas, pelo contrário, convém o abandono aos apetites sensuais ou o crime", Carta XXIII, Pléiade, 1216 — coloca a questão a Espinosa, que responde "do ponto de vista de uma natureza tão pervertida, as crises seriam virtudes". "Insensato" seria aquele que veria que pode gozar de uma vida ou de uma essência melhores cometendo crimes e que hesitasse". Ver *Tratado*, p. 576/III.55 [501] e a nota: basta fechar a janela.

3) *a anterioridade*: (nota p. 575/III.55 [501]): Dizer que no vício há uma verdadeira contradição, por exemplo, o roubo: eu me apodero, me aproprio de bens que são de outrem e deles me sirvo como se fossem meus; assim também a ingratidão: eu reconheço a pessoa para quem sou ingrato, que me fez bem e, ao mesmo tempo, ajo para com ela como se ela não me tivesse feito bem algum — isso é dizer um "evidente círculo vicioso". Para que haja contradição no roubo, é preciso, antes, que haja propriedade; para que haja contradição na ingratidão, é preciso, antes, que haja malfeitoria e benfeitoria, uma moral antecedente.

4) *A especificidade*: será que vício e virtude consistem em relações de ideias? Mas então os objetos inanimados seriam também viciosos. E *Enquête sur les principes de la morale* (edição Aubier, pp. 148/

208-209).[7] A ingratidão como relação: sou mau em face de alguém que me fez bem, mas eu posso ser bom em face de alguém que me fez mal: do ponto de vista da relação é equivalente, mas esse não é o caso do ponto de vista da moral. [151] No *Tratado*, o caso do filho ingrato que sufoca seus pais, assim como um arbusto que ao crescer sufoca a árvore paterna: mas o arbusto não é vicioso!

5) *a subjetividade*: a moral remete às relações de fato, à causalidade? Não. A partir de um objeto ou de uma parte de objeto, eu infiro um objeto ou uma parte de objeto: portanto, posso dizer quando isso começa, e o signo da causalidade é essa possibilidade de denunciar o começo de uma ação. Totalmente diferente é o caso da moral: posso contemplar um crime (Nero matando sua mãe), mas como dizer onde ele começa, em qual motivo se encontra seu ponto de partida? Posso dizer onde começa o movimento da segunda bola de bilhar, é um elemento objetivo. Mas não posso dizer onde começa o crime de Nero: nada se descobre no objeto.

6) *A irredutibilidade do dever ao ser* (p. 585/III.65 [509]) e ver o apêndice I da *Investigação sobre os Princípios da Moral*, a propósito do sentimento moral (145-148/205-208 [173-185]).[8] — No conhecimento, vamos do conhecido ao desconhecido, procede-se de uma parte a uma outra parte desconhecida. No caso da matemática, vou das relações conhecidas às relações desconhecidas; no caso da física e da causalidade, vou das circunstâncias dadas às circunstâncias não dadas. Mas dizer, por exemplo, "este círculo é belo", é *supor* todas as relações e todas as circunstâncias como presentes, como dadas: existe aí uma reação total à totalidade das circunstâncias, e dados supostamente dados. Tal é a moral. Assim, Édipo esposa sua mãe, Nero mata a sua: os dois casos não se equivalem. No caso de Édipo, é um problema de conhecimento, Édipo ignorava que era sua mãe que ele esposava. Mas Nero conhecia sua relação com sua mãe, e é mesmo por ter essa relação como sabida que ele tem a ideia de matá-la. Quando ajo moralmente (Nero) ou quando digo; "Nero é condenável", isso não pode

---

7. Remetemos ainda aí à edição corrente em Garnier-Flammarion de *L'enquête sur les principes de la morale* (trad. fr. de P. Baranger e P. Saltel).

8. Referência a *Uma Investigação sobre os Princípios da Moral*, trad. bras. de José Oscar de Almeida Marques. Campinas: Ed. da Unicamp, 1995. [N.T.]

ser confundido com uma relação de conhecimento, pois *tudo é aqui supostamente conhecido*. Donde dois domínios diferentes, irredutíveis:
– o conhecimento consiste numa *inferência*.
– a moral e as paixões consistem numa *invenção*.
Tratado, p. 587/III.67: [510-511]: "Não inferimos..." e *Investigação sobre os Princípios da Moral*, p. 155, Aubier: "Nós inventamos, nós criamos em razão de nossa própria natureza...". [152] A paixão inventa, quando o conhecimento consiste em passar de uma circunstância dada a uma outra, desconhecida. Talvez tudo seja impressão de reflexão, logo tudo é subjetivo. Mas esses dois tipos de impressões de reflexão são diferentes:
— para o conhecimento: o hábito determina uma "transição fácil" pela qual passamos de um elemento de objeto a um outro elemento de objeto; nós inferimos, nós cremos.
— para as paixões e a moral: relação natural do meu espírito com a totalidade das circunstâncias supostamente conhecidas, reação que se apresenta como alguma coisa de novo relativamente ao objeto, e é através disso que eu invento, eu crio: aqui é o artifício que intervém, como o hábito para o conhecimento.

C) *A teoria do Artifício*

Ora Hume invoca a uniformidade e a inflexibilidade, de onde as regras da justiça tirariam seu caráter artificial, ora é a diversidade que ele invoca (*Investigação*, pp. 58/106-107). Será uma contradição?
Há duas faces do artifício. Ora ele se erige contra os pendores da imaginação: o mais longínquo prevalece sobre o mais próximo, de modo que o comportamento deriva, então, de um motivo não natural, mas artificial. Ora o comportamento é determinado não em função de um prazer ou dor atuais, mas em função da ideia de um simples poder separado do seu exercício atual. No primeiro caso, o critério é a uniformidade; no segundo, é a diversidade. Nada de mais contrário à natureza e às regras do entendimento do que a ideia de um poder separado do seu exercício atual, pois é próprio da fantasia conseguir separar o poder do seu exercício atual. Privilégio do mais longínquo sobre o mais próximo e separação do poder do seu exercício atual, tal é o mundo do artifício.

Há os sentimentos do coração e os da imaginação (o gosto). Estes últimos não se reduzem nem às paixões diretas nem às paixões indiretas, pois eles não procedem de um prazer ou de uma dor atuais; eles procedem somente da simples ideia de um poder (de dar prazer) separado do seu exercício atual. Eles procedem de uma "ilusão da fantasia" (ver pp. 412/II.149-150 [346], 415/II.152-153 [348], 711/III.207-208 [624] e 712/.208-209 [626]. [153] Portanto, há sentimentos próprios à imaginação, que são impressões de reflexão que procedem de um prazer ou de uma dor, os quais são apreendidos pela fantasia num poder completamente separado de seu exercício atual (ver p. 712/III.208-209 [626]). Hume mostra o uso dessa ilusão da fantasia relativamente a quatro domínios: estético, moral, costumes e religião. Nesses quatro domínios realiza-se um *acordo* dos sentimentos, acordo de que são incapazes as paixões (diretas ou indiretas). Esses quatro domínios determinam o que se chama em nossos dias o domínio dos valores.

a) *o Belo*: ver *Discurso sobre a Tragédia*: Por que sentimentos próprios à representação estética tornam-se deliciosos (o espetáculo, diz Hume, "nos torna contentes") ao passo que eles deveriam ser insuportáveis para nós? À Fontenelle, que via nisso a causa de um enfraquecimento desses sentimentos, Hume replica que é, totalmente o contrário disso, a infusão de um sentimento novo. Não há diminuição das paixões, mas o aparecimento de um novo jogo de sentimentos próprios à imaginação que reage às paixões. As próprias paixões são substituídas por um eco de paixões na imaginação que é um novo tipo de sentimentos, relativamente ao qual se pode fazer o acordo dos homens.

b) *a Moral*: mesmo processo para o sentido moral que assim apresenta a invariabilidade. A simpatia natural varia — pois, enfim, não simpatizamos com todo mundo —, mas a estima não varia, quando a simpatia está sujeita à variação. A invariabilidade da estima depende de um sentimento próprio da imaginação que ultrapassa a simpatia atual: pode-se estimar alguém, sem ter atualmente simpatia por ele.

c) *a Religião*: ver o capítulo seguinte sobre Deus. É sempre o mesmo esquema: em relação a Deus há criação de um sentimento novo (o teísmo autêntico, corrigindo a religião popular).

d) *os costumes ou regras de polidez*: p. 696/III.191 [612]. Caso do celibatário chocado pela indecência de uma mulher. O sentimento dos bons costumes é criação de um sentimento novo.

Há, sim, uma dualidade da natureza e do artifício ou da convenção. De um lado, uma ultrapassagem dos pendores da imaginação: o mais longínquo prevalecendo sobre o mais próximo; por outro lado, uma liberação relativamente às condições do endividamento, no sentido de que o poder é separado do seu exercício atual. [154]

Como o artifício é possível? (ver seu caráter "obliquo" p. 641/III.127 [560]: termo essencial).

Direta ou indireta, uma paixão é *limitada* em sua própria natureza pelas condições de sua aparição e do seu exercício. Limitada, porque ela procede sempre de um prazer ou de uma dor atuais. Mas há, relativamente aos princípios da paixão, assim como relativamente aos do entendimento, uma reação da imaginação: as paixões ressoam na imaginação e definem não um enfraquecimento das paixões, mas um novo jogo de sentimentos: são paixões *estendidas para além de seus limites*. A partir disso, o acordo é possível entre os homens: há um certo tipo de objetividade possível dos sentimentos da imaginação graças a essa extensão.

Em que consiste o próprio artifício? Enquanto sentimentos, isto é, impressões de reflexão, eles são bem *naturais*, mas enquanto procedem de artifícios (a paixão ressoa na imaginação, ultrapassa os limites ordinários e a imaginação apresenta um jogo de sentimento que lhe é próprio), eles são *artificiais*. Dizendo de outra maneira, o artifício é ainda *da* natureza — "o homem é uma espécie inventiva" —, é da natureza do homem inventar; mas o que é inventado são paixões que, ressoando na imaginação, ultrapassam seus limites naturais.

A simpatia é naturalmente limitada; temos uma generosidade natural, mas ela é limitada. Pois o homem é o homem de um clã, ele é parcial (pp. 458-476/II. 202-221 [389-406]: a teoria da simpatia e da comunidade anunciada por Tönnies — ou melhor, que diz tanto quanto ele, mais diretamente! Simpatizo naturalmente com meus vizinhos, meus parentes, aqueles que se me assemelham, em conformidade com os princípios de contiguidade, causalidade, semelhança (ver Marcel Aymé: "o fator proximidade"!!). Os princípios de associação determinam as circunstâncias limitativas da simpatia. A partir disso são possíveis regras para a casuística: as circunstâncias mudam.

Ora, todo o problema da moral é fazer com que a *simpatia ultrapasse a parcialidade* para que o homem seja moral — artificialmente.

Estender a simpatia só é possível na medida em que ela ressoa na fantasia: o novo sentimento permanece certamente como sendo *da* natureza, no sentido de que ele só tem essa função de estender a simpatia que é natural. [155] Além disso, a própria natureza se corrige (ver p. 606/III.93 [529]). Mas é um sentimento novo também: *natural*, ele é *novo* porque foi *estendido*. Nesse sentido, o artifício é ainda da natureza. O artifício é um meio, ele *oblíqua*. O problema moral, estético, dos bons costumes e da religião é um problema de *extensão*.

Para todos aqueles que pensam que o homem tem uma natureza má, egoísta, o problema moral consiste em perguntar: como restringir, limitar? Para restringir, é preciso um contrato (atribui-se ao homem em estado de natureza uma vontade de potência, tendo o contrato a missão de limitá-la). Hume é contra o contrato. Ele quer substituir o conceito de contrato pelo de *convenção* e de *artifício*. A diferença é enorme: pois o problema do Direito, então, não é mais um problema de restrição, mas de extensão, de ampliação de uma generosidade naturalmente limitada.

Hume faz duas críticas contra a teoria do contrato:

1) Ela pressupõe direitos naturais, ela se atribui aquilo que justamente é preciso explicar, ou seja, o Direito. O estado natural não é um estado jurídico, é um estado de falta, de necessidade.

2) Os direitos já implicam uma sociedade civil. No estado de natureza já há pequenos grupos, clãs — os próximos, os parentes, os iguais.

A convenção não é a mesma coisa que o contrato, ver em 607/III.90 [530] o exemplo dos homens que impulsionam os remos de uma canoa: eles remam em acordo, mas não fizeram promessas uns aos outros. Há uma convenção, mas não um contrato. A convenção vem de um acordo não contratual. O contrato é tão somente a imagem racionalista e racionalizada de alguma coisa mais profunda, ou seja, o acordo, a convenção.

O motivo da moral e do direito não pode ser a utilidade, que já é uma visão racionalista (pois a justiça combate o interesse privado, e o interesse geral pressupõe a justiça). A verdadeira fonte não está numa relação inter-humana do tipo do contrato, mas nesses sentimentos particulares, estendidos: na extensão da paixão. O artifício é a reflexão da paixão na imaginação. A fonte da conexão entre os homens não pressupõe determinação racional alguma; não há acordo entre os homens que suponha o homem como ser racional. [156]

Todo o século XVIII considerou que a verdadeira moral é o Direito, que a moral é primeiramente um problema de organização da sociedade civil. Se a moral é alguma coisa séria, ela é o Direito. Pois não se trata de mudar a natureza humana, mas de instaurar condições objetivas tais que os lados maus da natureza não possam triunfar (p. 658/III.147 [576-577]). O Direito coloca um problema de situação e de condições objetivas.

O conceito de convenção ou de artifício não deve ser confundido com o de contrato. Isso porque ele encontra seu verdadeiro fundamento na imaginação que se comporta como um verdadeiro instrumento de percussão: as paixões se refletem na imaginação. Não obstante, a noção de contrato só pode ser pensada em referência a vontades, pressupõe um estado de natureza concebido como direito, e coloca o problema da moralidade sob a forma da limitação. Para Hume, o estado de natureza é o estado da necessidade. Portanto, só há direito positivo, civil. Hume recusa assimilar o problema moral a um problema de limitação. A ideia de uma vontade que renunciaria a alguma coisa de si lhe é estranha. Para ele, não se trata de limitar vontades, mas, pelo contrário, de *estender as paixões*: a moral coloca um problema de extensão das paixões.

A paixão nos limita a circunstâncias. Então, é preciso artificialmente instaurar meios pelos quais a paixão transborde seus limites naturais. O artifício é ainda da natureza. Mas as regras gerais que corrigem as paixões são criações das próprias paixões. É que o artifício não inventa *outros fins*, mas novos *meios* — "oblíquos". A justiça não pode ser compreendida sem o artifício, mas o sentido moral que se liga à justiça não é menos natural. A convenção é descoberta no nível desses sentimentos próprios à imaginação que não são mais naturalmente limitados.

D) *As regras gerais e o paralelismo com o entendimento*

Entre as regras gerais do ponto de vista do entendimento e as do ponto de vista das paixões, há um paralelismo marcante — mas também diferenças.

O hábito, como princípio da natureza humana, se forma independentemente de qualquer reflexão. Formamos hábitos, independentemente de qualquer reflexão: ultrapassamos as repetições na experiência. Em virtude da impossibilidade de uma reflexão prévia, haverá aí uma revanche da fantasia: é a probabilidade não filosófica, onde a fantasia invoca repetições fictícias, e cujas regras gerais são transbordantes, propriamente falando. E no caso da probabilidade filosófica, as regras gerais são de um outro tipo: elas corrigem as primeiras pelo cálculo das probabilidades. O entendimento adapta a crença ao grau de realidade das repetições dadas. As duas espécies de regras dependem, contudo, do mesmo princípio. [157]

Relativamente às paixões, há igualmente dois tipos de regras gerais: ver p. 674/iii.165 [591] (a propósito do governo) "regras gerais se estendem comumente para além dos princípios que as fundam e delas raramente fazemos uma exceção, *salvo se essa exceção tiver as qualidades de uma regra geral*". Há regras gerais transbordantes e outras que são corretivas. Mas a despeito desse paralelismo, há também grandes diferenças entre as regras gerais da prática e as do conhecimento:

No entendimento, o ato da fantasia é finalmente *negativo*: uma vez feita a correção, nada resta das regras gerais transbordantes, pois elas são o objeto de uma correção que nada deixa subsistir. É tão somente uma ilusão, que é dissipada. Homem algum reflete antes de formar hábitos; mas não é impossível que esse homem possa verdadeiramente corrigir as regras transbordantes a ponto de levá-lo a só acreditar nas repetições reais. Tal homem estará livre de toda superstição.

No caso da prática, as regras também supõem a fantasia: a paixão ressoa na imaginação, ultrapassa os limites que lhe eram consignados pelos princípios de que ela depende, isto é, os princípios de associação. Mas aqui o ato da fantasia é *positivo*: ele está na base das formas culturais (moral, costumes e arte), daquilo que Hume denomina mundo do artifício. Os pendores da imaginação são aqui efetivamente ultrapassados: o mais longínquo é efetivamente atingido. Já não se trata de suprimir a primeira espécie de regras na correção, mas determinar, de um ponto de vista de um detalhe cada vez mais impulsionado as próprias regras gerais. [158] O transbordamento é aqui positivo. Então, o fundo de tudo passa a ser as *"propriedades mais frívolas da imaginação"*. Relativamente ao mundo do entendimento, o que é novo é que a fantasia não é mais perdedora. Para o entendimento, a correção impedia, entravava o transbordamento; no caso da prática, ultrapassamos os limites naturais da paixão e instauramos um mundo objetivo: o mundo do direito, dos costumes, da arte. Como é possível que a fantasia, *o mais frívolo* em nós, esteja na base do *mais sério* mundo humano? Por exemplo, a propriedade, que repousa sobre a fantasia como tal?

A fantasia leva as paixões a superar seus limites naturais. Resultado: o mais longínquo é valorizado contra os pendores; superei minha parcialidade, a parcialidade da simpatia, graças a um novo sentimento — a estima. Esse novo sentimento não tem novos fins. A regra geral consiste ora na posição de um interesse geral, ora na posição do interesse de outrem (mesmo quando outrem não é meu próximo, parente, igual), ora na posição do consentimento de outrem.

Dizer: "A posse deve ser estável", não é dizer em que consiste a propriedade. O mais longínquo é bem valorizado, mas essa valorização é ainda indeterminada. Portanto, é preciso que a regra geral seja determinada por outras regras gerais: aqui intervém, propriamente falando, a teoria do Direito. Há um segundo conjunto de regras gerais que vai determinar o detalhe das primeiras regras gerais. Quando nossas paixões ultrapassam seus limites naturais, sua parcialidade, isso ocorre na medida em que elas ressoam na imaginação. Mas não se trata somente da fantasia enquanto tal: trata-se, então, da fantasia *regrada e constrangida pelos princípios de associação*. As paixões repercutem, sim, na imaginação, mas numa imaginação sobre a qual intervêm os princípios de associação do entendimento — causalidade, contiguidade, semelhança — que vão *servir de esquemas para a determinação* do detalhe das regras gerais.

O homem da associação de ideias é o jurista que se serve dos princípios de associação de ideias para determinar o detalhe das regras gerais; o mais longínquo é valorizado, falta ainda determiná-lo. A propósito da propriedade, o jurista determina as regras concernentes ao detalhe da propriedade: 1) a propriedade só pode nascer num mundo humano, artificial, supondo que nossas paixões já estejam superadas; 2) mas ainda é preciso regras para determinar direitos à propriedade. [159] Donde toda uma casuística da qual Hume dá três exemplos:

— a lebre e o caçador, p. 625/III.110 [547]
— a propriedade dos mares, pp. 629-630/III.114-115 [550]

— a superfície cede ao solo, a escrita ao papel, a tela à pintura, p. 631/III.116 [551].

Eis por que o mundo do artifício é ao mesmo tempo o mais frívolo e o mais sério: a fantasia ressoa sob as paixões, de tal maneira que as paixões ultrapassam seus limites naturais: é isso que é frívolo. Mas os princípios de associação encontram aqui seu verdadeiro papel, a saber, a determinação das regras gerais concernentes ao detalhe das primeiras regras transbordantes. Para o utilitarismo, tanto para Bentham quanto para Hume, o associacionismo convém perfeitamente aos juristas. A associação de ideias encontra seu terreno de eleição no Direito. Assim, a regra geral: "a propriedade deve ser estável" detalha-se em determinações: possessão imediata, prescrição, acessão, sucessão, transferência consentida e promessa.

Entretanto, é preciso ainda que a ideia do mais longínquo seja suficientemente vivaz para que os homens creiam nele, façam-no passar antes do mais próximo. Como fazer com que o mais longínquo prevaleça? É preciso dar-lhe vivacidade. No nível do mundo político, isso é o *equivalente da crença*. É preciso, com efeito, regras complementares às da justiça. Esta é a tarefa, o papel do governo: dar ao interesse geral (o mais longínquo) uma vivacidade que ele próprio não tem. Não se trata mais da sociedade civil, mas da sociedade política, que coloca um problema de crença, e esse problema só pode ser resolvido por um aparelho de sanções. Não se trata de mudar as pessoas de natureza, mas mudá-las de situação: ou melhor, é preciso colocar o governo numa situação parcial tal que ele tenha interesse em fazer com que o mais longínquo prevaleça sobre o mais próximo.

Para o entendimento como para a prática, portanto, há uma regra geral da qual partimos, e depois, uma determinação dessa regra pelas regras gerais e graças aos princípios de associação, enfim, uma previsão de certas exceções, na medida em que essa exceção possa ela própria ser ligada a regras corretivas. O processo é o mesmo tanto para o conhecimento quanto para a prática.

O inconveniente da natureza humana é sua parcialidade, sua avidez, sua cupidez, sua simpatia limitada. O inconveniente da Natureza é, simplesmente, a escassez dos bens. Reunidos, esses dois inconvenientes produzem um terceiro inconveniente: a instabilidade das posses. Os bens são escassos e, como todo mundo é parcial e cúpido, eles são disputados. O homem é o homem da necessidade e a natureza é o estado da escassez dos bens. A justiça remedia essa situação pelo aparelho das sanções que intervém contra a parcialidade, a cupidez: o mais longínquo prevalece sobre o mais próximo, ganha vivacidade. Mas resta o segundo inconveniente: a escassez dos bens da própria Natureza. É a última parte do *Tratado*, a "Política", que teria sido encarregada de determinar os remédios para esse inconveniente. Hume tratou disso em seus ensaios de economia política. [160]

O essencial de sua economia política está em que ela repousa sobre o comércio. No *Capital*, Marx faz a crítica das teorias de Hume, pensando que o essencial dessas teorias repousa sobre a renda fundiária. Mas isso é inexato. Hume constata que a estabilidade da posse favorece as grandes propriedades. Então, não só os bens são escassos, como também estão concentrados em poucas mãos. Donde duas classes: os proprietários, que têm grandes propriedades, mas têm a maior necessidade de dinheiro (estão condenados, diz Hume, "a uma demanda contínua de empréstimos"). O comércio tem, assim, um sentido social: ele deve baixar a taxa de juros. Os comerciantes podem satisfazer as demandas de empréstimo dos camponeses e remediar o inconveniente da concentração das propriedades nas mãos de alguns.

VII. O problema de Deus

As concepções de Hume em matéria de religião encontram-se: no *Tratado*, livro I, 4ª parte (o sistema cético: imaterialidade da alma, onde há uma polêmica com Espinosa); na *Investigação sobre o Entendimento*, seção 10 (os milagres) e 11 (a Providência particular); nos *Ensaios morais e políticos* (sobre a imortalidade da alma); na *História natural da religião*, texto capital sobre o tema, e, finalmente, nos *Diálogos sobre a religião natural*, obra póstuma a que Hume se dedicou.

No final da maior parte dessas obras consagradas ao problema religioso há uma reversão. Assim, no *Ensaio sobre os Milagres*, Hume mostra que a crença no milagre apela para a experiência, mas que o milagre só pode apelar para o testemunho: compare-se os casos favoráveis aos casos desfavoráveis e nessa subtração desproporcionada, a crença acaba por dissipar-se. [161] E, todavia, o final do texto apela para o teísmo e para a revelação (por oposição ao teísmo, o deísmo coloca uma religião natural cujo conteúdo é racional e, portanto, exclui a revelação). Assim também, no final do *Ensaio sobre a imortalidade da alma* e dos *Diálogos*, há uma reviravolta: do que fora antes negado, tudo parece finalmente reintroduzido.

A hipótese que se impõe: a prudência. Talvez, mas se é preciso considerá-la, é preciso também admitir que esses textos sobre a religião têm um conteúdo filosófico que as precauções tomadas por Hume não seriam suficientes para sufocar completamente... Assim, nos *Diálogos*, as teses são exprimidas pelos três personagens com sutileza e nuanças. É um verdadeiro "diálogo", que não se resume à controvérsia entre um porta-voz que seria particularmente esclarecido e um outro completamente tolo, mas leva a uma discussão equilibrada entre três personagens que sabem argumentar. É preciso sublinhar que, no final, Demea se retira, deixando Cleantes e Filo continuar a discussão: isso deve ter uma significação. Os personagens são:

— *Filo*: é o cético, ele conduz os debates com sutileza, não busca destacar-se, e diz o que lhe parece embaraçoso.

— *Demea*: torturado e violento, apresenta-se quase sempre como um agnóstico, de um agnosticismo místico. Ódio feroz do antropomorfismo, consciência aguda da miséria do homem e do mal. Ele apresenta e desenvolve o argumento *a priori* onde insiste no caráter eminente da causa (Deus como causa ultrapassa eminentemente seu efeito, o mundo). O modelo de Demea são, provavelmente, teólogos ingleses "violentos", mas também Pascal. Para Hume, Pascal é a própria imagem do excesso, ver na edição Leroy dos *Principes de la morale* o texto do final intitulado "*Un Dialogue*": é no final desse texto que Hume dá sua apreciação sobre Pascal, cujos traços são próximos dos de Demea. Pascal é o homem da "vida artificial", aquele que acredita estar a serviço imediato de Deus, que crê na providência particular. Um tal homem, segundo Hume, acredita que tudo lhe seja permitido, pois aos seus olhos a moral já não conta mais. O místico, o fanático, o supersticioso, são capazes de tudo, porque eles não têm a moral por estarem a serviço imediato de Deus. [162]

— *Cleantes*: homem muito doce, se diz teísta, mostra-se otimista, não crê no mal sobre o qual insiste Demea. Quando Filo diz que, se fizermos as contas, teremos do lado do mal a guerra, as doenças, os hospitais, a morte etc., e do lado do bem, para compensar, "*as danças, a ópera, a corte*", Cleantes objetará que prepondera o lado do bem. Cleantes é o defensor do argumento *a posteriori* (pelas causas finais). No final do diálogo, Demea sai e Filo e Cleantes parecem entrar em acordo: entre Filo e Cleantes haveria também uma diferença de natureza enquanto Demea está presente; assim que Demea parte, essa diferença — entre teísmo e ceticismo — é tão somente de grau.

A) *As provas da existência de Deus*

Elas implicam um uso ilegítimo do princípio de causalidade. Hume (e Kant) encontrou esse tema em toda crítica da religião do século XVIII. O que é novo, com Hume e Kant, é a aplicação dessa crítica ao domínio do conhecimento e da experiência. Mas Hume e Kant apenas sistematizarão os temas da crítica da religião da qual o século XVIII deixou numerosos testemunhos.

Há três usos ilegítimos do princípio de causalidade. Quais são as condições de legitimidade desse uso? A semelhança, a repetição e a proporção:

1) Quando infiro *b* a partir de *a*, é preciso que o termo indutor (*a*) seja ao menos semelhante e se possível idêntico a termos precedentes (a' a" etc.) Assim, tenho visto mil vezes bolas semelhantes comunicar o movimento.

2) Para inferir *b* a partir de *a*, é preciso que a conjunção constante de *a* a *b* tenha sido repetida e se repita efetivamente.

3) Não posso conferir a *b* (termo inferido) mais propriedades, poder e virtudes do que aqueles que são estritamente necessários em virtude de *a* (termo indutor). Na *Investigação sobre os princípios da moral*, o exemplo do quadro de Zeuxis: a partir do quadro que leva a assinatura de Zeuxis, posso inferir que este é um pintor, não que seja um escultor.

Donde nascem os falsos usos. Hume distinguiu duas provas, mas essa distinção era corrente no século XVIII (ver o ensaio de Leroy):

— a prova *a posteriori*: é um argumento de causalidade reportado a uma conexão de analogia (prova pelas causas finais). [163]

— a prova *a priori*: mistura de prova cosmológica e de prova ontológica: é um argumento causal reportado à posição de uma existência necessária.

O primeiro falso uso liga-se à prova *a posteriori* (a semelhança);

o terceiro (a proporção) será mais particularmente ligado à prova *a priori*; finalmente, a repetição remete às duas provas o mesmo tempo.

B) *Os falsos usos do princípio de causalidade*

1) A propósito da prova *a posteriori* sustentada por Cleantes. É-nos dito que o mundo se assemelha a uma máquina; que uma máquina tem como causa um ser inteligente ao qual ela remete. Logo, o mundo é o efeito de um ser inteligente ao qual ele remete.

Objeção de Filo: seu raciocínio é válido se a analogia da máquina e do mundo for precisa, se o mundo do qual você pretende tirar Deus como causa se assemelha realmente à máquina. (Entre a e a' é preciso uma semelhança, senão uma identidade, para poder inferir b). Mas o mundo como máquina é apenas uma metáfora: a analogia longínqua, tomada por uma semelhança determinada, é um falso uso do princípio de causalidade.

Logo em seguida, Cleantes muda seu argumento de uma maneira mais sutil: pode-se comparar os dois efeitos, mundo e máquina, pois trata-se entre eles de uma semelhança formal: há uma ordem no mundo, como, numa máquina, o ajustamento das partes. Como explicar a forma da ordem? Recorre-se, aqui, não mais a um argumento causal ligado à analogia, mas a um argumento formal ligado à experiência. O efeito tem seu princípio numa inteligência: os pedaços de madeira lançados ao ar jamais fizeram uma casa ao cair. Faça a experiência, diz Cleantes, a matéria não contém em si mesma um princípio de ordem.

Nova objeção de Filo: não é verdade. Primeiro, a inteligência não é causa, em seja lá o que for, da forma da ordem, pois é preciso ainda explicar a ordem inteligente, portanto, recorrer de novo a uma inteligência, e isto ao infinito. Em seguida, não só a ordem intelectual deve ser explicada, mas devemos ainda considerar que a ordem intelectual não é a única forma da ordem: há outras ordens além da intelectual. [164] Olhando o mundo, diz Cleantes, há pelo menos quatro: 1) racional: a das máquinas — 2) o instinto: a dos produtos naturais, como a teia de aranha — 3) a ordem de geração: os organismos vivos — 4) a vegetação. Então, por que não dizer também que o mundo é uma "teia de aranha"? — "Por que um sistema ordenado não pode ser tecido pelo ventre tanto quanto pelo cérebro"?... Ou pode-se ainda tratar o mundo como um animal (hilozoísmo), mas, pergunta Cleantes, como saber onde estão os órgãos de sentido e o cérebro desse animal? Há ainda a concepção vegetal pela qual Filo tem grande simpatia. Mas, finalmente, todas as cosmogonias se equivalem.

E mais, será verdade que a matéria não contém princípio em si mesma? Há uma estreita cumplicidade entre o empirismo e o materialismo do século XVIII. O materialismo do século XVIII reduz as causas finais às condições de experiência. É isso que Filo faz aqui: os equilíbrios duram em função da atividade das moléculas. "Como um animal poderia subsistir sem essa adaptação"? Toma-se como causas finais as condições de existência.

Assim, por si mesma, uma forma não é sua própria causa e, além disso, nada assegura que a forma da causa da ordem não tenha por causa a matéria; nada também assegura que ela própria tenha necessidade de uma causa.

2) A propósito da prova *a posteriori*: novo vício concernente não mais à semelhança, mas à repetição possível do caso. "Nós só poderíamos inferir um objeto de outro após ter observado uma conjunção entre suas espécies". A inferência pressupõe que o objeto a partir do qual eu infiro pertence a uma espécie. Mas o mundo é aqui concebido como um todo, e, por definição, o mundo concebido como um todo não pode pertencer a uma espécie, pois ele é o conjunto de todas as espécies sem ser ele próprio uma espécie. O mundo é o único, é o que reúne tudo em um. É mesmo o único caso que, de direito, exclui toda repetição. O mundo, exemplar único, não pode, portanto, dar lugar a uma inferência concernente a ele.

Se Galileu pode inferir e infere alguma coisa concernente ao movimento da terra, é porque a terra não é o Mundo: ele coloca uma espécie comum entre a terra e os outros planetas. Há, portanto, aqui, sob certo ponto de vista, repetição de objetos semelhantes. [165]

3) A propósito da prova *a priori*: é a existência necessária da causa do mundo. Aqui é preciso lembrar tudo o que Hume disse sobre o absurdo dessa noção de existência necessária na teoria do conhecimento. Ao que se junta um outro argumento, mais complicado: Deus não é apenas concebido como causa necessária, mas também como causa *eminente*. Para Cleantes, o mundo é belo e bom, Deus é tido

como bom, justo etc. Nessa perspectiva, Deus é menos tido como causa eminente, do que é suprimido o fosso existente entre o estado do mundo (a saber, que ele não seria tão belo e bom...) e as virtudes de Deus: o mundo digno de Deus não é sem medida comum a Deus. Para Demea, pelo contrário, o mundo é uma abominação, a espécie humana é degenerada etc., mas a partir desse mundo depreciado, decaído, Demea se eleva a um Deus verdadeiramente eminente, que tem todas as virtudes. É só porque conhecemos apenas uma parte dos efeitos de Deus que o efeito parece desigual à sua causa. Mas há efeitos desconhecidos, que permitem compensar a imperfeição do mundo, preencher o vazio entre o mundo decaído e a perfeição de Deus.

A isso Filo objeta: a) o mal existe e sobre esse ponto ele está de acordo com b) como se pode falar em efeitos desconhecidos? Isso é um uso falso, radicalmente falso, do princípio de causalidade, uso que ignora a *proporção* necessária entre a causa e o efeito, e a partir de um efeito dado conclui uma causa eminente.

Os três falsos usos do princípio de causalidade

1) A fantasia invoca repetições *fictícias* e forja hábitos em conformidade com *falsas experiências*. É a *probabilidade não filosófica:*
— poder das palavras
— circunstâncias passionais
2) A crença na *existência contínua e distinta dos corpos*: creio num *mundo* contínuo e distinto, creio num *eu*, contínuo e distinto. O princípio de causalidade é levado para além do seu exercício legítimo por um princípio próprio da imaginação:
— uso relativo à distinção [166]
— uso relativo à continuidade
3) Crença num *Deus existente necessariamente* ou num *Deus causa da ordem*.

O Eu, o Mundo e Deus: são as Ideias que Kant reterá. Mas Hume, antes de Kant, mostra seu ceticismo relativamente a essas três Ideias, psicológicas, cosmológicas, teológicas.

Há uma diferença enorme entre esses três casos de falso uso:

1) *A probabilidade não filosófica*: "Um irlandês não pode ter espírito". O fato é que eu posso corrigi-la pela probabilidade filosófica, quer

dizer, pelo cálculo das probabilidades. Mas é preciso que eu corrija cada proposição por ela mesma, pois não pode haver correção total. Pelo menos a correção é aqui possível. Notar também que caio *necessariamente* nesse tipo de erro pela ilusão provocada pela fantasia; mas a correção é sempre possível para uma proposição particular.

2) A questão aqui não é de corrigir: creio na *existência contínua* e *distinta do mundo e do Eu*. É que o falso uso se tornou ele mesmo um princípio. Além disso, aqui não há mais caso particular; o falso uso do princípio de causalidade não se apresenta numa proposição particular: é um bloco.

3) *O problema de Deus*: pode-se corrigir aqui? Que quer dizer aqui "corrigir"?

a) No *Diálogo*: sim, pode-se corrigir no caso da religião, mas essa resposta é totalmente provisória. Porque quando se corrige aqui, nada mais resta da religião: corrigir um juízo de conhecimento não é contestar todos os outros juízos; conheço a natureza *partes extra partes*. Mas quando o ceticismo se põe a corrigir do ponto de vista da religião, ele recusa tudo, e da religião nada resta.

b) Todavia, todo o tema do *Diálogo* é mostrar em que o *teísmo como religião natural é uma correção autêntica da religião popular*. Donde estas etapas:

— a religião popular: é um sistema de ficções.

— a passagem ao teísmo não se faz sem dificuldade nem luta (Hume insiste no testemunho da História): aqui processo de correção.

— em si mesmo, o teísmo invoca, sim, um falso uso do princípio de causalidade; mas, como correção da religião popular, ele ganha um sentido válido e fundamental, independentemente do falso uso do princípio de causalidade (ver *Essai sur l'histoire naturelle de la religion*). [167]

Assim, são reintroduzidos finalidade, antropomorfismo e otimismo. O teísmo é corrigido, mas em quê? Os *Diálogos* não dizem, mas *A História natural da religião*, publicada durante a vida de Hume, coloca o problema. A religião tem uma história, que vê sucederem-se três momentos:

— o politeísmo

— o monoteísmo, que é tão só "pseudo-teísmo" (uma superavaliação do próprio politeísmo que traz crueldade e intolerância;

— o *verdadeiro teísmo* que opera uma verdadeira revolução, corrigindo os erros do politeísmo e do pseudo-teísmo.

Donde vem a crença religiosa? Ela não é naturalmente determinada, ela não está no caso da fome ou do instinto sexual, ela não depende de um princípio da natureza humana. É sim um sentimento, mas não é uma paixão natural, direta ou indireta. É uma reação da nossa imaginação às paixões em geral (ver capítulo vi deste curso, "a Moral e a teoria do Direito", C) O artifício, em a, b, c e d, p. 153).

Segundo a regra dos simples encontros, há, no homem, alternâncias de esperança e de crença. A ressonância dessas alternâncias, a ressonância das paixões na imaginação vai constituir o sentimento religioso. Os deuses do politeísmo são essa própria projeção, deuses ligados aos domínios dos encontros e dos caprichos. Mas, e no caso do monoteísmo?

O que conta, para Hume, não é o monoteísmo em si mesmo, mas aquilo sobre o qual se funda a crença na existência de um ou de vários deuses. Ainda aqui, a conexão homem-Deus é uma falha de nossas paixões na imaginação, é uma relação passional. Donde a crueldade, o caráter inquietante do teísmo: o homem se crê estar a serviço imediato da divindade. E, pela mesma razão, não mais crê na moral.

Os fanáticos, diz Hume, são "capazes do mais elevado e do mais baixo". Assim é Demea: é o inimigo. Quando Demea parte, a *razão do desacordo* entre Filo e Cleantes desaparece. Por trás de Demea, há Pascal.

O verdadeiro teísmo desloca as próprias bases da crença na existência de um Deus: em vez de fazer com que o sentimento religioso dependa das paixões e mesmo da ressonância das paixões na imaginação, o verdadeiro teísmo o faz depender da *observação da natureza* e, nesse sentido, ele não o separa da moral como sistema de regras gerais (em oposição ao pseudo-teísmo de Demea, que institui entre Deus e o homem uma relação particular). [168]

Mas os *Diálogos* vão mais longe que a *História natural da religião*: contra Demea, eles afirmam um valor mais que corretivo acordado ao verdadeiro teísmo. Filo e Cleantes estão de acordo, de onde vem a razão desse acordo?

Isto será um traço comum entre Hume e Kant: o uso do princípio de causalidade é ilegítimo na medida em que se pretende, a partir desse uso, *conhecer alguma coisa fora da experiência*, particularmente no caso da existência de Deus. Para Kant e Hume, isso é a ilusão radical. Entretanto, para um e outro, esse uso pode ser conservado: há, sim, uma ideia de Deus que *serve de unidade, não para um objeto do conhecimento, mas para a unidade dos princípios*.

Então, são reintroduzidos:

— a finalidade: há poderes secretos da natureza, poderes dos quais só posso conhecer os efeitos. Há um curso da natureza. Há uma unidade da Natureza na medida em que ela consiste em poderes ocultos: é esta a ideia de Deus.

— o antropomorfismo: como é possível que a Natureza esteja em acordo com a natureza humana? Pois o fato essencial da natureza humana é sempre que ela diz mais da Natureza do que sabe a respeito dela. Ora, eu digo: "O sol se levantará amanhã". Como é possível que o [sol] esteja de acordo com essa proposição que antecipa? É preciso uma harmonia, é preciso que os poderes secretos da Natureza se conformem aos princípios da natureza humana. Há uma "harmonia preestabelecida".

De um lado, a religião como teísmo é a única correção do politeísmo e do pseudo-teísmo. Por outro lado, em si mesma, só a ideia de Deus pode nos apresentar não um objeto para nosso conhecimento, mas uma unidade para os princípios.

DE SACHER-MASOCH AO MASOQUISMO [169]

Publicado pela primeira vez em *Arguments*, nº 21, pp. 40-46, 1961. Demos precisão e, às vezes, corrigimos certas referências erradas, indicadas entre colchetes.

Sacher-Masoch (1835-1895) nasceu na Galícia, em Lemberg. Ascendência espanhola e boêmia. Família de funcionários sob o império austro-húngaro. Seu pai foi diretor da polícia de Lemberg. O tema da polícia será uma obsessão na obra de Masoch. Mas é sobretudo o problema das minorias (judaica, pequena Rússia etc.) que será uma de suas fontes principais de inspiração. Masoch participa da grande tradição do romantismo alemão. Ele concebeu sua obra não como perversa, mas como genérica e enciclopédica. Vasto ciclo que iria constituir uma história natural da humanidade sob o título geral: *Le Legs de Caïn* [O legado de Caim]. Das seis partes previstas (o amor, a propriedade, o dinheiro, o Estado, a guerra, a morte), ele concluiu as duas primeiras. Mas já o amor, segundo ele, não se separa de um complexo cultural, político, social e etnológico. Os gostos amorosos de Masoch são célebres. O músculo lhe parece uma matéria essencialmente feminina. Ele queria que a mulher amada tivesse peles e um chicote. A mulher amada nunca é sádica por natureza, mas é lentamente persuadida, treinada para sua função. Ele queria ligar-se a ela por um contrato com cláusulas precisas; uma dessas cláusulas o levava frequentemente a se disfarçar de empregado doméstico e a mudar de nome. Entre ele e a mulher amada, ele desejava com todas as suas forças a intervenção de um terceiro, e a suscitava. Seu romance mais célebre, *A Vênus das peles*, expõe um contrato detalhado. Seu biógrafo, Schlichtegroll, depois Krafft-Ebing reproduzem outros exemplos de contratos de Masoch (ver *Psychopathia Sexualis*, pp. 238-240).[1] Foi Krafft-Ebing, em 1869, quem deu o nome de masoquismo a uma perversão: para grande desprazer do próprio Masoch. Sacher-Masoch não foi um autor maldito. Ele foi homenageado, festejado e condecorado. [170] Ele foi famoso na França (recepção triunfal, Legião de

1. Richard von Krafft-Ebing, *Psychopathia sexualis*. Paris: Payot, 1950. [Ed. bras.: *Psychopathia sexualis*, trad. de Claudia Berliner.São Paulo: Martins Fontes, 2001].

honra, *Revue des Deux Mondes*). Mas quando morreu, amargava o esquecimento no qual sua obra já havia caído.

Quando, querendo ou não, dá-se seu nome a uma perturbação, ou a uma doença, não se presume que foram inventadas. Mas presume-se, por exemplo, que a doença foi "isolada", diferenciada dos casos com os quais era confundida até então, teve seus sintomas determinados e agrupados de um modo novo e decisivo. A etiologia depende, primeiramente, de uma boa sintomatologia. A especificidade sintomatológica é a mais importante; a especificidade do agente causal, sempre menos importante e relativa. Lamenta-se, portanto, no caso de Masoch, que os especialistas em masoquismo tenham estado tão pouco interessados no conteúdo de sua obra. Em geral, eles se contentaram com uma sintomatologia muito menos precisa, muito mais confusa que aquela encontrada no próprio Masoch. A pretensa unidade do sadismo e do masoquismo multiplicou a confusão. Aí também uma má determinação dos sintomas levou a etiologia a dimensões inúteis ou até mesmo inexatas.[2]

Ao se comparar a obra de Masoch com a de Sade, somos surpreendidos pela impossibilidade de um encontro entre um sádico e um masoquista. Seus ambientes, seus rituais diferem inteiramente; *suas exigências nada têm de complementar.* A inspiração de Sade é, primeiramente, mecanicista e instrumentalista. A de Masoch é profundamente culturalista e estética. É quando os sentidos têm como objeto obras de arte que eles se sentem, pela primeira vez, masoquistas. Os quadros da Renascença é que revelam a Masoch a potência da musculatura de uma mulher envolta em peles. É na sua semelhança com uma estátua que a mulher é amada. E o masoquista devolve à arte tudo o que a arte lhe dá: é deixando-se pintar ou fotografar, é surpreendendo sua imagem num espelho que ele se sente e se conhece. Aprendemos que os sentidos se tornam "teóricos", que o olho se torna um olho humano quando seu próprio objeto se tornou um objeto humano, vindo do homem e destinado ao homem. Um órgão se torna humano quando ele toma como objeto a obra de arte. [171] O masoquismo é apresentado como o sofrimento de uma transmutação. Todo

---

2. M. Perruchot, num texto a ser publicado, estuda o problema dos sintomas do masoquismo e questiona sua unidade com o sadismo.

animal sofre quando seus órgãos deixam de ser animais. Retomando uma citação de Goethe, Masoch não cessa de dizer: eu sou o ultra sensualista, e até mesmo o ultra sentimental.[3]

A segunda característica do masoquismo, ainda mais oposta ao sadismo, é o gosto pelo contrato, o extraordinário apetite contratual. O masoquismo deve ser definido por suas características formais, não por um conteúdo supostamente dolorífero. Ora, de todas as características formais, não há outra mais importante que o contrato. Não há masoquismo sem contrato com a mulher. Mas o essencial é, justamente, que o contrato esteja projetado na relação do homem com uma mulher dominante. Comumente o contrato tem uma função que depende estritamente das sociedades patriarcais: ele é feito para exprimir e até mesmo justificar o que há de não material, de espiritual ou de instituído nas relações de autoridade e de associação tais como elas se estabelecem, inclusive entre pai e filho. Mas o liame material e ctoniano[4] que nos une à mulher, que une a criança à mãe, parece ser por natureza rebelde à expressão contratual. Quando uma mulher entra num contrato é "vindo" para o meio dos homens, reconhecendo sua dependência no seio da sociedade patriarcal. Ora, no contrato de Masoch tudo é revertido: o contrato exprime aqui a predominância material da mulher e a superioridade do princípio materno. Cabe interrogar sobre a intenção masoquista que torna precisa essa reversão, essa projeção. Ainda mais que o masoquista transpõe também o movimento pelo qual o contrato, quando ele supostamente funda uma sociedade viril, evolui no tempo. É que todo contrato, no sentido exato da palavra, exige a limitação temporal, a não intervenção de terceiros, a exclusão de certas propriedades inalienáveis (por exemplo, a vida). Mas não há sociedade que possa se conservar sem postular sua própria eternidade, sem fazer valer sua dominação sobre terceiros que não fizeram contrato, e sem dar a si um direito de morte sobre seus súditos. Esse movimento também se encontra e se acentua no contrato masoquista com a mulher. O contrato de Masoch, quando necessário,

3. Todos os temas, precedentes e seguintes, encontram sua ilustração em *La Vénus à la fourrure* (trad. fr. de Paris: Arcanes, 1952). [Ed. bras.: "A vênus das peles" in Deleuze *Apresentação de Sacher-Masoch – O frio e o cruel*, trad. de Jorge Bastos. Rio de Janeiro: Taurus, 1983].

4. Nome dado a divindades infernais. [N.T.]

prevê um limite de tempo no absoluto; mas libera a mulher para fazer durar esse tempo, dividindo-o em partes. [172] Uma cláusula acessória e secreta dá a ela o direito de morte. E o lugar do terceiro será reservado por uma hábil precaução jurídica. A mulher é como o Príncipe absoluto que conserva e multiplica seus direitos, e o masoquista é como seu súdito, que perde efetivamente todos os seus. Tudo se passa como se o culturalismo de Masoch fosse ainda mais jurídico do que estético. *O masoquismo não pode separar-se do contrato, mas ao mesmo tempo em que ele o projeta sobre a mulher dominadora, ele o leva ao extremo, desmontando-lhe as engrenagens e, talvez, ridicularizando-o.*

Em terceiro lugar, o contrato de Masoch só é compreendido em estranhas perspectivas históricas. Frequentemente, Masoch faz alusão a uma época da bela Natureza, a um mundo arcaico presidido por Vênus-Afrodite, no qual a relação fugitiva entre a mulher e o homem tem como única lei o prazer entre parceiros iguais. As heroínas de Masoch não têm uma natureza sádica, mas, dizem elas, uma natureza pagã, antiga e heroica. Mas a bela natureza foi desequilibrada por uma catástrofe climática ou um desastre glacial. Então, a lei natural se recolhe ao seio materno como no princípio feminino que guarda um pouco de calor. Os homens se tornaram "as crianças da reflexão". No seu esforço rumo a uma espiritualidade autônoma, os homens perderam a natureza ou a Alma: "Quando vós sois naturais, vós vos tornais grosseiros". As peles nas quais se envolvem as mulheres de Masoch têm múltiplos sentidos, mas o primeiro desses sentidos é que elas sentem frio num meio glacial. As heroínas de Masoch, embrulhadas em suas peles, espirram constantemente. A interpretação das peles como imagem paterna é singularmente destituída de fundamento: primeiro, as peles são um símbolo diretamente materno, indicando o redobramento da lei no princípio feminino, a *mater Natura* ameaçada pela ambição de seus filhos. O urso é o animal de Ártemis, a ursa das peles é a Mãe, as peles são o troféu materno. Do mesmo modo, nesse recolhimento, a lei da Natureza se torna terrível: as peles são as peles da mãe déspota e devoradora que instaura a ordem ginecocrata. Masoch sonha que a mulher amada se transforma em urso, o sufoca e o dilacera. As divindades femininas, ctonianas e lunares, as grandes caçadoras, as potentes Amazonas, as cortesãs que reinam dão testemunho do rigor dessa lei de natureza, idêntica ao princípio materno. [173] Em *O legado de Caim*,[5] é preciso compreender o filho mais velho, o agricultor, o preferido da mãe, como uma imagem material da própria Mãe que vai cometer o crime para quebrar a aliança espiritual do Pai com o outro filho, com o pastor. Mas o triunfo final do princípio paterno, viril ou glacial, significa o recalcamento do Anima, o advento de uma nova lei, a instituição de um mundo no qual as alianças espirituais prevalecem sobre o liame materno do sangue, mundo romano, depois cristão, no qual Vênus não tem mais seu lugar: "Vênus, que em nosso Norte abstrato, nesse mundo cristão gelado, deve envolver-se com grandes e pesadas peles, para não sentir frio". "Permanecei em vossas névoas hiperbóreas, no meio do vosso incenso cristão; deixai-nos, nós os pagãos, sob nossas ruínas; deixai-nos repousar sob a lava, não nos desenterreis... Vós não tendes necessidades de deuses, nós gelamos em vosso mundo".

Apaixonadas, simplificadas e romanceadas, são aí reconhecíveis as célebres teses de Bachofen concernentes aos três estados da humanidade, o hetairismo primitivo, a ginecocracia e o patriarcado.[6] A influência de Bachofen é inegável, e explica a ambição de Masoch ao escrever uma história natural da humanidade. Mas o que é propriamente masoquista é a fantasia regressiva pela qual Masoch sonha servir-se do próprio patriarcado para restaurar a ginecocracia, e da ginecocracia para restaurar o comunismo primitivo. Aquele que desterra a Anima saberá reverter em seu benefício estruturas patriarcais e reencontrar a potência da Mãe devoradora. Em *La Tzarine noire*, Masoch conta a história de uma prisioneira do tzar no ano 900:[7] ela caça o urso das peles e se apodera do troféu, ela organiza um regimento de amazonas, mata os boiardos[8] e manda decapitar o tzar por uma negra. Um homem da comuna, um "comunista", parece ser o alvo longínquo de sua ação.[9] Em *Sabathai Zweg*, um messias casa

---

5. Léopold von Sacher-Masoch, *Le Legs de Caïn*. Paris: Calmann-Lévy, 1884.

6. Ver Bachofen, *Das Mutterrecht* (Páginas escolhidas de Bachofen foram traduzidas por Turel, ed. Alcan, 1938). Sobre temas análogos, M. Pierre Gordon escreveu recentemente um livro muito bom, *L'Initiation sexuelle et l'évolution religieuse* (Paris: PUF, 1946). [N.A.]

7. Léopold von Sacher-Masoch, *La Tsarine noire*. Paris: Manucius, 2011.

8. Classe que detinha o poder político na Rússia, entre os séculos X e XVII.

9. Sobre o "comunismo" visto por Masoch, ver *Le Paradis sur le Dniester* [em *Un Testament*. Paris: Calman-Lévy, 1878]. [N.A.]

pela terceira vez com uma mulher que o repudia. O sultão quer que o casamento seja consumado; a mulher flagela seu marido, coroa-o com espinhos, consuma o casamento e lhe diz: "fiz de você um homem, você não é o messias":[10] sempre, em Masoch, o verdadeiro homem sairá dos rigores de uma ginecocracia restaurada, como a mulher potente e sua restauração, sairá das estruturas de um patriarcado sequestrado. [174] Na fantasia regressiva, a relação doméstica, a relação conjugal, a própria relação contratual, passam a ser benefício da Mulher terrível ou da Mãe devoradora.

Então, parece muito duvidoso que a imagem do Pai, no masoquismo, tenha o papel que Freud lhe atribui. Em geral, a psicanálise freudiana sofre de uma inflação do pai. No caso particular do masoquismo, convidam-nos a uma estonteante ginástica para explicar como a imagem do Pai é primeiramente interiorizada no superego, depois reexteriorizada numa imagem de mulher.[11] Tudo se passa como se as interpretações freudianas, frequentemente, atingissem apenas as camadas mais superficiais e as mais individualizadas do inconsciente. Elas não entram nessas dimensões profundas nas quais a imagem da Mãe reina por conta própria, sem nada dever à influência do pai. O mesmo ocorre no caso da unidade do sadismo e do masoquismo: apoiando-se no papel do pai, essas interpretações se dissipam além das primeiras espessuras do inconsciente. Que haja camadas muito diferentes do inconsciente, de origem e de valor desiguais, e que suscitam regressões que diferem por natureza, que têm

10. Sabathai Zweg (Sabbataï Tsevi) foi um dos mais importantes Messias que emocionaram a Europa no século XVII. Numerosos Messias apareceram na Galícia, nos séculos XVII e XVIII: ver Graetz, *Histoire des Juifs*, t. V [Paris: Librairie Durlacher, 1897]. [N.A.]

11. A psicanálise tenta igualmente elucidar esse problema que ela suscitou: o objeto feminino não o seria completamente, pois é ornado de "qualidades viris". O masoquismo se ateria, pois, a um tipo de compromisso pelo qual ele dissiparia uma escolha homossexual muito manifesta. Ver Freud, "Un enfant est battu", *Revue Française de Psychanalyse* [t. VI, nº 3-4, pp. 274-297, 1933: retomado em *Névrose, psychose et perversion*. Paris: PUF, 1973]: Nacht, *Le Masochisme*. Paris: Payot [(1938), reedição 2008], p. 186. A dificuldade toda vem do fato de que a psicanálise, contra toda verossimilhança, postulou inicialmente que a Mãe devoradora, a pele, o chicote etc., eram imagens de pai. Reik [em *Le Masochisme*. Paris: Payot, 1953]: "A cada vez que tivemos a possibilidade de estudar um caso particular, encontramos o pai ou seu representante oculto sob a imagem da mãe que inflige o castigo" (p. 27). Todavia, no mesmo livro, Reik sente dúvidas em várias retomadas, notadamente nas pp. 187-189. Mas ele não extrai consequência alguma disso. [N.A.]

entre si conexões de oposições, de compensações e de reorganização: esse princípio, caro a Jung, não foi reconhecido por Freud, porque este reduzia o inconsciente ao simples fato de desejar. Acontece que assistimos a alianças da consciência com as camadas superficiais do inconsciente, e isso para pôr em cheque o inconsciente mais profundo que nos cerca por um liame de sangue. [175] Também no inconsciente há coisas que são tão somente aparências. Freud, todavia, o pressentiu quando descobriu, para além do inconsciente propriamente objetal, a existência de um inconsciente de identificação. Ora, tal imagem, que domina no inconsciente, do ponto de vista de relações objetais, pode perder todo valor ou significar outra coisa nas regiões mais profundas. Muitas neuroses parecem fixadas no pai, mas são trabalhadas e esmagadas por uma imagem de mãe tanto mais potente quanto menos ela está investida no inconsciente superficial. Em regra geral, os personagens dominantes mudam conforme o nível de análise ao qual se chega: desconfiemos daqueles em que a análise revela, numa primeira aproximação, uma imagem de mãe inativa, apagada ou mesmo depreciada. No masoquismo, é provável que a figura do pai seja invasiva só aparentemente, simples meio para um fim mais profundo, simples etapa numa regressão mais longínqua, na qual se pode ver todas as determinações paternas passarem a ser em benefício da Mãe.

Perguntávamos: por que o masoquismo projeta o *contrato* em sua relação com uma mulher dominadora? É que, mais profundamente, a aplicação da lei paterna é assim recolocada entre as mãos da Mulher ou da Mãe. Dessa transferência o masoquismo espera o seguinte: *que a lei lhe dê, precisamente, o prazer que ela deveria proibir.* Pois esse prazer que a lei paterna proíbe, ele o gozará pela lei, assim que a lei, em todo seu rigor, lhe seja aplicada pela mulher. Por trás das primeiras aparências, descobre-se um caráter real do masoquista: de fato, sua extrema submissão significa que ele ridiculariza o pai e a lei paterna. Reik escreveu um dos melhores livros sobre o masoquismo; é que, para determinar-lhe a essência, ele partia de características formais. Ele distinguia quatro delas: a importância primordial da fantasia como preliminar indispensável ao exercício masoquista; o fator suspensivo pelo qual o prazer final é repelido ao máximo, substituído por uma espera que controla e dissolve a ansiedade; o traço demonstrativo, exibição revertida propriamente masoquista; o fator de provocação pelo qual o masoquista "força uma outra pessoa a forçá-lo". É estranho que Reik não tenha levado em conta o contrato. Mas o estudo dos fatores precedentes já o levava a concluir que o masoquista não tinha, de modo algum, uma personalidade frágil e submissa, sonhando com o aniquilamento de si mesmo: o desafio, a vingança, o sarcasmo, a sabotagem e a derrisão pareciam-lhe outros tantos traços constitucionais do masoquismo.[12] [176] O masoquista se serve da lei do pai para obter precisamente o prazer que esta proíbe. Temos numerosos exemplos de desvio da lei por submissão fingida ou mesmo exagerada. Por exemplo, a lei que proíbe a criança de fumar pode ser desobedecida em lugares ocultos ou malditos, nos quais ela dificilmente se aplica; mas a criança pode agir como se a própria lei se aplicasse, *ordenando-lhe* de fumar nesses lugares e em nenhum outro. Mais geralmente, há duas maneiras de interpretar a operação pela qual a lei nos separa de um prazer: ou pensamos que ela o repele e o afasta uniformemente, de modo que só obteremos o prazer por uma destruição da lei (sadismo); ou pensamos que a lei tomou para si o prazer, guardou-o para si, de modo que, esposando a lei, submetendo-nos escrupulosamente à lei e às suas consequências, é que experimentaremos o prazer que ela nos interdita. O masoquista vai ainda mais longe: é a execução da punição que se torna primeira e nos introduz ao prazer proibido. "A inversão no tempo indica uma inversão do conteúdo... O Você não deve fazer isto... Uma demonstração do absurdo da punição é obtida mostrando que essa punição para um prazer proibido produz precisamente esse mesmo prazer".[13] *A mesma lei que me interdita realizar um desejo, sob pena de uma punição consequente, é agora uma lei que coloca a punição primeiramente e me ordena, em consequência, satisfazer o desejo*: há aí uma forma de humor propriamente masoquista.

A tese de Reik tem a vantagem de renunciar a explicar o masoquismo pelo desejo de ser punido. É certo que o desejo de ser punido intervém; mas é impossível confundir a satisfação desse desejo com o prazer sexual experimentado pelo masoquista. O masoquista, segundo

---

12. Reik, op. cit., pp. 132-152. [N.A.]

13. Reik, op. cit., p. 137. "Ele exibe o castigo e sua falência" (p. 134). [N.A.]

Reik, é aquele que só pode sentir prazer *após* a punição: isso não quer dizer que ele encontra seu prazer (a não ser um prazer secundário) *na* própria punição. Isso quer dizer somente que a punição serve de condição indispensável ao prazer sexual primário. Longe de explicar o masoquismo, o desejo de ser punido o supõe, e ele próprio remete tão somente a um benefício derivado.[14] [177] Todavia, Reik é menos convincente quando tenta explicar porque e como a punição veio a servir assim de condição. Ele pensa que ela tem como papel dinâmico resolver ou dominar a angústia.[15] Essa referência indireta ao sentimento de culpabilidade não nos faz avançar: seja qual for a diferença real com a teoria do desejo de ser punido, essa concepção nos propõe uma explicação funcional que não leva em conta as características "tópicas" do masoquismo. A pergunta permanece: como (em que circunstâncias tópicas) a punição preenche essa função de resolver a angústia?

Se a punição masoquista se torna uma condição do prazer sexual, não é porque ela resolve a angústia, mas porque ela transfere para a mãe o cuidado de "castigar" uma falta cometida em relação ao pai. Ou então, se preferirmos, é por esse *deslocamento* que a punição resolve efetivamente a angústia. O engano de Reik parece-nos ser ainda o de se ater à imagem aparente do pai, e de não avaliar a importância da projeção sobre a mulher ou da regressão à mãe. Com isso, ele desconhece a verdadeira natureza da derrisão masoquista. Se o pai é ridicularizado, se a própria lei paterna é distorcida, é graças à projeção do contrato, na medida em que se faz uma regressão à mãe e onde a aplicação da lei paterna aparece simbolicamente colocada entre as mãos da mulher. Todavia, à primeira vista, não se vê o alívio provocado por tal deslocamento: não há razão alguma para contar, em geral, com uma maior indulgência da Mãe devoradora. Mas devemos considerar que a lei paterna enquanto tal interdita o incesto com a mãe. Como mostrou Jung, o incesto significa o segundo nascimento, quer dizer um nascimento heroico, uma partenogênese (entrar uma

14. Reik: "a punição ou a humilhação precedem a satisfação... Porque o prazer, para o masoquista, sucede o sofrimento, achava-se evidente que o sofrimento fosse a causa do prazer" (pp. 238-242); "O masoquista tira seu prazer das mesmas coisas que nós todos, mas não pode adquiri-lo antes de ter sofrido". [N.A.]

15. Reik, pp. 122-123. Sobre o papel da angústia no masoquismo, ver também Nacht, *Le Masochisme*. [N.A.]

segunda vez no seio materno para nascer de novo ou se recriar).[16] Se o pai interdita o incesto, não é porque uma mulher lhe seria arrebatada, mas porque o segundo nascimento se faz sem ele. [178] Ora, é claro que a Mãe não tem as mesmas razões para interditar o incesto ou castigar o desejo dele: a lei materna exige que o filho abandone todos os atributos do pai, mas ela o exige como condição do incesto e do seu sucesso. Por isso, a Mãe não é só devoradora porque sua imagem é recalcada, mas nela mesma e por ela mesma. Ela impõe ao filho terríveis provas a fim de que ele renasça homem só através dela: a castração de Átis e de Osíris, a deglutição por um dragão-baleia ou um peixe glutão, a mordida por uma serpente, a suspensão na árvore materna, todos esses símbolos de retorno à Mãe significam a necessidade de sacrificar a sexualidade genital herdada do pai para obter o renascimento que nos dotará de uma virilidade nova e independente. Assim, Hércules é efeminado por Ônfale. Osíris copula com Isis, mas como uma sombra: o incesto é sempre concebido como um retorno à sexualidade pré-genital. Vemos que num ponto (a castração), a lei materna e a lei paterna apresentam uma estranha coincidência. Porém, *aquilo que, do ponto de vista do pai, é uma ameaça impedindo o incesto, ou uma punição sancionando-o, é, pelo contrário, do ponto de vista da mãe, uma condição que o torna possível e lhe assegura o sucesso.*[17] Portanto, é a regressão à Mãe que explica como a lei paterna é invertida tanto no tempo como no conteúdo.

Quando o masoquista, em virtude dessa coincidência, projeta sobre a imagem da Mãe a aplicação da lei paterna e a execução da

---

16. Carl Jung, *Métamorphoses de l'âme et ses symboles*, II, cap. 4 e 5 [Genève: Librairie de l'Université, 1953]. [N.A.]

17. De fato, a garantia de sucesso não é tão grande quanto dizemos. Frequentemente o herói não se reconstitui completamente, ou permanecerá até mesmo devorado pela mãe: a Mãe terrível prevalece então sobre a Mãe de vida. Devemos ver aí um estágio de degradação do mito? O que parece é que o mito, e também a neurose, como veremos, apresentam dois aspectos conforme se acentua a regressão perigosa ou a progressão que pode sair disso. O *terceiro*, na experiência do contrato masoquista, parece ser uma projeção da saída feliz ou do sucesso final, isto é, do novo homem que sai dos sofrimentos e das mutilações. Mas, justamente, na medida em que essa saída não é garantida, e onde se acentua a regressão, o terceiro deforma a meta final: ele representa, então, uma vingança do pai ridicularizado, uma reaparição do pai sob forma sádica, que reage tanto contra a mãe quanto contra o filho. [N.A.]

punição, duas consequências se seguem: a lei materna é reforçada e como que avivada, porque ela reverte em seu benefício todas as armas do pai; a lei paterna é ridicularizada porque ela acaba precisamente por nos dar o prazer que ela supostamente nos interditava. [179] Freud distinguia três tipos de masoquismos, cada vez mais profundos:[18] o masoquismo moral, correspondente ao desejo de ser punido; o masoquismo feminino, correspondente à atitude passiva e até mesmo às satisfações pré-genitais; o masoquismo erógeno, correspondente à associação de sofrimento e de prazer sexual. Mas o desejo de ser punido, no masoquismo, não é separável de uma tentativa de sequestrar a autoridade paterna; essa tentativa, é inseparável da transferência à mãe que nos dá um prazer incestuoso pré-genital; esse próprio prazer é inseparável de uma prova ou de um sacrifício doloroso como condição do sucesso do incesto, isto é, do renascimento. A fantasia masoquista remonta da imagem do pai à da mãe, e desta ao "homem da comuna"; ela comporta também o tema das duas Mães, que simboliza o duplo nascimento.[19] É a imagem de Mãe, é a regressão a essa imagem que é constitutiva do masoquismo e forma sua unidade. Com a condição de interpretar essa imagem original à maneira de Jung, como um arquétipo de camadas profundas do inconsciente. O problema do masoquismo foi singularmente complicado porque se começou por retirar da mulher certas características que pertenciam à imagem materna, para melhor se admirar que ela as tenha recebido de fora: aí como em outros casos, fazendo da imagem alguma coisa de compósito, suprimia-se dela o poder diretor e compreensivo.

Quando Freud descobriu um masoquista primário, ele propiciou à análise um grande progresso, pois deixou de derivar o masoquismo do sadismo. É verdade que a derivação inversa não é mais convincente: o masoquista e o sádico não têm mais oportunidades de se reunir

---

18. Sigmund Freud, "Le Problème économique du masochisme" in *Revue française de Psychanalyse*, II, 2, 1928 [retomado em *Névrose, psychose et perversion*. Paris: PUF, 1973]. [N.A.]

19. Frequentemente a segunda mãe é uma fera, um animal com pele. No caso do próprio Masoch, é uma de suas tias que desempenha o papel de segunda mãe: Masoch criança se esconde, para espiá-la, num armário de peles ("Choses vécues". *Rleviue Bleue*, 1888). O episódio é transposto para *A Vênus*. Do mesmo modo, os ritos de *suspensão* desempenham um grande papel em Masoch e no masoquismo, papel análogo ao que eles têm nos mitos incestuosos do segundo nascimento. Ver o que Reik denomina "fator suspensivo". [N.A.]

no mesmo indivíduo do que teriam de se encontrar exteriormente um ao outro, contrariamente ao que uma história engraçada quereria fazer acreditar. De outra parte, a explicação que Freud dava do masoquismo primário, a partir do instinto de morte, mostrava ainda que ele não acreditava nos símbolos ou nas Imagens enquanto tais. [180] É uma tendência geral do freudismo dissolver as Imagens, fazer delas alguma coisa de compósito que remete, de um lado, a acontecimentos reais, de outro lado a desejos ou instintos irredutíveis que nunca são "simbolizadores" por conta própria. Assim, segundo Freud, "o sexual nunca é símbolo"; e no instinto de morte trata-se de uma morte real e de um instinto irredutível, que é retorno à matéria. Todavia, Freud reconhecia que a única natureza do instinto consiste na regressão, e a única diferença entre os instintos (por exemplo, de vida e de morte) está no término da regressão.[20] Faltou-lhe apreender o papel das imagens originais: elas não se explicam por outra coisa a não ser por elas mesmas; pelo contrário, elas são ao mesmo tempo o término das regressões, o princípio de interpretação dos próprios acontecimentos. Os símbolos não se deixam reduzir nem compor; pelo contrário, eles são a derradeira regra para a composição dos desejos e de seu objeto, eles formam os únicos dados irredutíveis do inconsciente. O dado irredutível do inconsciente é o próprio símbolo, e não um derradeiro simbolizado. Na verdade, *tudo é símbolo no inconsciente*: a sexualidade, a morte, não menos que o resto. A morte deve ser compreendida como uma morte simbólica, e o retorno à matéria como um retorno à morte simbólica. Os instintos são somente as percepções internas das Imagens originais, apreendidas ali onde elas estão, nas diversas espessuras do inconsciente. O masoquismo é percepção da imagem materna ou da mãe devoradora; ele faz os desvios e o caminho necessários para perceber onde ela está. É importante que esse caminho não seja perdido. Existe sempre uma *verdade* das neuroses ou das perturbações enquanto tais. O problema do tratamento não é dissolver os símbolos para substituí-los por uma justa apreciação do real, mas, pelo contrário, aproveitar o que há de surreal neles para dar aos elementos negligenciados de nossa personalidade o desenvolvimento que eles reclamam. Toda neurose tem duas faces. No masoquismo

20. Ver Freud, *Au-délà du principe de plaisir*. [N.A.]

a *regressão* à Mãe é como o protesto patológico de uma parte de nós mesmos esmagada pela lei; mas também as possibilidades de uma *progressão* compensadora ou normativa dessa mesma parte, como se adivinha na fantasia masoquista do renascimento. [181] Cabe ao tratamento, assim como em outros casos, "dar razão ao paciente", conforme a verdade da sua perturbação, isto é, atualizar as possibilidades da neurose, reintegrando-as no conjunto da personalidade.[21]

---

21. *Sobre Freud e Jung.* Todos esses pontos remetem em geral às diferenças entre Freud e Jung. Para bem compreender essas diferenças essenciais, seria preciso considerar que os dois autores não retiveram o mesmo material clínico. Os primeiros conceitos freudianos (por exemplo, o recalcamento) são marcados a propósito da histeria. Eles o serão sempre, embora Freud, com gênio, sinta a necessidade de remanejá-los em função de outros casos que ele aprofunda cada vez mais (obsessão, angústia etc.). Resta o fato de que os métodos freudianos são sobretudo adequados aos neuróticos jovens cujas perturbações se reportam a reminiscências pessoais e cujo problema, seja qual for o papel dos conflitos interiores, é o de se reconciliar com o *real* (amar, ser amado, adaptar-se etc.). Mas há neuroses de um tipo totalmente distinto, próximas da psicose. Neuróticos adultos, estraçalhados por "Imagens" *que ultrapassam toda experiência*; seu problema é reconciliar-se consigo, isto é, reintegrar em sua personalidade as partes deles mesmos cujo desenvolvimento eles negligenciaram, que estão como que alienados nas Imagens em que elas sugam uma vida perigosa autônoma. Relativamente a essas Imagens primordiais, o método analítico de Freud não convém mais. Irredutíveis, elas são próprias a um método sintético que busca para além da experiência do sujeito a verdade da neurose e, nessa verdade, as possibilidades de uma assimilação pessoal do seu conteúdo pelo próprio sujeito. Jung, portanto, pode criticar Freud por não ter descoberto nem os verdadeiros perigos que havia numa neurose, nem os tesouros que ela continha. Freud, diz ele, tem sobre as neuroses um ponto de vista *depreciativo*: isso não é senão... Segundo Jung, pelo contrário, "na neurose reside nosso inimigo mais encarniçado *ou nosso melhor amigo*" (ver correspondência com Loy, 1913, em *La Guérison psychologique* [Genève: Librairie de l'Université, 1953]). Não está excluído que uma neurose seja até certo ponto apropriada a uma interpretação freudiana, interpretação que perde seus direitos à medida que se penetra nas camadas profundas do inconsciente, ou mesmo à medida que ela se desenvolve, se transforma ou se reanima com a idade. [N.A.]

ROBERT GÉRARD, *GRAVITATION ET LIBERTÉ* [182]

Texto publicado em *Les Études philosophiques*, nº 3, julho-setembro de 1963, pp. 357-358 como resenha da obra de Robert Gérard, *Gravitation et liberté. Essai d'extension de la représentation physique*. Paris: PUF, 1962.

O interesse desse livro é duplo, científico e filosófico. Participando da renovação da cosmologia, R. Gérard já tinha apresentado, em 1944, uma hipótese importante (*Les Chemins divers de la connaissance*).[1] Ele a torna mais precisa nesta nova obra e desenvolve suas consequências. A hipótese tem duas características: 1) a ideia de uma expansão generalizada e acelerada, aplicável tanto ao átomo quanto aos mundos astronômicos, contrariamente ao princípio de uma expansão uniforme e somente intergaláctica. R. Gérard mostra que uma expansão generalizada seria perfeitamente revelável desde o momento em que ela não fosse uniforme. 2) A ideia de uma trajetória espiralada como expressão do princípio de inércia, contrariamente ao modelo do movimento retilíneo ou mesmo do movimento circular uniforme. A ligação da segunda ideia com a primeira aparece nitidamente: todo corpo, tendo uma velocidade inicial relativamente a um sistema de referência, descreverá uma trajetória em espiral logarítmica, "cada espira sendo percorrida por cada corpo no mesmo tempo de revolução próprio à espira, isto é, no tempo crescendo logaritmicamente com o desenvolvimento".

R. Gérard aplica sua hipótese aos problemas das marés, do peso, do magnetismo, dos raios cósmicos, da luz e das galáxias. Toda uma cosmologia pluralista se desenha, fundada em duas noções: a de *tendência* e a de *repetição*. A tendência aparece como uma verdadeira razão espiralada, representada num arco qualquer, temporária e limitada, de curva torcida e aberta. Os filósofos não se espantarão diante dessa definição da tendência, que acentua a variação contínua, com o risco de dar a esta última noção uma nova fórmula. [183] Melhor ainda: o título de R. Gérard poderia levar a temer considerações sobre a liberdade no mundo atômico. Nada disso: a palavra "liberdade" é

1. Robert Gérard, *Les chemins divers de la connaissance*. Paris: PUF, 1945.

tomada num sentido físico rigoroso, aplicando-se ao corpo que não seja uma reta absoluta nem uma trajetória curva fechada, mas uma curva-trajetória aberta e torcida.

O princípio de repetição, ou melhor, de quase-repetição, é como o corolário do de tendência. Todo elemento material tem um desenvolvimento homotético: o próprio movimento compreende espiras, isto é, um tipo de retorno ou de repetição, "que engendra outras por passagem no mesmo meridiano, dando periodicamente os mesmos números. Nesse sentido, salientam-se as páginas em que R. Gérard se esforça para construir repetições temporárias e aproximadas a partir do "caos" (é verdade que o caos de R. Gérard implica, de fato, um conjunto qualquer de formas espiraladas). Mas, sobretudo, veremos, no decorrer do livro, elaborar-se uma profunda teoria do objeto. O autor insiste sobre o *caráter dissimétrico do objeto* — a espiral sendo causa positiva de dissimetria, e as partículas em movimento tendo uma direita e uma esquerda segundo as quais elas agem diferentemente; sobre o *caráter compósito do objeto* — cada parte tendo uma "contraparte", como o signo ou o testemunho da divisão inicial; sobre o *caráter transitório do objeto* — mesmo sendo transitórias as semelhanças que o objeto apresenta ou as repetições que ele opera, e só aparecendo no estágio intermediário, entre a formação e a destruição do objeto.

Essas são as implicações filosóficas do livro de R. Gérard. Mais precisamente, a esse respeito, encontramo-nos diante de duas vias diversas. De toda maneira, R. Gérard se ergue com força contra as pretensões excessivas da matematização, tal como ela aparece ainda em Einstein e também na física quântica (a física quântica, diz ele, soube pensar o problema do movimento do corpúsculo, mas não o de sua formação e de seu esvaecimento). Mas, ora R. Gérard adota um ponto de vista *nominalista*: notadamente em seu capítulo extremamente rico sobre o tempo, no qual o tempo aparece singularmente como uma convenção gramatical, variável segundo o gênio das línguas. Quanto à hipótese cosmológica, o autor a apresenta de bom grado como uma hipótese "qualquer". [184] E mais, ocorre-lhe defender a geometria euclidiana, em virtude das comodidades nominais da reta. Ora, pelo contrário, R. Gérard parece inclinar-se para um certo *naturalismo*: o limite das matemáticas, então, é menos encontrado em seu caráter intrinsecamente convencional do que no caráter qualitativo e positivo da natureza em si mesma. Assim, a dissimetria do objeto, o caráter torcido e aberto da espiral, a tendência e a liberdade, a quase-repetição aparecem como noções carregadas de um conteúdo qualitativo, excluindo talvez a finalidade, mas não deixando de implicar uma filosofia da Natureza.

Ainda aí, é possível que R. Gérard seja precursor; a questão "nominalismo ou naturalismo?" não está regularizada na física moderna: cabe à cosmologia colocá-la e aprofundá-la a partir de novos princípios. Tais princípios são preparados e elaborados por R. Gérard. É desejável que um próximo livro do autor prossiga nessa tarefa original e dê acabamento a uma teoria tão promissora do objeto.

CURSO DE AGREGAÇÃO: OS *DIÁLOGOS SOBRE A RELIGIÃO NATURAL* DE HUME [185]

Texto datilografado enviado ao Centre National de Télé-enseignment destinado à preparação da agregação, no final do ano de 1960.

Bibliografia

Dialogues sur la religion naturelle. Paris: Jean-Jacques Pauvert, 1964 (com dois outros ensaios tirados da *Investigação sobre o entendimento humano:* "Dos milagres" e "De uma Providência Particular e de um Estado Futuro").

— a excelente introdução de Clément Rosset na edição Pauvert (notadamente para a distribuição dos três personagens do *Diálogos*).

— o livro de André Leroy, *La Critique et la religion chez David Hume* (Alcan — notadamente sobre o estado dos problemas religiosos, na época de Hume.

O centro dos *Diálogos* é a crítica da ideia de *ordem e de desígnio*, logo o argumento dito físico-teleológico. O que está em questão é o próprio princípio de uma "religião natural". Originalidade de uma tal crítica no século XVIII.

Os três personagens: Demea representa a ortodoxia rígida, a religião revelada; ele afirma, ao mesmo tempo, que a *natureza* de Deus é incompreensível e que sua *existência* é necessariamente colocada pelas provas *a priori*. Cleantes é o homem moderno, o da religião natural, do argumento teleológico e da razão experimental. Filo é o porta-voz de Hume, mas de uma maneira muito complexa. Pois os *Diálogos* são talvez, em filosofia, o único exemplo de verdadeiros "diálogos". Neles se vê os parceiros contraírem alianças provisórias (Demea e Filo, tanto a propósito da ordem quanto do mal, em todo caso contra a religião natural); vê-se que eles rompem essas alianças (cóleras de Demea, impressão de que "zombam" dele, sorrisos disfarçados de Filo); vê-se que se reconciliam ao final, numa estranha reversão (Filo e Cleantes, quando Demea se afasta). [186]

Donde uma interpretação frequente segundo a qual Hume teria posto um pouco do seu pensamento em cada um desses personagens:

interpretação insustentável porque negligencia, ao mesmo tempo, a originalidade e o essencial dos *Diálogos*, a saber, que eles se aplicam inteiramente contra a ideia de religião natural — considerando-se a questão da religião revelada como já regrada pela crítica do século XVIII (donde, precisamente, o prazer que sente Filo em suas alianças com Demea). Fala de Cleantes a Demea no final do 9º diálogo: "E você demorou tanto para perceber isso? Creia-me, Demea, seu amigo Filo está desde o início divertindo-se às nossas custas".[1]

Beleza do estilo e do movimento dos *Diálogos*.

***

I. *Importância do problema da religião na filosofia de Hume*: é que em toda sua teoria do conhecimento, Hume descobre a *crença* como fundamento do conhecer. Na base do conhecimento há a crença: conhecer é crer, quer dizer, é inferir a partir do que é dado alguma coisa que não é dada ("o sol se levantará amanhã": ver toda a teoria da causalidade).

O problema da crença religiosa ganha, então, maior urgência, porque não se pode mais invocar a heterogeneidade de dois domínios, conhecimento e fé. Como a noção de crença é universalizada, laicizada, a crença religiosa corre o risco de ser submetida a uma crítica radical. Já que tudo é crença, trata-se, com efeito, de saber em quais condições uma crença é legítima e forma um verdadeiro conhecimento.

O ceticismo: é esse o sentido do ceticismo moderno segundo Hume. Não uma simples desconfiança com respeito às nossas faculdades, mas um exame crítico da crença como fundamento de todos os nossos conhecimentos. É isso que permite a Hume duas atitudes. Uma, irônica, segundo a qual o ceticismo não é perigoso, não muda praticamente nada e difere apenas em grau do dogmatismo: o dogmatismo, cuja pretensão é conhecer, apenas crê; o cético, cuja pretensão é duvidar, não deixa de crer; tudo entre ambos é caso de graus de crença; e a própria *vida* (a Natureza) força o cético a crer. [187] Mas a atitude mais profunda de Hume sublinha a originalidade do ceticismo: ele é um estilo de vida, porque é ele que descobre a crença na base de todos

---

1. O diálogo que contém essa frase de Cleantes não é o 9º, mas o 11º. [N.T.]

os nossos procedimentos e sabe mostrar *quais* são aqueles que são legítimos, isto é, que estão de acordo com a vida, são necessários à vida.

II. *Primeira figura do argumento teleológico* (*a posteriori*): analogia mundo-máquina, de onde se conclui pela analogia Deus-autor inteligente. Este argumento está na base da religião natural.

Mas, primeiramente, em que condições uma crença é legítima?

O *Tratado da Natureza humana* determinou quatro condições ligadas ao bom uso da *causalidade*:

1) Necessidade de uma pluralidade de casos semelhantes observados (exclusão do caso único);

2) Necessidade de uma semelhança muito estrita entre esses casos (exclusão das vagas metáforas);

3) Exigência de uma certa continuidade (exclusão das vagas metonímias e das inferências do próximo ao longínquo, ou da parte ao todo);

4) Exigência de uma proporção entre o que se observa e o que se infere (exclusão da eminência ou interdição de atribuir à causa *mais* do que se pode inferir dela a partir do efeito).

Ora, o argumento teleológico contradiz, primeiramente, 2; pois a similitude mundo-máquina, universo-casa, é muito vaga. Em seguida, contradiz 3; pois ele invoca a existência natural de um princípio de ordem no espírito, mas um tal princípio de organização espiritual só vale para uma região do universo, o qual nos dá igualmente o exemplo de princípios muito diferentes em outras regiões (organização vegetal, animal...). E ele contradiz 1; pois o universo é, por definição, único em seu gênero, único de sua espécie, contrariamente aos mundos ou aos planetas estudados pelo físico (argumento igualmente desenvolvido em *Investigação sobre o entendimento humano*, XI, "sobre a providência particular") — Resta o 4: que será considerado ulteriormente.

III-VIII. *Segunda figura do argumento teleológico*: para transpor essas dificuldades, Cleantes faz uma outra exposição do argumento: não mais fundada sobre a relação causa-efeito, mas sobre a relação signo-sentido (analogia do mundo ou dos seres com livros, linguagens: tema que percorre toda a Idade Média e a Renascença). Cleantes parece pensar que os signos são por eles mesmos fiadores de uma similitude que faltava à formulação precedente. [188]

Então, a crítica vai se organizar segundo duas dimensões:

1) *crítica do sentido suposto*

a) Demea já afirmava imprudentemente contra Cleantes a incompreensibilidade do sentido (iii); mas Filo acrescenta que a ideia de um sentido ou de uma ordem espirituais não é nem mais clara para a razão nem melhor fundada na experiência que aquela de um sentido ou de uma ordem propriamente materiais: pois tanto um quanto o outro exigem uma causa, o outro se encontra na experiência tanto quanto o um (ver as organizações materiais da geração, da vegetação). "Um sistema ideal organizado por si mesmo não é em nada mais explicável do que um sistema material que chega, da mesma maneira, à ordem na qual se encontra" (iv).

b) *Redução do sentido a simples condições de existência*: exemplo físico das formas, exemplo matemático dos números (viii e ix). O que significa que o sentido é finalmente composto de elementos que não o têm. Ver tradição epicurista e de Lucrécio. A exposição de Hume em viii faz parte de suas mais belas páginas: crítica fundamental da *finalidade*.

2) *crítica dos signos observados*

a) A noção de signo não nos faz de modo algum sair das dificuldades denunciadas em ii. E mais, ela dá um peso ainda maior à quarta dificuldade, que tínhamos deixado provisoriamente de lado. É que se invoca no mundo os signos da perfeição de um Deus. Mas *do ponto de vista de um raciocínio a posteriori*, como o é o argumento teleológico, só se pode conceder a Deus tanta perfeição quanto aquela que corresponde efetivamente aos signos. Esta é, como vimos, a quarta regra de causalidade. Ela é desenvolvida em detalhe em "Da providência": "ninguém, pela simples visão de um dos quadros de Zeuxis poderia saber que ele era igualmente estatuário ou arquiteto...", "não nos é permitido atribuir à causa mais qualidades do que as exatamente necessárias para produzir o efeito..." (se Deus fosse conhecido e provado *a priori*, estaríamos no direito de deduzi-lo dos efeitos desconhecidos, mas na medida em que se pretende conhecê-lo *a posteriori*, ou acreditar nisso a partir de signos, não se tem o direito nem de magnificar esses signos para chegar à conclusão de um Deus ainda mais perfeito, e nem de colocar um Deus perfeito para, em seguida, concluir disso signos em efeitos invisíveis). [189] Todo esse tema está resumido em v.

b) Então, qual é o estado real dos signos ou dos efeitos? Estado de multiplicidade, de variedade. Há *signos de juventude*, que remetem a um deus inábil; há *signos de velhice*, que remetem a uma divindade caduca e "sob o peso dos anos". Há signos masculinos e femininos: tudo isso estaria sobretudo a favor do politeísmo (v). E mais: há quatro espécies de signos, ou quatro tipos de ordens: da razão ou do desígnio, do instinto, da geração animal, da vegetação. Por que privilegiar os signos espirituais da razão mais do que os signos do animal ou do vegetal? Por que não o ventre de uma aranha? "Por que um sistema ordenado não pode ser tecido do ventre tanto quanto do cérebro?" Por que privilegiar os signos e a ordem da razão e ou o espírito, dado que estes só valem numa *região* restrita do mundo? Retomada de tema esboçado em II e IV. Observaremos o quanto Hume invoca temas vitalistas e naturalistas *para* limitar o mecanicismo e para romper sua aliança com o espiritualismo; é essa aliança que ele denuncia constantemente em sua crítica da *"religião natural"*. *Caráter imaginário de toda cosmologia*, pois, como vimos, a cosmologia implica vários usos ilegítimos do principio de causalidade; mas, precisamente, a cosmologia racional não é menos imaginária do que a cosmologia animal ou vegetal (VI e VII).

***

IX. *Impossibilidade da prova a priori*: este não é de modo algum o centro dos *Diálogos*, mas é sobretudo um momento de pausa entre as duas grandes partes do livro, a primeira concernente à finalidade especulativa, a segunda à finalidade prática. Hume considera que a prova *a priori* perdeu toda eficácia, supondo-se que ela a tenha tido, um dia. Demea é quem sustenta a prova *a priori*: modo de dizer que o mesmo é partidário da possibilidade de de conhecer *a priori a existência* de Deus e da impossibilidade de conhecer sua *natureza*. [190] A prova *a priori* é, na ordem da especulação, o correlato da religião revelada. (O verdadeiro problema dos *Diálogos* não está aí, mas, sim, na crítica da religião natural e do seu correlato, o argumento teleológico).

O que Demea apresenta como prova *a priori* é de fato *o conjunto formado pelo argumento cosmológico e o argumento ontológico*. Esse conjunto tinha encontrado sua formulação em *Da origem radical das coisas* de Leibniz; Kant mostrará como o argumento cosmológico tem, precisamente, necessidade do argumento ontológico. A crítica de Hume é dupla, incidindo uma parte dela, principalmente, sobre o aspecto ontológico e a outra sobre o aspecto cosmológico.

a) Aspecto ontológico: Hume coloca, como sem exceção, a regra segundo a qual "aquilo que concebemos como existente podemos também conceber como não existente". No *Tratado da natureza humana* ("conhecimento e probabilidade") Hume é mais explícito. De dois pontos de vista sua crítica é profundamente original:

1) Dissociação das duas noções de "começo de existência" e de "causa": donde falsidade da alternativa "tudo aquilo que existe deve ter sua causa fora de si ou em si", pois se prejulga a ligação causa-existência;

2) a distinção real-possível, existência-ideia, é reportada à organização de nossas faculdades subjetivas. Ter uma ideia é conceber. Afirmar a realidade ou colocar a existência é *crer*. Ora, crer é sempre ter uma *impressão*, a crença se confunde com a vivacidade da impressão. Talvez eu possa crer numa *ideia* como tal: é que essa ideia, então, está em relação com uma *outra* impressão que lhe comunica sua vivacidade (assim, vendo a fumaça, creio na existência de um fogo que, todavia, não vejo...). O problema se torna: "em quais condições é legítimo crer na existência de alguma coisa da qual, todavia, não tenho a impressão"? É preciso que a ideia dessa coisa esteja numa certa relação determinada com outra coisa da qual *tenho* a impressão. Retornamos às condições enunciadas em II. De toda maneira, é a ideia de existência necessária, intrinsecamente fundada, que desmorona. Hume é o primeiro, antes de Kant, a reatar a distinção do possível e do real a uma diferença radical entre duas de nossas faculdades, conceber e crer.

b) Aspecto cosmológico: é ilegítimo transformar uma série indefinida em um agregado (atualmente) infinito. [191]

Em tudo isso: 1) até que ponto a crítica do argumento ontológico implica também a crítica do argumento cosmológico, como se se tratasse de dois aspectos de uma mesma ideia; e como essa dupla crítica retoma tão somente num novo plano aquela do argumento teleológico — 2) quanto Hume influenciou Kant a esse respeito.

***

x–xi. É a segunda parte dos Diálogos: examina-se ali a possibilidade de fundar a religião natural não mais sobre o conhecimento e o espetáculo da Natureza, mas sobre a ordem do coração e o sentimento da natureza humana. Portanto, não se trata mais de Deus como autor inteligente do mundo físico, mas de Deus como autor moral do mundo humano. As duas partes estão, portanto, separadas pela pausa representada pelo argumento cosmológico-ontológico e sua crítica. Se a segunda parte, pelo menos tão importante quanto a primeira, é, entretanto, mais curta, isso ocorre porque muitos argumentos da primeira poderão ser retomados: notadamente o problema do mal vai inserir-se na crítica dos signos e dar a ela uma nova profundidade.

Tudo começa por uma estranha aliança Demea-Filo, pois, no espírito de Demea, o pessimismo radical está a serviço da religião revelada, como se a miséria da condição humana fosse *signo* de um Deus transcendente, misterioso, que *oculta* seus bons efeitos ou reserva-os para uma outra vida. Desse modo, com a ajuda de Filo, forma-se um admirável quadro de todos os aspectos do mal, muito belo literariamente — e diretamente inspirado de Lucrécio. Ora, é claro que a intenção de Filo é totalmente distinta da de Demea; e Cleantes compreende-o bem e sinaliza à Demea o perigo de sua aliança. Cleantes, por sua vez, tem necessidade de um otimismo moderado como fundamento da religião *natural*; pois ele vê bem que não se pode atribuir ao "significado" (Deus) mais do que os signos o permitem efetivamente (é toda a crítica da eminência, tal como a vimos em iii-viii, que aqui se encontra retomada e detalhada). — Assim, Filo pode tirar a máscara: o pessimismo de Demea permite-lhe rejeitar a religião natural, tanto quanto a crítica da eminência, esboçada por Cleantes, permite-lhe rejeitar a religião *revelada*. [192] E Filo encerra com as quatro famosas hipóteses, das quais declara que a última é a mais altamente verossímil: ou *deuses* perfeitamente bons ou deuses perfeitamente maus, ou deuses bons *e* deuses maus, ou deuses *sem bondade nem malícia*...

Por que *deuses*? Há aí, enfim, uma alusão a um tema que Hume não desenvolve nos *Diálogos*, mas que havia desenvolvido num outro texto, *História natural da religião*. Esse tema é como o golpe de misericórdia dado na ideia de religião natural: 1) a primeira fonte da religião *não é* o espetáculo da Natureza, mas a diversidade das paixões e dos acontecimentos da vida humana; 2) a ordem do coração e a condição humana não fundam, portanto, a religião dita natural, e sim o politeísmo, com seus caprichos e sua crueldade; 3) O Deus único, mas oculto, da religião revelada (o Deus de Demea) participa ainda desse politeísmo; 4) o Deus da religião natural implica sociedades extensas e civilizadas, e uma verdadeira conversão do sentimento religioso, que se funda, então, na contemplação da Natureza e no exercício da virtude...

xii. *Conclusão*: Mas este último ponto não volta a dar todo seu sentido à ideia de religião natural? Como explicar a reviravolta final dos *Diálogos*? Assim que Demea se afasta, Filo e Cleantes se declaram de acordo e cantam a grandeza do teísmo e da religião natural? Tudo o que foi objeto dos *Diálogos* (a crítica do argumento teleológico) foi esquecido? Observemos que Hume é afeito a tais "reversões": ver *Ensaio sobre a imortalidade da alma*; e mesmo *Ensaio sobre os milagres*.

Ora, em seu "realinhamento" à religião natural, a argumentação de Filo é dupla:

1) *Tudo é questão de graus*. Tudo é questão de graus de crença, e de graus de probabilidade. De modo que, entre o teísta e o ateu, o dogmático e o cético, há tão somente uma diferença de grau. De fato, não se esquece nada da crítica do argumento teleológico. Mas a crença na religião natural é como o *grau* mais frouxo, o mais extensivo ou dilatado de crença, necessário para fazer um Mundo no qual se inscrevem nossas crenças mais precisas, mais contraídas. [193] É o horizonte mais geral da crença. A analogia, por mais frouxa que seja, exprime ainda um processo presente em toda crença. Os signos, por mais vagos que sejam, exprimem ainda uma convergência de probabilidades...

Mas não esqueceremos que essa ideia de uma diferença de grau é precisamente própria do ceticismo (ver i). Que haja tão somente uma diferença de grau entre Filo e Cleantes é a ideia de Filo. Ou, o que dá no mesmo, que tudo seja questão de *crença* é a descoberta do ceticismo moderno: o conceito de *crença* é a conquista filosófica do *ceticismo*, é seu humor próprio. E assim, parece que sob as diferenças de grau há diferenças de natureza, conflitos, contradições. É que os tipos de crença são muito diferentes. É preciso distinguir quatro tipos, pelos menos: a) as crenças legítimas, em função de um bom uso do princípio de causalidade (ver as regras desse bom uso em II); b) as crenças ilegítimas, que devem ser corrigidas, e que implicam um mau uso do princípio de causalidade (tudo o que o *Tratado da Natureza humana* chama "probabilidade não filosófica", e também todo o domínio da superstição, da religião revelada de Demea; c) as crenças que implicam um mau uso da causalidade, mas inevitáveis e incorrigíveis, porque estão fundadas em nossa natureza, e são indispensáveis à organização das próprias crenças legítimas (ver a crença na identidade e na continuidade de um mundo exterior, que, como mostra o *Tratado*, contradiz a crença legítima e, todavia, não pode separar-se dela); d) a crença-limite, horizonte de todas as crenças *vitais*, se bem que ela implique um uso infinitamente distendido do princípio de causalidade (é neste sentido que a religião natural é salva).

2) Portanto, o primeiro argumento consiste em salvar a religião natural, definida relativamente à contemplação da Natureza. Porém, desse ponto de vista, a crítica da religião natural, longe de ser esquecida, está inteiramente conservada, e a religião natural só encontra um sentido *no* âmbito do ceticismo, como expressão ao mesmo tempo inevitável e humorística do ceticismo. (O humor, virtude filosófica de Hume, no sentido em que se fala da ironia como virtude dialética de Sócrates). O segundo argumento salva ainda a religião natural definida relativamente à condição humana: se o politeísmo é o correlato natural da paixão, o teísmo é o correlato da cultura ou da moralidade (sendo o critério distintivo a constância do sentimento moral, por oposição ao capricho da paixão: sobre esta diferença moralidade-paixão, cultura-natureza, percorrer os capítulos II e III do meu livro *Empirismo e subjetividade*: notadamente a teoria do direito invocada em XII). [194] Em suma, a religião natural não funda nem a moral nem o direito, mas, pelo contrário, exprime de maneira mais geral a crença especulativa que corresponde às suas determinações práticas.

Coerência e originalidade do conjunto dos *Diálogos*.

ÍNDIOS NARRADOS COM AMOR [195]

Publicado em *Le Monde* em 24 de novembro de 1972, p. 17 por ocasião do aparecimento do livro de Pierre Castres, *Chronique des indiens Guayaki*. Paris: Plon, 1972. [Ed. bras.: *Crônicas dos índios Guayaki*, trad. de Tânia Stolze Lima e Janice Caiafa. São Paulo: Ed. 34, 2017]. Eliminamos os intertítulos da redação.

Raramente falou-se de Índios com tanta ternura e respeito. Pierre Clastres faz a crônica de certos grupos Guayaki, do Paraguai, com os quais ele viveu de 1963 a 1964. Crônica é ao mesmo tempo a história individual do Guayaki, do seu nascimento à sua morte, e a história coletiva de um povo agonizante que os paraguaios dizimaram (redução do seu território, assassinatos coletivos, roubos de crianças). As mulheres preferem fazer aborto do que ter crianças que serão mortas ou raptadas: não há mais Guayakis. Maravilhoso estilista, Clastres conta o que dizem e fazem seus últimos sobreviventes. E seu estilo atinge uma sobriedade cada vez mais intensa que multiplica seu efeito e, ao longo das páginas, faz desse livro uma obra prima. Donde vem a novidade tão profunda, tão secreta de tal livro?

Nele não há nenhum aparelho de ciência aparente. Todavia, como etnólogo, Clastres sabe fazer um diagrama de parentesco ou a análise de um mito. Mas tal como ele o apresenta, o etnólogo aparece sobretudo nas situações cômicas: por exemplo, na busca de seus informantes que dele fogem, cansados de antemão com as perguntas que ele vai lhes fazer (salvo uma velha que não corre muito depressa, ou então as crianças que querem balas). Clastres não se propõe determinar um conjunto funcional da sociedade guayaki, ainda menos destacar uma estrutura subjacente inteligível. A advertência de Alfred Métraux o persegue: "Para poder estudar uma sociedade primitiva, é preciso que ela já esteja um pouco apodrecida", que ela esteja se deteriorando ou já esteja deteriorada. Sem falar em nome de um saber que estaria sempre deslocado relativamente à realidade selvagem, Clastres nem mesmo fala em nome de uma experiência impossível. [196] Ele não se toma por um Guayaki. E seu livro também não é uma reportagem ou um relato de viagem. Na verdade, é uma nova etnografia, com um amor, um humor e procedimentos que se constituem no próprio local.

Tentemos dizer abstratamente como Clastres procede. Ele entra na sua tribo por uma ponta qualquer. E ali ele segue a primeira linha de conjunção que se apresenta a ele: que seres e que coisas os Guayakis colocam em conjunção? Ele segue tal linha até o ponto em que, precisamente, os seres ou as coisas divergem, sob o risco de formarem, em seguida, outras conjunções... etc. Exemplo: há uma primeira linha "homem-caçador-floresta-arco-animais mortos"; depois uma disjunção mulher-arco (a mulher não deve tocar no arco); de onde partirá uma nova conjunção "mulher-cesto-acampamento"...; uma outra disjunção "caçadores-produtos" (o caçador não deve consumir seus produtos, isto é, os animais que ele matou); donde uma outra conjunção (aliança dos caçadores-interdição alimentar, aliança matrimonial-interdição do incesto).

Ao descrever assim, abstratamente, não damos conta do caráter dinâmico e progressivo desse método de rede: por exemplo, no ponto de disjunção arco-mulher e homem-cesto, Clastres descobre um homossexual guayaki que não tem arco e carrega um cesto. E sobretudo a vida do grupo Guayaki não se exprime num simples alinhamento de conjunções e disjunções, mas na maneira pela qual umas implicam remanejamentos, compensações, novas criações nas outras. Outro exemplo: Clastres aprende tardiamente o que lhe queriam esconder, o canibalismo de um grupo Guayaki. Mas desde que ele soube da novidade, ela vem inscrever-se em linhas concretas: a conjunção de um corpo morto e de corpos vivos no canibalismo se faz para assegurar uma disjunção correlativa entre vivos e almas mortas, e conjurar o que há de perigoso na conjunção nefasta com os mortos. (Acessoriamente, Clastres mostra como o canibalismo fornece a esse grupo Guayaki o equivalente a um calendário). Assim, os mitos e os ritos desempenham o papel de paliativos ou de transformadores nas conexões da vida real.

Uma teoria local de um grupo, isto é, uma composição radiante, pedaço por pedaço, segmento por segmento, do espaço social de grupo: é este o objeto de Clastres. [197] Ele não prejulga nenhuma totalidade prévia ou não se permite corte hipotético algum. Realmente, ele segue o caminho dos nômades selvagens. Mais do que a uma estrutura ou a um discurso, ele está atento ao que os selvagens fazem. Os discursos, os ritos e os mitos não têm privilégio algum, chegam ao seu lugar nas conexões e disjunções que os entrelaçam com os trabalhos, os jogos, as ações e as paixões do grupo. No meio de um rito, uma menina, com um gesto rápido, põe um tição num recipiente: "Esse gesto que eu, distraído por um instante, poderia não ter visto…". Esse livro admirável é o começo de uma nova etnologia: sensível, ativa, política, relativamente à qual o termo "etnocídio" ganha todo seu sentido.

A propósito disso, é necessário lembrar que, de acordo com recentes testemunhos, os caçadores de Índios devastam sistematicamente a floresta a fim de capturar os últimos Guayakis "selvagens". Várias dezenas dentre eles morreram, nos últimos meses, de fome e de doença no campo em que estão assentados. Os assassinos encontram uma proteção segura junto a autoridades paraguaias. Trata-se de entregar aos homens de negócios e aos pecuaristas uma região "limpa". As autoridades estimam que no final de 1972 já não haverá problema guayaqui.

GILLES DELEUZE, FÉLIX GUATTARI: ENTREVISTA SOBRE *O ANTI-ÉDIPO* COM RAYMOND BELLOUR
[198]

Áudio da entrevista realizada durante a primavera de 1973, transcrita a partir de fitas magnéticas, entre Gilles Deleuze, Félix Guattari e Raymond Bellour por iniciativa deste último. Michel Foucault foi quem aconselhou Raymond Bellour a ler *O anti-Édipo* ("É um livro para você"). A entrevista, inicialmente destinada à revista *Les Temps Modernes*, devia ser revista pelos três participantes e, após acordo mútuo, comportar eventualmente reservas de Guattari quanto à publicação da entrevista nessa revista, cuja linha política ele desaprovava. O projeto de publicação, várias vezes adiado pelos autores, foi finalmente abandonado. O texto foi revisto pelo editor.

Primeiro encontro

RAYMOND BELLOUR *Quando se lê o dossiê de imprensa de* O anti-Édipo, *o impressionante é que, com exceção de artigos de psicanalistas ou de "filósofos" como Domenach, os artigos são extremamente favoráveis ao livro. Como funciona o livro no interior da sociedade na qual ele é escrito? Será que ele funciona como uma válvula de escape suplementar? Ou, para retomar termos de vocês, como um axioma a mais?*

GILLES DELEUZE Quem começa? Primeiramente, não estou muito de acordo com o caráter aprovador dos críticos, porque nessas críticas é preciso distinguir dois tipos de artigos: aqueles dos profissionais, os psiquiatras ou psicanalistas, e aqueles dos não profissionais, os jornalistas, os críticos. A acolhida dos profissionais não me parece de modo algum agressiva, mas também não me parece favorável. Por que não são agressivos? Não é, evidentemente, para nos agradar, nem por causa das qualidades do livro, mas por razões totalmente outras. É que, nas condições atuais, eles se sentem na defensiva e só podem reagir a esse gênero de livro em função dessa defensiva. Eles sentem que o que dizemos não está somente em nosso livro, é alguma coisa que era ora ressentida, ora pressentida, ora formulada por todo tipo de pessoas. [199] Há toda uma geração de gente jovem que está em análise, que são mais ou menos coagidos pela análise, que continuam fazendo análise, que tomam isso como uma droga, um hábito, um item da agenda e, ao mesmo tempo, eles têm o sentimento de que isso não deslancha, que há toda uma imundície psicanalítica. Eles têm suficiente resistência à psicanálise para pensar contra ela, mas, ao mesmo tempo, eles pensam contra ela em termos ainda psicanalíticos. Isso forma uma espécie de falatório prévio e totalmente independente do nosso livro. É como se nosso livro estivesse ligado a esse protesto contra a psicanálise e não o inverso. É isso que explica que os psicanalistas e os psiquiatras estejam numa posição defensiva.

FÉLIX GUATTARI Será que posso acrescentar alguma coisa? Tomando um certo recuo, a crise que agora se manifesta é uma crise diferida. Isso porque o lacanismo em particular, uma certa releitura de Freud, que se tornou estruturalista ao longo do seu percurso, já era uma maneira de colmatar, de mascarar uma certa falência da psicanálise.

[GD] Colmatar, quer dizer rearranjar as coisas, fornecer novos conceitos, trazidos por Lacan, para que a psicanálise consiga calar os protestos.

De acordo, mas o que me surpreende é que jornalistas não profissionais, sem conexão direta com a psicanálise, tenham podido se mostrar entusiastas e dizer: a gente esperava um livro como esse... A gente sabia que essa coisa não ia bem na sociedade etc.

[FG] Qual é tua explicação?

Minha explicação? Pergunto-me se, para uma certa camada da sociedade, esse livro não desempenha o papel de válvula de escape.

[FG] Por que não imaginar que os tipos de quem você fala não estão aguentando mais? Eles não podem tocar na caneta, coçar o nariz, colocar as mãos nos bolsos sem que logo o psicanalista interprete...

[GD] Um monte de gente exige o direito ao lapso, o direito ao ato falho...

[FG] O direito ao não sentido...

[GD] Tenho um exemplo muito bom disso. Seria preciso distinguir três coisas: os profissionais de que acabamos de falar — psiquiatras e psicanalistas —, os artigos dos jornalistas, que podem ser favoráveis ou hostis, e depois o que há de mais importante para Félix e para mim é o tipo de cartas que recebemos, isto é, as cartas de pessoas que penaram cinco ou dez anos junto a um psicanalista, que verdadeiramente não aguentam mais e que nos escrevem: o que vocês dizem não é suficiente, não é nem um quarto do que seria preciso dizer. [200] Tem um cara que me escreveu dando um exemplo típico do que Félix acaba de citar como interpretação psicanalítica. O cara disse à sua psicanalista que queria ir para a Índia com um grupo hippie, uma necessidade de cair fora, e a psicanalista lhe responde de imediato: "grupo hippie é "pipi" grande,[1] veja bem que é sempre seu tema da impotência". Há toda sorte de gente que, nessa hora, tem vontade de se levantar e bater a porta. Eles não o fazem porque estão encurralados, e o que Félix disse é muito importante. Eles já pensam contra a psicanálise, mas ainda conservam um carimbo psicanalítico. Exemplo: eles querem criticar a psicanálise no que se refere ao dinheiro, e isso é muito importante, mas ainda é insuficiente, porque a psicanálise está plenamente preparada para receber esse gênero de crítica. Ou então eles vão criticar a psicanálise em termos de direito às pulsões parciais, à perversidade, à regressão etc. Vocês me explicam que meu desejo de ser um travesti, um pederasta, é regressivo. Pois bem, eu exijo o direito à regressão.

[FG] O que eles não discutem é a interpretação de todo fenômeno de não sentido.

[GD] Que um pederasta ou um travesti não sejam em nada regressivos, que seja preciso pensar esses problemas de modo totalmente diferente, creio que isso é um pouco o que nosso livro começa, mas muito imperfeitamente. É isso que faz com que ele seja um livro que não vale por si mesmo, mas que está conectado com um movimento de protesto geral.

O que vale para os autores dos artigos, vale igualmente para os leitores e pode permitir ao livro desempenhar esse papel de válvula de escape do qual falei.
[GD] Essa questão, eu a compreendo assim: será que é um livro que já foi cooptado ou não? Isso me parece um falso problema. Ser cooptado me parece uma coisa que, em certas condições, não depende de modo algum do livro. Há livros que não são para serem cooptados porque eles estão imediatamente num circuito já feito, eles são dados.

---

1. Em francês *groupe hippie* [grupo hippie] e *gros pipi* [pinto grande] têm sonoridade semelhante. [N.T.]

Gilles Deleuze, Félix Guattari: entrevista sobre *O anti-Édipo* com Raymond Bellour

Não creio que os livros possam ser cooptados se os autores não o quiserem. [201] Nosso livro será cooptado, evidentemente, se fizermos outro livro um pouco semelhante no mesmo sentido. Ele não o será se conseguirmos continuar nosso trabalho, e se nós dois, Félix e eu, fizermos alguma coisa de completamente nova relativamente ao *anti-Édipo*. Nesse caso, *O anti-Édipo* dificilmente será cooptado, visto que, por natureza, ele estará completamente ultrapassado por aquilo que Félix e eu faremos em seguida, e por aquilo que outros farão por sua vez. A cooptação é um problema relativo aos autores, mas não aos livros. Félix e eu não estamos muito preocupados em relação a isso. Se continuarmos na mesma direção de *O anti-Édipo*, logo ele será cooptado. Se fizermos algo de completamente novo, de modo tal que consigamos decepcionar, inclusive aqueles que dizem "viva *O anti-Édipo*"...

Portanto, o efeito de modismo...
[GD] Se formos os primeiros a quebrar esse efeito, sobretudo com a ajuda de outros, então, nesse caso, não irão cooptar.
[FG] Há também um outro problema que não diz respeito ao efeito--livro, mas que se situa em um período de tempo mais longo. É que a psicanálise é uma coisa que funciona, como uma droga do capitalismo. Não basta dizer: isso separa você do real, da política e do resto. Afinal de contas, é uma droga como outra qualquer, que encontra sua eficácia em seu próprio campo, um tipo de degradação, no sentido de degradação energética. A menos que, por ocasião de *O anti-Édipo* ou de outros movimentos, se produza um fenômeno que ponha em circulação outras formas de assumir o desejo, mais coletivas, mais ligadas ao contexto e suas implicações políticas; e que outras formas de análise se desenvolvam, análises de grupos que ultrapassem o indivíduo nos dois sentidos, para além e para aquém. Ou então aparecerão manifestações que capturarão o investimento libidinal que atualmente se perde, encalha na análise; e aí, bem entendido, a psicanálise será atingida.

Ou então nada disso acontecerá. Neste caso, tudo isso terá sido tão somente um transitório movimento de opinião, e os analistas retificarão a pontaria, darão um passo adiante ou para o lado, para retomar sua posição. Por exemplo, só passam filmes bobos nos cinemas de Paris. Não basta dizer: são bobagens, para que as pessoas deixem de ir ao cinema. Trata-se de saber se haverá cinemas ou novas formas de atividade cinematográfica que enganchem as pessoas. [202] É todo um combate. Não está nada ganho. Não está ganho só porque fizemos um livro.

[GD] Não vivemos esse livro como um livro, e as pessoas que gostam dele também não o vivem como um livro. Não dizemos que é um livro, dizemos que é um elemento que se chama "livro", num conjunto exterior. O livro não vale pela sua interioridade, pelas páginas que ele encerra, ele vale em relação à multidão de conexões exteriores ao livro.

Foi assim que eu o recebi. É por isso que eu quis que falássemos dele. Há livros de que gosto como sendo livros, mas desse não gostei dessa maneira, eu gostei dele pelo efeito que ele produz, produz para mim.
[GD] Todos os nossos leitores favoráveis captaram que isso não valia como um livro. Isso não remetia o leitor às páginas interiores, mas a situações políticas, psiquiátricas, psicanalíticas exteriores. Naquele momento, como Félix acaba de dizer, a questão se torna, por um lado, a parte mais importante: como se desenvolverão essas situações exteriores e que papel podemos desempenhar, acessoriamente; e, por outro lado — a parte menor —, é saber o que faremos na próxima vez, Félix e eu, que não será semelhante ao primeiro tomo. Portanto, nada de válvula de escape.
[FG] Nada de mensagem.
[GD] Nada de mensagem, nada de válvula de escape, nada de apropriação.

Dois eixos se destacam para esta entrevista: um eixo interno, o dos conceitos postos em jogo no livro, e um eixo externo composto de um monte de perguntas concretas que eu me faço, fora do livro. Primeiro elemento conceitual: perguntei-me o que recobria essa noção de desejo posto como real absoluto, e sem falta. Será que o modo como vocês o fazem funcionar não representa um nível de abstração grande demais relativamente ao modo de constituição da criança, e isso no nível mais originário, ao passo que, desde as primeiras semanas da vida da criança, percebe-se visivelmente que se coloca um certo número de elementos de falta. Como responder a isso?
[FG] Isso é a pior abstração. Falta de quê? De vitaminas, de oxigênio? Isso é a mais abstrata noção que se possa imaginar! A falta-necessidade, a falta-instinto?

Tome o exemplo do seio ou da mamadeira. A partir do momento em que você tira, há uma reclamação. Que é essa reclamação? Será o desejo que se exprime? Ele se exprime em termos de falta ou não? E isso sem remeter ao grande debate sobre a castração, mas somente a essa relação desejo-falta.

[GD] A questão de Raymond é muito importante, porque ele disse bem que desempenharia à vontade o papel do tolo; mas nós três estamos todos de acordo sobre o seguinte: é que essa questão parece simples, e que se a gente responde sim, há certamente uma falta, a criança tem necessidade do seio, ela carece de algo, nesse momento, tudo nos será impingido, até a castração e a falta do Bom Deus e...

[FG] Tua questão não presta. Porque, exatamente como na comunicação, já há uma entidade constituída como emissor, uma entidade constituída como receptor, e depois uma coisa qualquer que passa entre os dois. A partir do momento em que você parte dos três termos, você já tem toda a lógica: o polo A que emite, o polo B que recebe e alguma coisa transmitida de A para B. Assim que você retira um, falta um dos três. Isso é inevitável. É todo o sistema das multiplicidades, das intensidades como sistema de fluxo e de cortes, sistema que corta, retoma, codifica e descodifica o desejo que permite em seguida, mas somente em seguida, reconstituir esses polos. Não há uma criança de um lado, uma mamãe de outro e depois um seio. Não há nada disso nesse nível.

[GD] Quando dissemos que o desejo não era falta, mas produção, não queríamos dizer, evidentemente, que ele produzia seu próprio objeto. Não queremos dizer que a fome do bebezinho produz e basta para produzir leite. Como todo mundo, sabemos que o desejo não produz seu objeto. O que estamos dizendo é que a divisão objeto do desejo/pessoa distinta/sujeito desejante já implica um corte que pode vir do campo social, que pode vir também da natureza. É um corte sobre fundo de fluxos que fluem, e o desejo é, fundamentalmente, essa fluência de fluxos onde nada falta. Porém, que dois fluxos não se encontram, por exemplo, que o fluxo de fome do bezerro e o fluxo de leite da vaca não se encontram — se o bezerro perdeu sua vaca, isso nós já sabemos como todo mundo. Mas nós dizemos que o desejo, em sua essência, são esses encontros ou não encontros de fluxos, assim como há fenômenos de desgosto, porque fluxos podem se encontrar e produzir efeitos de repulsa, ou então não se encontrar e, assim, produzir efeitos que são sentidos como faltas por *um* sujeito, e não pelo próprio fluxo, obviamente. [204] Sabemos muito bem que há faltas. Sabemos também que a sociedade é organizada para distribuir a falta em tal lugar, o excesso em tal outro. De maneira alguma estamos dizendo que não há falta. Dizemos: os fenômenos de falta, isso não é o desejo.

De acordo. A partir daí a mesma questão pode se colocar num segundo nível: que importa esse desejo se ele é de tal modo fluídico, transpessoal, posto como real absoluto inapreensível, que ele falta ainda mais que a clássica falta psicanalítica, na medida em que, quanto mais pleno ele é, menos se pode acessá-lo?

[GD] Nada disso! Você fala como se os fluxos fossem imperceptíveis, mas de modo algum! É que os fluxos, de qualquer maneira, fluem. Então, para apoiar tua ideia de falta, tomo um exemplo mais patético do que a vaca e seu bezerro: condições de seca, nas quais os animais já não encontram água e começam a fugir. Há um fluxo de seca, um fluxo de animais que fogem, há um fluxo de água ao longe, há uma busca etc. Um fluxo de seca é algo totalmente pleno, assim como um fluxo de animais, não falta nada, é isso que existe. É isso que chamamos de real. De toda maneira, estamos nos fluxos, não somos pessoas diante de objetos. A ideia de fluxo não é um conceito, basta olhar qualquer coisa que flui, o leite, o mijo, o esperma, o dinheiro, é isso a realidade. Não se trata de dizer que isso nada muda. Pelo contrário, dizemos: a vida é exatamente isso, é exatamente com isso que as pessoas vivem. Então, se elas se desesperam por não saber isso, quer dizer, por se engancharem aos fluxos que lhes são os mais contrários, os mais dessecantes do mundo, relativamente a elas, isso não é de modo algum porque a história dos fluxos nada muda, é porque elas vivem tão pouco na experiência dos fluxos que nada compreendem de coisa alguma. Elas buscam objetos, tomam-se como pessoas etc. Dizer-lhes: vocês são pequenos fluxos, e depois: cuidem-se; parece-me que de maneira alguma isso seja uma observação abstrata. Já é muito liberadora. Quando se vive como um fluxo em busca de outros fluxos, não se trata de falta.

[FG] Evidentemente, nem tudo é igual a tudo. A falta é importada toda vez que, na passagem de um fluxo a um outro, na mudança maquínica de um fluxo num outro, for mantida a mesma categoria geral de existência acrescida de uma dialética, segundo um tipo de teoria do escoramento. Uma outra perspectiva consiste em dizer que em todos esses fluxos, conectados, em disjunção, em adjunção, há certos fluxos desterritorializados. Isso quer dizer que os fluxos criam entre si não fenômenos de falta, mas espécies de defasagens que vão levar o desejo de um fluxo para um outro. É isso que vai constituir, precisamente, a codificação dos fluxos. Dizendo de outra maneira, o movimento que leva um ser de uma linha de fluxo para uma outra não é o resultado de alguma coisa que seria percebida como uma falta e que a leva para um fluxo substitutivo. Por exemplo, não é em razão de uma carência numa deiscência existencial, do fato da prematuridade no nascimento, que um fluxo de amor vai se transportar rumo a fluxos de socialidade, de contato, de fala, de ruído, de calor humano que põem em jogo elementos das cadeias desterritorializadas. [205]

Tudo é muito bonito, todas essas conexões, todos esses encontros etc., mas quando o sujeito se coloca o problema de uma experiência de satisfação relativamente ao fluxo, isso reintroduz automaticamente o problema da falta, se lhe faltar o fluxo que lhe deve convir.

[GD] A isso devo responder que noções como as de satisfação, gozo são noções construídas em função de um desejo posto como falta. Falar de fluxo não é substituir um conceito por um outro, é uma outra maneira de viver o desejo. Quando alguém busca um objeto, uma pessoa que lhe "fazem falta", como se diz, e que ele não os encontra, então há não satisfação, falta, decepção, tudo o que quisermos. Mas quando são os fluxos que passam, e não as pessoas, os objetos, é toda uma outra maneira de viver. Em tal momento, creio que, mesmo quando não se encontra o fluxo ou os fluxos que convêm, de modo algum se vive isso sob forma de falta, Félix tem completamente razão, vive-se isso sob forma de fluxo e a partir de um outro fluxo, o fluxo de sua própria fuga de si, o fluxo de sua própria busca de si, que já não é uma falta. Quando, por exemplo, um animal sente água a dez quilômetros, não se pode dizer que ele careça de água, é preciso dizer que ele é tomado por uma espécie de fluxo que o impulsiona a dirigir-se em direção à água. [206] Suponhamos que ele não sinta esse fluxo de umidade que o guia, ele só tem a si, seus fluxos, e depois o fluxo de secura. Então, evidentemente, há dramas. Nunca dissemos que não havia dramas... Alguém que pensa e vive em termos de fluxo, creio que o que ele experimenta são movimentos de território, movimentos de desterritorialização, e não fenômenos de falta. De modo que, nos fluxos, o que conta não é, de modo algum, tal pessoa, tal objeto, tal *eu [moi]*. Todas essas noções por mais que sejam refinadas, dizer "o sujeito não é a mesma coisa que o *eu*", por mais que sejam noções refinadas, não damos a mínima para elas. O que conta são as passagens de fluxos. É como se todo fluxo fosse acompanhado de algo que o faz passar, que o desvia para outro lugar quando há um obstáculo, como um fluxo de água. Mas um sujeito não é alguém que está diante dos fluxos, ele próprio é um conjunto de fluxos. Se é assim que se vive, o próprio fato de aprender a viver assim muda tudo da consciência e do inconsciente do desejo que se tem.

[FG] Creio, entretanto, que é preciso desconfiar dessas comparações com os fluxos de água. Porque, para os fluxos desterritorializados — e todos eles o são, uns relativamente aos outros — é evidente que alguns dentre eles, por exemplo, os fluxos de quantidade abstrata, os fluxos de capitais, carecem de alguma coisa. Num momento, você tem um fluxo de dólares em algum lugar, e falta um território, uma força de trabalho. O fluxo mais desterritorializado atrai para si a constituição de entidades produtoras, ele quer se reterritorializar em algum lugar. Finalmente, é sempre num sistema de diferenciais de fluxos que há constituição do vetor desejante.

Compreendo, mas volto ao meu sentimento, que é como se não houvesse resposta. A gente está de tal modo em face do real absoluto que não se pode nem mesmo responder. A única coisa que se pode objetar, eventualmente, é que tudo isso representa uma tal utopia relativamente ao que está, com ou sem razão, na cabeça das pessoas, na minha, por exemplo, que essa ideia de um tipo de capacidade de esposar os fluxos na medida em que eles passam, sendo a gente mesmo uma série de fluxos, que isso não possa ser sentido no nível do sujeito — pois, infelizmente, ainda estamos frequentemente nesse nível...
[FG] E por um bom bocado de tempo...

E por um bom bocado de tempo, como a maior falta. Lendo o livro, tive uma enorme vontade de me dizer: verdadeiramente, se o real é isso, eu careço dele!

[GD] Tua observação não é justa, pois há muita gente que vive dessa forma. Nem mesmo são escritores. Frequentemente, fomos criticados por tomarmos exemplos de escritores, e essa crítica é uma verdadeira sacanagem. Um tipo como Lawrence, não é somente como escritor que ele vive dessa maneira, é como um tipo que gosta do sol, por ser tuberculoso, como um homem muito concreto que ama as mulheres etc. Ele vive sob essa forma de fluxo. Há muita gente, e cada vez mais, que vive dessa forma e que diz isso com muita realidade. Eles nem mesmo têm necessidade de dizê-lo, está escrito na testa deles: sujeito? eu? não conheço. Não creio que seja preciso dizer que se trata de utopia ou que o sujeito levará muito tempo assim — talvez os jovens funcionários, sim, mas não por tanto tempo assim.

[FG] Tomemos, por exemplo, Bloom. Os escritores são interessantes para isso, porque eles podem dizer aquilo para o que os outros estão pouco se lixando em exprimir. Que diferença há entre a jornada de Bloom e a do tipo que trabalha sei lá onde? Não obstante, é uma incrível ilusão pensar que as pessoas têm uma identidade, que estão coladas a sua função profissional, pai, mãe, tudo isso... Elas são completamente errantes, desnorteadas. Elas fluem. Elas veem qualquer merda na TV, elas parecem prestar atenção, fazer parte de uma constelação, mas estão em adjacência relativamente a um montão de sistemas de intensidade que as percorrem. É preciso, verdadeiramente, ter uma visão intelectual completamente racionalista para acreditar que há tipos bem constituídos que se deslocam conservando sua identidade num campo. Tudo isso é uma piada. São todos errantes, nômades. Trata-se de saber se essa errância gira em torno de uma estaca, como uma cabra, ou se é uma errância desejante, justamente capaz de se ajustar relativamente a pontos de fuga desejantes, desterritorializadores.

Que no espaço ideal e real dos romances de Beckett haja essa deambulação e essa errância, que a reencontremos de um fragmento a outro de Michaux, que o dia de Bloom em Dublin seja esse nomadismo, isso eu vejo bem, mas...
[GD] Ele vai sacanear! Termina tua frase, você vai sacanear, anda, vai. Que, que, que... Tudo isso é literatura? [208]

Sim, vou dizer minha sacanagem.

[FG] Mas o que funciona é que, justamente, não é literatura.

[GD] Isso é legal, porque vem se juntar a uma crítica que nos fizeram, dizendo: ah, ah, eles citam apenas obras literárias. Se as pessoas não compreendem que não se trata de literatura, que Lawrence, Artaud...

[FG] Flaubert, *A Educação sentimental*, não é literatura.

Se A educação sentimental *não é o mais espantoso romance admiravelmente construído sobre a falta, eu quero ser fuzilado! Esse tipo que, do início ao final do seu romance, sente falta de uma mulher, e depois essa mulher que, no final, sente falta daquele a quem ela faz falta, e que acaba chamando seu banco de banco Frédéric...*[2]

[FG] Sim, mas nunca é isso, o que prova muito bem que não lhe falta nada.

Mas aí é jogar com as palavras.

[GD] Mais uma vez, não dizemos: não há falta. Dizemos: os fenômenos de falta não têm nada a ver com o desejo. Todo mundo, até agora, de Platão a Lacan, todos dizem: ah, o desejo é muito complicado... é um problema de falta e de satisfação, vocês compreendem... E então, de Platão a Lacan, a gente se encontra na igreja.

É certo que as coisas se passam como vocês dizem para um certo número de pessoas, é verdade...

[GD] Inclusive o capital, insistimos muito sobre isso. O capital flui, foge... Não falamos apenas em nome de revolucionários, não nos permitiríamos. Mas em nome dos capitalistas, isso funciona para valer... Não se trata de pessoas, mas de fluxos, fugas.

Compreendo. Mas quando você vive com pessoas em torno de você, isso deve também acontecer com vocês, eu tenho terrivelmente a impressão de que as pessoas continuam arrastando um monte de problemas...

[FG] Quem te disse o contrário? Mas eles não estão no campo do desejo.

---

2. "Vou me sentar ali, num banco que chamei de banco Fréderic", em *L'Éducation Sentimentale*, de Flaubert. [N.T.]

Eu gostaria de saber porque é precisamente isso que se chama desejo.
[FG] É simples, será que você já viu um cara numa situação familiar, conjugal e outras, que esteja no campo do desejo? Tudo é exatamente organizado contra. Não dizemos que isso flui o tempo todo. Dizemos que quando não flui, você não está no campo do desejo, em todo caso. Quando isso quebra é que se passa alguma coisa e que o desejo se liga. [209]
[GD] Por que, mais uma vez, temos cada vez menos vontade de ver essas pessoas de que você fala, que não vivem dessa forma? Por que não podemos mais viver com elas? Por que se dão as rupturas, os rompimentos?

Acho que isso resulta de um tipo de operação mágica de dizer: estamos fartos de viver com entidades determinadas, unificadas etc. Há outras coisas que são fluxos e ainda outros fluxos. Todos os fluxos são denominados desejos e tudo aquilo sobre o que se vivia antes, como estamos de saco cheio, não é o desejo.
[FG] Conceda-nos ao menos que chamar isso de falta ou chamar de fluxo é a mesma coisa, é *a priori* tão abstrato ou tão imbecil, como se queira. Mas, não obstante, há uma diferença. Quando você chama isso de falta, você a localiza relativamente a todo o contexto, ao referencial fixado que a determina como falta. Ao passo que se você define isso como fluxo, você não tem precisamente o contexto, não tem referente. Não são duas entidades, são duas políticas, duas filosofias. Ou você vai rumo ao recentramento, rumo ao referencial, do mesmo ao mesmo, ao idêntico, ao semelhante, ao análogo e toda essa tralha. Ou você vai rumo a uma outra política. Nós dizemos: há duas políticas do desejo. Uma política fascista, paranoica, capitalista, burguesa, reterritorializadora, aquela que referencia, coordena, territorializa; e depois há uma outra que, desde que algo quebre, foge, o investe. Já podemos partir daí.

Absolutamente.
[FG] A partir daí pode-se considerar que o que é fundamental, — energia desejante, o que se inscreve na história, no tempo, que remete a toda a fenomenologia do desejo real — não está do lado do desejo paranoico, mas do lado onde isso foge. E aí há uma passagem.

Trata-se, num caso, do fato de se escorar no eu,[3] de se rebater sobre a pessoa, sobre o papel, a função e, no outro caso, de se colocar na adjacência de um processo maquínico, ali onde isso se passa, do lado da desterritorialização, o lugar onde isso flui no próprio seio do fluxo. [210] Há, primeiramente, o levantamento fenomenológico de duas políticas e passagem de uma a outra.

O que me surpreende é o aspecto decisório da coisa, que a palavra "política" traduz bem, aliás. Quer dizer: há duas políticas, duas opções.
[GD] Mas as opções são as do próprio inconsciente. Não são opções de decisão. É quando as pessoas estão fartas. Voltemos mais uma vez à história do nosso livro. Nós de modo algum buscamos leitores. Os tipos que estão bem contentes com a psicanálise, de modo algum queremos desviá-los. Dizemos a eles: vai, vai, bezerrinho, vai ver seu analista. É ótimo e te convém. Não queremos dissuadir ninguém. Mas me parece que estamos em vaga comunicação com tipos, moças, rapazes que estão fartos. Então, se você diz: eu não estou farto do *eu*, do sujeito, tudo bem, te dizemos: tchau, Raymond…
[FG] Do sujeito barrado, da falta de ser…
[GD] Há seguramente belos livros para louvar tudo isso. Não almejamos tomar o lugar de outros livros. O que almejamos é totalmente outra coisa. De tanto falar, ficamos repetindo as mesmas coisas. Félix e eu buscamos aliados. É quase no nível dos classificados *underground*. Suponhamos que cada vez mais pessoas estejam fartas. Não lhes propomos alguma coisa, não ousaríamos fazer isso. Temos apenas a impressão de que podemos ter uma espécie de eco com elas.

Nesse sentido, Gilles, você tinha toda razão ao dizer: o segundo volume não será como o primeiro, porque, no primeiro, fomos sobretudo levados a discutir conceito mais do que tomada de partido e sistema existencial global.
[FG] Certamente. É culpa de Gilles.
[GD] Todas essas críticas são verdadeiras, e a culpa é minha. Na repartição das culpas, sei quais são as culpas de Félix quanto a esse livro, e sei quais são as minhas. Todo o aspecto universitário do livro é minha culpa. Que esse livro seja ainda muito universitário é absolutamente

---

3. No original, o neologismo *se moïser*, no sentido de confinar-se no eu [*moi*]. [N.T.]

desagradável. O que não impede que, sob sua aparência universitária, há alguma coisa que faz com que retornemos às questões precedentes: como você imagina ler um livro, qualquer que seja, universitário ou não? Há pessoas que leem livros não universitários, por exemplo, Marx, ou então Henry Miller, ou então Lawrence, como se fossem livros universitários. [211] Eles fazem teses sobre isso. Mas há duas maneiras de ler um livro: ou se busca o significado do livro e, fazendo-se um esforço suplementar, busca-se o significante. Trata-se o livro como livro. Chegamos até a explicar que o fim do mundo é o livro, como bem disse Mallarmé.

[FG] Edmond Jabès!

[GD] Félix e eu, em todo caso, e um certo número de pessoas, não somos os únicos, estamos nos lixando. Há toda uma outra maneira de ler um livro, que é, uma vez mais ainda, tratá-lo em sua conexão com o não livro. Isso quer dizer alguma coisa de muito preciso: alguém lê um livro e não se pergunta a cada página ou a cada frase: o que é que isso quer dizer? Ele lê um livro e, na minha opinião, é assim que se lê a poesia, espontaneamente, ou seja, isso passa ou não passa. Se não passa, muito bem, você deixa o livro e vai ver seu psicanalista. Não há mal nisso. Não somos contra, de maneira alguma. Se passa, quem lê não se pergunta o que isso quer dizer, o que é esse conceito, o que significa "fluxo", "corpo sem órgãos", apenas isso lhe diz alguma coisa. É por isso que empregamos o termo "máquina". É do domínio da tomada de eletricidade. Se a máquina não funciona, é preciso uma outra tomada ou uma outra máquina. Bem, nosso livro é isso.

Segundo encontro

A partir do momento em que os problemas de falta são, senão resolvidos, pelo menos clarificados pela maneira com que foram colocados na última vez, parece-me que temos um problema entre o que se poderia chamar de sexualidade no sentido amplo e a sexualidade em sentido estrito. A partir do momento em que a sexualidade é extensível ao conjunto do campo social, coloca-se o problema do que se chama habitualmente sexualidade circunscrita ao sexo. Gostaria de compreender como o problema da sexualidade, no sentido tradicional do termo, pode ser articulado no interior da problemática de vocês. Porque, por exemplo, se a sexualidade especificamente sexual é um fluxo mais importante do que os outros, isso não cria entre os próprios fluxos fenômenos de falta etc.

[FG] O termo sexualidade é ruim. [212] Não há um fluxo mais importante, no nível da sexualidade, resultante da divisão dos sexos, pois, precisamente, isto já é uma extração, num certo sentido, uma mutilação do que se poderia chamar uma transexualidade generalizada. Sempre que se coloca a questão da divisão dos sexos, isso quer dizer que essa energia desejante já foi reduzida a pessoas, polos; num sentido, a própria palavra sexualidade já é uma entrada, uma avenida rumo à edipianização da energia desejante; aliás, é por isso que falamos sobretudo de energia desejante mais do que de pansexualismo ou de sexualidade generalizada. Não há uma sexualidade especificamente sexual, uma energia biológica sexual, resultado da divisão dos sexos, que seria uma zona particular da energia desejante, isso pela boa razão que as máquinas sexuais, no sentido em que você as toma, são tão somente sequências mutiladas, cortadas da energia desejante. A energia desejante não conhece sexos, não conhece pessoas, nem mesmo conhece objetos. Ela produz seus objetos e vê reduzir-se a suas origens, se vê atribuir coordenadas sociais e sexuais, coordenadas exclusivas, limitativas e mutiladoras. Portanto, longe de ser uma fuga de energia biológica privilegiada que iria irrigar, por extensão, por sublimação, o campo social, é exatamente o contrário: há uma energia sexual que é, digamos, transexual, a-pessoal, que segue todos os fluxos, que se acha em seguida recodificada em termo de pessoas, de relações familiares, de *eu*.

Quer dizer, por exemplo, que a sexualidade em estado hipertrofiado, tal como se pode ver em Miller, em Lawrence, nos autores que foram chamados de pornográficos ou eróticos, é uma sexualidade que já lhes parece como um sistema de codificação ligado a todos os fenômenos de edipianização, de castração etc. [FG] Eles partem daí, de certa maneira, e todo seu processo analítico ou esquizoanalítico, toda sua experimentação consiste em poder se livrar e encontrar linhas de fuga, linhas de quebra dessa codificação social. *Sim, mas, apesar de tudo, em Miller, há, não obstante, uma especificação da energia desejante, sobre o sexo, que está lá, central, monumental. Falo de Miller porque vocês o evocaram frequentemente como exemplo essencial em* O anti-Édipo.

[GD] Creio que você acaba de colocar duas questões totalmente diferentes. [213] A primeira questão concerne à sexualidade no sentido estrito e a sexualidade no sentido amplo. Creio que nós empregamos sexualidade no sentido em que todo mundo sempre empregou, no sentido de ter uma ereção, de ejacular ou não ejacular. De maneira alguma distinguimos uma sexualidade estrita com pessoas, mulheres, homens, galinhas ou qualquer outra coisa; e uma sexualidade ampliada que seria o equivalente de uma sublimação que inundaria o campo social. Dizemos: seja lá do que você goste sexualmente, o que você investe através disso, uma mulher, um homem, uma parte do vestuário, um calçado, uma galinha, qualquer coisa, é um campo político social. Portanto, não estabelecemos de maneira alguma uma clivagem — isso é a clivagem freudiana — entre uma sexualidade estrita e uma sexualidade ampla que é uma sexualidade, seja neutralizada, seja sublimada, seja derivada etc.

[FG] Uma sexualidade de objeto, uma sexualidade de referentes, se podemos dizer assim…

[FG] É nossa primeira diferença com a psicanálise. Não damos importância alguma à diferença sexual. Não damos a isso privilégio algum. Pode ser assim ou de outra forma, mas seja lá o que for que você assume sexualmente, de fato, através do objeto sexual, sexuado, seja qual for a maneira pela qual ele seja sexuado — homossexuado, heterossexuado, bestissexuado — é um campo social, político. Portanto, para nós, não há uma sexualidade estrita e uma sexualidade ampla. Há tão somente uma sexualidade que é a mesma em toda parte e que inunda tudo. Quando dizemos, por exemplo, um burocrata que acaricia seus documentos, isso é sexual, não há a menor sublimação nisso. Essa sexualidade não se sublima no campo social; ela investe diretamente o campo social. Ela é social, política.

Concordo.

[GD] A segunda questão que você coloca, quanto a Miller e Lawrence, quando você diz: "há uma espécie de concentração sobre uma sexualidade estrita"…

Sim, mesmo que isso se panteíze, a sexualidade permanece concentrada no sexo.

[GD] Sim, mas isso significa reintroduzir discretamente tua distinção estrito/amplo. Não se trata de dizer: "*mesmo que* isso se panteíze, cos-mologize", porque é uma dimensão essencial. [214] Quanto mais isso se contrai sobre o sexo, mais isso se amplia, de fato, no campo social e político. Da mesma maneira, em Burroughs, quanto mais isso se concentra na droga, mais isso vai dar um delírio social completo, com a polícia etc. Em Miller, é também evidente. Quanto mais isso se retrai sobre cenas de sexualidade pura, tanto mais isso se abre ao... [FG] ...mais isso sai do familismo.

Mas, independentemente do fato de que isso quebra o familismo, será que não estamos assistindo a um tipo de exacerbação da sexualidade, da energia desejante sobre o sexo, sobre algo muito especificado?
[FG] Pense, por exemplo, num menino que acaba de se masturbar de maneira extremamente penosa, dolorosa e catastrófica, na qual só o pênis era visado. Isso pode ser concebido, com efeito, como um tipo de retraimento da sexualidade, no sentido de uma zona parcial que vem à tona. Creio que, mesmo nesse caso, deve-se poder conside-rar que é uma certa maneira de fazer uma experimentação fora do campo social; a prova é que a masturbação, precisamente, é conde-nada como manifestação de uma sexualidade fora da norma. Que ela esteja fora da norma, quando bancam os idiotas e ficam chutando pedras na rua, ou se masturbando, o que conta não é que ela esteja, num caso, na rua, em outros casos escondida sob lençóis, mas que ela rompe com a maneira pela qual a sociedade entende canalizar toda prática sexual no quadro do familismo ou no quadro de uma série de cadeias de integração.

Sim, mas, não obstante, vejo aí uma diferença. Quando você diz que um está na rua e que o outro se esconde, se há, me parece, um privilégio extra-ordinário concedido à sexualidade há um século, digamos, é precisamente por haver uma espécie de atividade perpetuamente secreta, escondida, que se manifesta cada vez mais sob a forma de transgressões e de provocações, como se a energia sexual fosse mais perigosa, mais transgressiva.
[FG] Creio que isso não está ligado ao sexo. É sempre o mesmo erro de raciocínio. Se você começa por colocar o objeto e, a partir do objeto, deduzir a conduta, você falseia tudo. O desejo não tem objeto; não é um vetor que parte de uma totalidade pessoal para se fixar num objeto.

O desejo recebe sua repressão personológica e contradetermina seu objeto. [215] Digamos que ele fabrica, que ele produz seu objeto. Se você retoma o exemplo da culpabilidade, é evidente que uma forma privilegiada da sexualidade capitalista é precisamente essa conexão com zonas privadas; não é porque você se masturba, ou que você tem uma preocupação qualquer concernente ao objeto parcial, que você recebe culpabilidade, é porque você tem uma prática de sexualidade culpada que você se serve de tal objeto ou de tal prática social. É totalmente o inverso, portanto. É porque o indivíduo, para se por em conjunção com fluxos desterritorializados, toma territorialidades cada vez mais parciais, culpadas, dolorosas, masoquistas, que sua sexualidade se serve de um certo número de objetos, que ela destaca um certo número de seções do corpo, ou de práticas voyeurísticas, ou coisas assim. Parece-me que isso inverte completamente a perspectiva. A culpabilidade não é o resultado de uma prática sobre um objeto sexual que seria um sexo no sentido restrito; a culpabilidade é, primeiramente, uma prática da sexualidade privatizada, culpabilizada do capitalismo, que seleciona em seguida seus objetos no campo social.

Mas então o que chamamos comumente de sexualidade, seja ela heterossexual ou homossexual, não se poderia concebê-la, num plano utópico, como algo equivalente à gastronomia, por exemplo, no sentido em que esta, por um lado, se efetua num registro extremamente variado de pratos e, por outro lado, escapa completamente ao segredo?
[FG] Isso é um juízo de valor.

De maneira alguma. Não quero desvalorizar nem uma nem outra. É só que a gastronomia supõe a escolha absolutamente livre do que se vai consumir e, por outro lado, efetua-se numa suspensão total do segredo.
[GD] Que haja segredo ou não, isso nada muda. Nada impede que a libido seja uma ligação num campo social aberto e de modo algum num campo familiar fechado.

A partir do momento em que se fala de segredo, já há tendência a uma restrição sobre a pessoa...
[GD] Não, porque o segredo é uma forma social particular. Por outro lado, todo mundo sabe que o segredo é uma forma social muito

codificada, que implica, ela própria, todo seu campo social. Isso não quer dizer redução da sexualidade ao privado, quer dizer coisa totalmente distinta. Quer dizer que as formas sob as quais a sexualidade investe o campo social passam pelo segredo, mas que o segredo, longe de ser um recuo para fora do campo social, é uma certa estruturação do próprio campo social. [216] Volto à questão para concluir o primeiro ponto, porque me surpreendeu o que você disse sobre Miller ou Lawrence. Parece-me que, quanto mais eles se reduzem e investem formas sexuais não sublimadas, brutas, mais há, ao mesmo tempo, uma abertura para o mundo político, social, seja ela boa ou má, sob forma fascista ou mística, ou política real. Quero dizer que não são duas coisas, na obra de Miller, o *Trópico de capricórnio* com suas cenas sexuais, e o *Colosso de Maroussi* com a Grécia, o delírio sobre a Grécia. É a mesma coisa, quer dizer, ele fode a Grécia através das cenas do *Capricórnio*. Para Lawrence, *Lady Chatterley* e os *Etruscos* são verdadeiramente o anverso e o reverso. É à força de sexualidade não sublimada que ele abre para um mundo histórico, social e político. [FG] Posso tomar um exemplo, o de Kafka: na passagem a uma sexualidade animal ou a uma sexualidade quase esquizo, longe de acabar numa retração da sexualidade, é através disso que ele conduz sua análise da evolução das formas do burocratismo no período austro--húngaro e do burocratismo capitalista e modernista que começa a aparecer nos setores aos quais ele está confrontado, os seguros e o trabalho de Felice Bauer etc.
[GD] Para nós é muito importante que não haja uma sexualidade no sentido estrito e uma sexualidade no sentido amplo. Isso porque, se você quer nos impor uma sexualidade no sentido amplo, de uma maneira ou outra, encontraremos a sublimação.
[FG] Absolutamente. Em *Carta ao pai*, Kafka diz do seu pai: quando você estava na loja, nas tuas relações de comércio, você era admirável. E, ao mesmo tempo, Kafka o detestava. Mas o que ele visava aí não é uma relação de ciúmes, de posse ou de relação miraculosa entre a mãe e o pai, é um certo campo social de tirania estabelecido pelo pai.

Minha preocupação relativamente a esse problema vem de duas coisas: primeiro, na medida em que assistimos a um tipo de privilégio, se podemos dizer assim, da sexualidade no sentido estrito, como vocês podem discutir esse privilégio no interior da problemática de conjunto de vocês; e, em segundo lugar, como isso se articula ou não com o problema do segredo, no sentido em que, na conversa com Foucault, ele dizia: "o segredo é talvez mais difícil de revelar do que o inconsciente."[4] [217]

[FG] A questão toda está em que a promoção da imagem, objetos parciais, seio, falo, ou tudo o que você quiser, é uma certa maneira que o capitalismo tem, literalmente, de impotenciar todos os objetos sexuais, de cortá-los de suas conexões reais. Coloca-se em circulação uma sexualidade biológica ou uma promoção quase médica das finalidades sexuais, ainda mais que assim estamos seguros que os fluxos de desejo são canalizados para esses objetos. Oferecemos cada vez mais sexos, seios etc., e com isso estamos seguros de que não se falará de dinheiro. Não se falará de conexões de forças micropolíticas e outras que são constitutivas da essência do desejo.

[GD] Insisto sobre isso: é que o segredo de modo algum está fora do campo social, é uma categoria constitutiva do campo social. Por exemplo, as sociedades secretas. Elas não se colocam fora da sociedade, são partes constituintes dela, estruturadas na própria sociedade. Uma sociedade secreta é uma certa maneira de investir o campo social de um modo particular, até mesmo as sociedades anarquistas. Mesmo sob outras formas, o próprio segredo nunca é um afastamento da sociedade, é um elemento estrutural, no pior e no melhor sentido da palavra, de toda sociedade, de modo que a ideia de uma sexualidade rebatida sobre um certo segredo faz completamente parte da maneira pela qual a sexualidade investe um campo social.

Mas então vocês não acham que a maneira de desatar o privilégio sexual que corre sempre o risco de se rebater sobre uma sexualidade estrita e, em último lugar, sobre a escolha de objeto, o familismo etc., seja justamente a ruptura desse segredo que constitui o sexual como lugar privilegiado de um gozo superior, oculto etc.?

[GD] Não, porque sabemos muito bem que uma sexualidade pública, uma sexualidade comunitária pode produzir familismo tanto quanto a sexualidade privada. Conhecemos muito bem as comunidades

---

4. Ver a conversa entre Foucault e Deleuze de 4 de março de 1972, "Les intellectuels et le pouvoir", *L'Arc*, nº 49: *Gilles Deleuze*, 1972, retomado em *A ilha deserta e outros textos*, p. 296 [271].

públicas ou apelos pseudo-reichianos a sexualidades liberadas que reproduzem Édipo a *n* potência.

[FG] Gostaria de acrescentar que todo um naturalismo, toda uma boa consciência da sexualidade, através da psicologia, da medicina, da pedagogia, da educação sexual, consiste em esmagar o desejo, em cortar um certo número de objetos da diferença sexual, precisamente para cortá-los do desejo. [218] Não gosto muito do termo segredo, diferentemente de Gilles, que gosta muito dele. Mas, enfim, creio que podemos nos juntar, dizendo: o que há de secreto no desejo é que ele é absolutamente imprevisível. Não se conhece de antemão seus objetos. Não temos a menor ideia onde vai desembocar seu processo. É totalmente o contrário da representação da sexualidade-satisfação da qual se conhece o objeto, da qual se conhece a queda de tensão, da qual se conhece todo o protocolo, inteiramente codificado. Não sei se devemos chamar isso de segredo, mas a abertura do desejo para o campo social, é uma certa característica de liberdade política, uma certa característica de inovação, de produção particular de objetos; e é precisamente isso de que o campo social não quer ouvir falar. Não queremos que tudo isso seja previsto: em tal estágio da infância você tem tal tipo de objeto, em tal outro estágio, tal outro objeto... Se te falta tal tipo de objeto, é que alguma coisa não vai bem. Você tem tal zona erógena, que é normalmente desenvolvida em tal época, e não normalmente em tal outra etc. Tudo é completamente programado.

É o que faz, então, com que uma sexualidade com suspensão do segredo seja tão perigosa quanto uma sexualidade ligada ao segredo.

[FG] É um arranjo.

[GD] A diferença não está aí. Ela não está no nível privado/público, nem no nível múltiplo/uno. A diferença está na pergunta: será que é uma história de fluxo ou uma história de pessoas e objetos? Quando se crê amar uma mulher, o que se ama, de fato, através dela é outra coisa, isso é bem conhecido. Isso não quer dizer que se ama outra pessoa, que seria a mãe etc. É uma vergonha dizer semelhantes coisas, é feio. Mas, através de alguém, o que se ama é de ordem não pessoal, é da ordem de fluxos que passam ou não passam.

[FG] Há ainda um outro modo de abordar a questão. Pode-se dizer que a produção de desejo procede segundo uma semântica assignificante.

O desejo se serve de fluxos, de substâncias. Ele não se serve de maneira privilegiada de conexões formais, de conexões discretizadas, bi-univocizadas, digamos, de todas as semióticas significantes. O que faz com que, a cada vez que se queira fazer passar o desejo fora das substâncias intensivas no quadro de conexões formais, localizadas, coordenadas, personologizadas, dependentes do princípio de contra-dição etc., recai-se então nas dicotomias da sexualidade parcial. [219]
[GD] Pronto, tenho a imagem que convém. Há um conjunto de pala-vras, por exemplo: delirar. Delirar quer dizer sair do sulco. Há também em Sade, e em toda literatura pornográfica, a palavra "desenrabar". Desenrabar quer dizer sair de alguém que se está enrabando. Des-bocetar é sair de alguém em quem se está. Delirar é o camponês que falha ao traçar o sulco com seu arado. Pois bem, toda sexualidade é isso. A diferença não é: segredo/não segredo, é o fato que delírio/des-bocetagem/desenrabagem sejam o estado fundamental da sexualidade. Dirige-se a uma pessoa, visa-se uma pessoa, um objeto ou sei lá o que, e, através dela, isso derrapa, e derrapa forçosamente na felicidade ou na infelicidade. Há amor ou desejo por tal pessoa, mas através dessa pessoa, a pessoa é complemente desfeita. Félix citava Kafka. Provavel-mente, nesse caso, era preciso Felice para que, literalmente, isso desbo-cete, delire sobre tal formação social. É por isso que a psicanálise nos parece tão frágil a esse respeito. Não é a formação social que assegura uma sublimação qualquer, é a formação social que assegura as linhas de desterritorialização, de desbocetagem, de delírio etc.

Então, último ponto sobre isso, como vocês se situam relativamente ao que se poderia chamar problema biológico da sexualidade, quero dizer, relativa-mente à dimensão frequentemente privilegiada chamada "instinto sexual" e que se articula, em última instância, a uma biologia?
[FG] Retomo os termos de Gilles. O que faz desbocetar, desenrabar, delirar? É o fato de que, de uma substância a outra, passa-se de um certo coeficiente de desterritorialização a um outro, quaisquer que sejam as estruturas formais que se encontre. Há um fluxo qualquer, fluxo de signos, por exemplo, que tem necessidade de entrar em con-junção com um certo fluxo de carícias, de esperma, de merda, de leite... Fora dessa conexão, cada um dos fluxos é remetido a sua estru-tura formal própria. A partir dessas conjunções de fluxos intensivos,

um acontecimento se produz. Uma outra máquina desejante aparece fora das correlações formais. Creio que é isso, o caráter biológico particular no sentido estrito de que você falava. A desterritorialização só pode entrar em ação quando ela entra nessa conjunção particular que faz surtar a máquina humana. É quando você pode surtar num plano de gozo sexual, é quando você pode entrar em conexão com tal ou qual sistema que alguma coisa funciona. [220]

Num outro plano, vocês opuseram várias vezes os fenômenos de produção e de antiprodução, em particular a propósito de tudo o que diz respeito ao sonho, ao fantasma, digamos às imagens; e fiquei impressionado pela maneira como vocês distinguem dois tipos de sonhos, os bons e os maus. Por que o sonho parece ser menos da ordem da produção do que o sono ou pesadelo, como vocês disseram uma vez? Será que vocês poderiam precisar qual estatuto atribuem — já que só parcialmente rejeitam a palavra fantasma — àquilo que se pode denominar de diferentes representações da vida psicológica: a imagem, a memória, o fantasma etc. Como determinar o que é produção e antiprodução?

[FG] É uma questão difícil. Parece-me que o interesse do sonho, da fantasia, do fantasma ou de tudo o que você quiser, está em que tudo isso é uma máquina para detectar porcarias edipianas. É uma máquina para detectar os lugares onde se entrelaçam as reterritorializações, isso em virtude da própria natureza do sonho, no sentido em que é uma atividade que, por definição, tende a ser cortada de toda conexão com o real, com o campo social. Ao mesmo tempo é como se fosse uma radiografia de todos os pontos de bloqueio. Ora, é extremamente interessante destacar esses pontos de bloqueio. Penso que o sonho, para retomar a fórmula de Freud, é o caminho principal, não do inconsciente, mas da edipianização do inconsciente. Continuo a pensar que a análise do sonho é muito importante porque, quando você pode chegar a determinar, no sonho, qual ilusão, qual espécie de desterritorialização, qual tipo de identificação você vai visar para conduzir sua política fascista, tornar-se policial consigo mesmo, isso se torna um modo de detectar uma outra política possível. Penso que essa maneira de detectar é extremamente importante. Ali onde, no sonho, se produzem esses impactos fascistas, há, precisamente no mesmo lugar, o umbigo do sonho, quer dizer, o indício maquínico de uma outra política possível. [221] No próprio lugar em que se é o mais fascista, o mais bloqueado, é que alguma coisa pode se abrir para uma outra cadeia, pois se é tanto mais fascista nesse lugar por trás do qual há uma ameaça maquínica. Tudo depende do que se quer fazer do sonho. Se você quer interpretá-lo, reificá-lo, coisificá-lo numa grade de interpretações, então, no mesmo lance, ele serve para reforçar uma política fascista. Inversamente, se você, mais do que interpretar, quiser colocá-lo num sistema de produção, um sistema de quebra de esquemas habituais, de esquemas reais, se você quer efetuar uma técnica de experimentação, então, mais do que alimentar uma semiótica edipianizante, você pode se servir da semiótica particular do sonho para reforçar uma semiótica assignificante.

Isso se junta ao texto sobre as máquinas, que vocês publicaram pela Minuit.[5] Vocês opõem a dissociação à associação, uma sendo de alguma maneira o sistema de eliminação que permite chegar à outra. Mas então, nesse momento, parece-me que se coloca um problema: como se pode detectar e estabelecer uma repartição? Como uma avaliação do "sem liame" não constitui, ela própria, um tipo de retorno à interpretação? Na medida em que se opõe intensidades a estruturas, será que se pode chegar a detectar que elas são intensidades porque já não se prestam a nenhuma avaliação de codificação, e se fossem, será que seriam de novo redutíveis em termos de estrutura? Como se coloca o problema dessa repartição? Não é ainda uma operação de saber que corre o risco de ser novamente reificada?...

[GD] Não, é uma operação de crítica, não de saber. A crítica e o saber me parecem muito diferentes, tanto histórica quanto politicamente. O que se tenta opor é um domínio de experimentação a um domínio de interpretação, que é o domínio da psicanálise em geral. De um lado, há uma máquina paranoica, como máquina de interpretação, que funciona em toda sorte de níveis, no nível social, no nível familiar ou conjugal...

[FG] ...no nível somático, hipocondríaco.

[GD] Você fez isso, então quer dizer aquilo... [222] É evidente que a psicanálise não a inventou, mas ela se aproveitou disso, ela deu uma

---

5. "Bilan-programme pour machines désirantes", publicado pela primeira vez em *Minuit 2*, janeiro de 1873, retomado em apêndice de *O anti-Édipo*, nas edições posteriores à entrevista. [Ed. bras.: "Apêndice: Balanço-programa para máquinas desejantes" in *O anti-Édipo*, trad. de Luiz B. L. Orlandi. São Paulo: Ed. 34, 2010, pp. 507-534].

nova imagem à máquina de interpretação. E a máquina de interpretação quer dizer várias coisas. O primeiro aspecto da máquina de interpretação é o significante: isso quer dizer alguma coisa. O segundo aspecto é a anamnese: você é aquilo que você foi. Você é o que é em função do que você era [quando] criança etc. O terceiro aspecto é a representação. O que você faz ou diz representa algo, e vou te encurralar nesse domínio da representação. É a relação de força. Todos esses níveis são a relação de forças. A máquina de interpretação e a relação de forças são uma só coisa. É por isso que a psicanálise vive desses três aspectos. Ela dá uma figura original a três aspectos bem conhecidos que são as velhas figuras do casal. Nem mesmo é preciso dizer, como dissemos em *O anti-Édipo*, que o lugar da psicanálise é a família. Deveríamos dizer que seu lugar é a conjugalidade. O que nós dizemos é verdadeiramente o contrário desses três aspectos. Uma esquizoanálise consistiria, entre outras coisas, em desfazer toda máquina de interpretação: fica entendido que o que você diz não remete a nada, não significa nada.

[FG] Não é nem recursivo nem prospectivo.

[GD] É um dado bruto. Qual é a posição do desejo na situação atual?

[FG] Qual é a política que você adota? Aonde você quer chegar? Quais são as tuas coordenadas?

[GD] Sim, é: experimentação igual a política. E não: experimentação igual a escola infantil. Na psicanálise, isso quer dizer: igual a escola maternal. O segundo ponto é: referência alguma ao passado, de modo algum para suprimi-lo, mas porque a constituição do passado e o presente do qual esse passado é o passado são estritamente contemporâneos. Sinto-me de novo muito bergsoniano, é perfeito. A lembrança de infância é contemporânea da própria infância. Simplesmente, há uma distorção radical entre as duas. É ao mesmo tempo que a criança fabrica suas lembranças de infância edipianas e aquilo que Félix chama de "blocos de infância", de uma natureza totalmente distinta, porque eles nada têm a ver com Édipo, com a família. Nos romances de Tony Duvert há blocos de infância, no sentido em que se vê uma sexualidade infantil que nada tem de edipiana, e é ao mesmo tempo que se formam as lembranças edipianas de infância. [223] Então, a recusa da anamnese de modo algum consiste em dizer: nenhuma referência ao passado. É a armadilha na qual caíram aqueles que romperam com Freud. Disseram grosso modo: "consideremos os fatores atuais, isto é, não infantis. Para tudo que é infância, Freud tem razão. Mas há os problemas do jovem ou do adulto". De modo algum nós dizemos isso. Dizemos: mesmo no nível da infância, não é como Freud o diz. O que queremos dizer é que as lembranças de infância se formam ao mesmo tempo que a infância; o tempo em que se é criança é o mesmo no qual já se trai sua infância. Fabricamos nossas lembranças edipianas de infância: ah, meu papai, minha mamãe. De modo algum distinguimos entre fatores infantis/fatores atuais, como aqueles que romperam com Freud, como fizeram Jung ou Adler. Dizemos: mesmo no nível da infância você já encontra a mistificação, isto é, a clivagem entre estruturas edipianas e puros blocos de infância. A partir daí, foda-se a anamnese, mas de modo algum à maneira pela qual isso foi feito até então. Até então, isso consistia em dizer: os fatores atuais são mais importantes que os fatores infantis. Nós dizemos: nos fatores infantis há fatores atuais, eternamente atuais, e fatores virtuais. Os fatores virtuais correspondem à fabricação do Édipo e são o objeto e o produto da repressão. Mas a verdadeira vida da criança nada tem a ver com isso; ela é completamente atual, uma vez dito que não se sai da infância, obviamente. Mas a infância já é política. Um garoto pensa em bombas, ele pensa em enrabar sua irmã etc., não tem nada a ver com família, é coisa da sexualidade e do campo social. Logo, não há operação alguma de anamnese a ser feita. Há tanto menos anamnese que o tema da experimentação é: por natureza, você não sabe o que você é. O psicanalista é alguém que diz: alguém, seja eu, o bom Deus, Freud ou a memória de Freud, sabe o que você é. Ele o sabe, porque o que você é, é o que você foi [quando] criança. Nós dizemos: a criança não sabia o que ela era, e tampouco o sabemos agora. Só podemos saber o que somos ao final de experimentações, como alguma coisa de futuro. Então, a interpretação voltada para o passado de uma pseudo-infância, e a experimentação voltada, ao contrário, para a exploração de uma futura infância, opõem-se totalmente. [224] É por isso que gostamos tanto dos sadomasoquistas americanos que não leem Freud. Opomos a memória e o esquecimento. As coisas se fazem pelo esquecimento, e não pela memória. A psicanálise procede pela memória. Nós procedemos pelo esquecimento, e não pelo despertar através do esquecido. Dizemos:

quanto mais você esquece, melhor, porque quanto mais você esquece, mais você vive. Quanto menos você sabe o que você é, melhor. Então, quando, na América do Norte, os sadomasoquistas dizem: você acha que é sádico? Você acha que é masoquista? Você acredita nisso, você acredita naquilo? Nada disso, vai fazer tuas experiências. Isso nos parece a boa esquizoanálise. É engraçado, de fato, ver pederastas que dizem: sou pederasta. Toda fórmula "sou" é impossível. Talvez eles não sejam de modo algum pederastas, o pior pederasta que diga "eu sou, veja como eu sou" talvez seja outra coisa. E é esse o objeto de uma esquizoanálise, saber o que ele é.

Enfim, terceiro e último ponto, o da representação, através do qual nos opomos completamente à psicanálise, é que a psicanálise sempre consistiu em negociar, no sentido próprio da palavra, isto é, em barganhar em troca de dinheiro, estados vividos em troca de outra coisa. Então, reencontramos aí a questão do fantasma. Nunca o fantasma foi um estado vivido, os psicanalistas sabem bem disso. O fantasma é um estado completamente fabricado, completamente traficado: é uma moeda. O psicanalista é alguém que diz grosso modo: o contrato que eu te proponho é traduzir teus estados vividos em fantasmas, e você vai me dar dinheiro.

Em troca de sentido e de dinheiro.
[GD] Em troca de dinheiro. Você me dá dinheiro e eu traduzo em fantasma o que você era. Nós dizemos: o vivido é por natureza intensivo, são intensidades que passam; e essas intensidades não são representativas.

Ainda assim isso produz imagens.
[GD] Não.

É isso que eu gostaria de compreender, porque...
[GD] Assim que isso produz imagens, há greve de fantasmas, as imagens são produzidas quando há um bloqueio. É um pouco como a leitura.

Nesse ponto, viso algo de puramente elementar. Quando você está na cama, ou em qualquer lugar, num estado de beatitude relativa, e que coisas vão te

passando, uma imagem de uma coisa qualquer, de faca, de mulher, de... [225]
[FG] Quando passam coisas assim, é porque você está tomado num sistema de coordenadas, é porque você tem uma posição de sujeito que se representa alguma coisa e que se situa relativamente a uma intensidade. Há, portanto, mais do que uma triangulação, há toda uma organização da representação com a imagem.

Sim.
[FG] Então, você tem a imagem e o sujeito de um lado, a intensidade do outro, mais os outros que vêm fazer a moral, que vêm aplaudir ou vaiar. Portanto, do ponto de vista do desejo, assim que há imagem, pode--se dizer que há já cessação, curto-circuito do desejo, pois há o corte subjetivo que se instaurou, de um lado, a representação de imagem e, de outro, a intensidade que foi parcelada, cortada num campo de representação e num campo de produção, e mais do que um campo de produção, um campo de trabalho útil e um campo de trabalho nocivo.
[GD] É como quando você lê um livro. Há também uma conexão erótica com o que se lê, uma conexão amorosa. Quando é que você tem imagens? Não é quando você lê. Você não tem imagem quando lê.

Você tem imagens quando para de ler.
[GD] Sim, quando você se cansou, quando você repousa, quando você quer refletir. Aí então as imagens vêm, é a greve do fantasma.

Você quer dizer que o fantasma é a greve da intensidade?
[GD] Nesse momento, as intensidades param, elas são bloqueadas.
[FG] É a contemplação, o recolhimento, um rebatimento sobre a territorialidade de imagem.
[GD] Quando as intensidades passam, não há imagem alguma.
[FG] É bem simples, quando você está trepando, quando você está gozando...
[GD] ...não há imagem.
[FG] Se houver uma imagem passando por um cantinho, acabou, broxa na hora, não funciona mais.
[GD] É mesmo a definição de broxar. Você tem uma imagem, tá fodido.
[FG] Terminou.
[GD] Ou então, você se liga outra vez, penosamente, a partir da

imagem. Você diz: ah, eu preferiria que fosse com a outra, mas não estou em forma. [226]

Guattari: Ou então é o próprio fluxo de imagens que funciona.

Sim, mas é isso que me interessa. Entendo como, em certos estados, há sistemas de bloqueio; mas me parece extremamente curioso fazer com que toda vida "imaginária", pois ela tem produção de imagens, seja inteiramente submetida...

[GD] Ela é edipiana.

...que ela seja edipiana e não possa se ligar nos fenômenos de fluxo, ser ela própria integrada a fenômenos de fluxo.

[FG] Sejamos claros. A imagem, de qualquer modo, estamos dentro dela até o pescoço. Não vamos dizer que a imagem é desnecessária, seríamos completamente idiotas. Estamos impregnados dela por todos os lados. A questão é saber o que fazer com as imagens. Será que se faz uma política de fluxo que tende a fazer com que as imagens se tornem "figural", para retomar o termo de Lyotard, ou será que se faz uma política da imagem, a saber que, quando se tem uma...

...nós a guardamos.

[FG] Nós a guardamos, coordenamos, trabalhamos, nós a referimos a ressonâncias. Quando você vê televisão, trata-se de saber se você interpreta, se você refere isso à lei, ao pai, a Deus etc.

Parece-me curioso pensar que a imagem seja completamente oponível à intensidade. Que a imagem, como fenômeno de travessia mental, não possa ser, ela própria, um fenômeno de intensidade, confesso que não compreendo.

[GD] Forçosamente, sim. A imagem é, por definição, uma parada nas intensidades. A imagem é extensão. É quando as intensidades, de uma só vez, transbordam em extensão, se estendem para formar uma cena. É o que se chama um fantasma.

[FG] Sujeito-figura-fundo.

[GD] De modo algum queremos dizer que isso não é levado por intensidades; queremos dizer que quando a imagem se desdobra em extensão, é o sinal de que as intensidades se repousam ou estão bloqueadas.

Mas nos fenômenos de droga, por exemplo? [227]
[FG] São fluxos.

Ah não, nos fenômenos de droga, sabe-se bem que você tem uma aceleração de imagens, uma multiplicação de imagens.
[FG] Sim, são fluxos de imagens...
[GD] É a retomada das intensidades.
[FG] As intensidades drenam imagens.
[GD] Mas, como Félix disse há pouco a respeito do sonho, há um sistema de imagens e, através dele, passa outra coisa. O que é preciso encontrar é o que se passa além disso. A psicanálise, longe de encontrar o que se passa sob o sonho, fecha-se no sonho, num sistema de imagens e de significantes. Mais uma vez, para nós, imagem, significante, imaginação simbólica, dá tudo na mesma. No sonho há tudo isso, depois há uma corrente totalmente distinta, que não é dita no sonho. É ainda mais claro nas drogas, e depende do gênero de droga. Há drogas mais imaginativas que outras. De toda maneira, haverá sempre um complexo imagem-intensidade. O que nos parece importante são as intensidades não representativas, porque as intensidades são desterritorializadoras, elas desenraizam territórios. Não se sabe mais onde se está.

E toda imagem é forçosamente territorializadora?
[FG] Forçosamente, uma imagem é um território. É uma operação de subjetivação, de interpretação e de territorialização enquanto tais.
[GD] É como quando Lewinter, na Revue de psychanalyse, explica a conexão entre o sonho e a tela...[1] Esse artigo é muito importante para nós. Isso mostra a que ponto o fantasma é uma projeção numa cena. Você tem estados vividos, que são estados de alta ou de baixa intensidade. Você traduz isso em Melanie Klein, isso dá uma fantasmagoria.
[FG] É a diferença entre Charlie Chaplin e Buster Keaton, se você quiser.

Compreendo bem, mas o que não está claro é quando você, Félix, emprega o termo fluxo de imagens, o que, segundo o que Gilles acaba de dizer, é

---

1. Roger Lewinter, "Pan de mur jaune" in *Nouvelle Revue de Psychanalyse, L'Espace du rêve*, nº 5, primavera de 1972.

aparentemente impossível, pois fluxo e imagens são oponíveis, já que a imagem depende do fantasma e, portanto, do bloqueio. [228]

[GD] Não há oposição alguma entre nós, creio. Porque, quando Félix fala de fluxo de imagens, é porque as imagens se precipitam a tal ponto que elas encontram as intensidades puras. O cinema, por exemplo. Não estamos dizendo que o cinema seja uma merda por ser imagem, pelo contrário. O cinema é formidável porque pode trazer um tal fluxo de imagens, por exemplo em Godard, que reconstitui as intensidades em estado puro. Isso desbloqueia as imagens a tal ponto que se pode mesmo desbloqueá-las por um plano fixo. Não é a velocidade, nem a aceleração das imagens que faz isso, mas uma relação de complementaridade. De modo algum há dualismo. Há uma tal relação imagem/intensidade que, ao mesmo tempo, a imagem é a extensão que ganha uma intensidade quando morre; mas uma precipitação de imagens ou então uma imagem fixa onde se passam coisas por toda extensão; ou então uma cor atravessa a imagem e restitui completamente a intensidade através da imagem. É por isso que Félix diz que o sonho é muito importante. É preciso analisar o sonho, porque o sonho é precisamente a merda, mas, ao mesmo tempo, é aquilo que é atravessado pelas intensidades. O importante é atingir o que não é representativo. Então, os lacanianos acreditaram que bastaria encontrar o significante para ultrapassar o representativo. Quanto a nós, apenas dizemos: não, o significante é ainda pura representação. O que nos interessa é descobrir as intensidades.

[FG] Creio que é nossa história de semiótica assignificante que pode dar conta do problema das imagens, porque, no final das contas, as imagens são tomadas como suportes. Finalmente, há fugas de imagens que não são, de modo algum, essenciais à conexão intrínseca entre as intensidades e os signos desterritorializados que se tornam agenciamentos coletivos.

Mas tomemos, por exemplo, os textos escritos por Charlotte Brontë aos dezesseis, dezessete anos que testemunham uma falta sexual evidente, que se cristalizam em artimanhas puramente fantasmáticas de representação maciça, de satisfação derivada. E ao mesmo tempo há imagens escorregadias que não param de passar. As duas atividades nascem de um mesmo estado de concentração, que são tipos de estados extáticos que ela cria de modo sistemático. Sozinha no escuro, ela cria imagem. Às vezes isso derrapa completamente, e às vezes se bloqueia. Parece-me que os dois fenômenos são, ambos, muito importantes, articulados, e de modo algum exclusivos um do outro. E, portanto, não se pode dizer, no sentido um pouco brutal dito por Gilles há pouco: a imagem é merda. [229]

[GD] Sim, mas aí está um pouco nossa diferença, entre Félix e eu. Felix diz: seja edipiano até o fim. Quanto mais você for, melhor. Sonhe, sonhe, sonhe, uma vez dito que o sonho é fundamentalmente edipiano. Isso me parece muito importante. Se você não sonha, não encontraremos suas linhas de intensidade pura, não edipianas. Então, evidentemente, eu teria tendência, sendo não prático, a ser mais violento, e dizer: descubra, sob suas imundícies edipianas, alguma coisa de mais puro. Mas Félix tem, evidentemente, razão de dizer...

[FG] Sim, creio que o Édipo tem isso de característico, que é sempre uma justa medida. É a diferença entre a técnica psicanalítica de consultório e, por exemplo, as tentativas de Laing em Kingsley Hall. Ali, a justa medida é completamente perdida, porque eles fazem um Édipo na escala de toda uma comunidade; ser edipiano quer dizer permanecer na justa medida da normalização triangular com papai- -mamãe ou com o analista, como numa conexão muda. Se você tentar ser edipiano até a abolição, até o narcisismo, até a pulsão de morte, nesse momento, alguma coisa muda. A característica de todo o movimento romântico é que eles partem de uma posição triangulada dos objetos parciais e, em dado momento, eles saem pela tangente: eles são de tal modo edipianos — Werther é de tal modo edipiano — que acabam não sendo de maneira alguma. A questão toda está em ir, pelo menos, até Werther. Você vê o que eu quero dizer?

[GD] Meu ponto de vista é também correto. Os dois são verdadeiros, parece-me.

Entendo, mas é um pouco fácil.

[GD] Quando se diz: dado um sonho, você pode, por abstração — de maneira alguma por separação real —, separar as direções representativas e as direções intensivas, isso quer dizer que um sonho nunca é uma coisa pura, mas que ele tem uma direção edipiana e uma direção intensiva, não figurativa, e que é preciso encontrar o intensivo sob os fenômenos extensivos do sonho.

Sim, o que me parece importante é que há, n'O anti-Édipo, dois movimentos relativamente a esse problema do não figurativo. Vocês dizem que o inconsciente é não figurativo e, por outro lado, no final do livro, vocês veem muito bem que a arte — a arte classificada historicamente como não figurativa — pode também ser uma grande cilada. [230]
[GD] Ah sim!

Relativamente ao figural — e aí a noção de Lyotard me parece importante — no sentido em que o figural ultrapassaria a oposição figurativo/não figurativo e talvez imagem/fantasma.
[GD] Salvo que figural é uma palavra ruim, não para Lyotard, mas para nós.

Não que eu goste dela especificamente, mas ela indica uma direção de ultrapassagem.
[GD] A direção de ultrapassagem não é abstrata no sentido de arte abstrata, porque a arte abstrata me parece completamente representativa.

Se existe uma que me parece ter caído na armadilha da estrutura, é ela.
[GD] A verdadeira diferença passa entre o intensivo e todo domínio de extensão, seja a extensão abstrata do espaço abstrato ou do espaço representativo.

Sobre o intensivo, há uma coisa que me remói (e isso, aliás, desde Diferença e repetição, onde você já falava disso). Se há uma ciência da extensão, a da psicologia clássica, da psicanálise, o próprio termo de "ciência da intensidade" é pensável? A estrutura pode ser assinalada, medida, quantificada, articulada. Será que a intensidade pode ser determinada simplesmente por oposição ao fato de que ela não é a estrutura e que ela não se reduz a isso? Ou é alguma outra coisa que pode quantificá-la, pensá-la?
[GD] O problema é de tal modo complexo que não me sinto pronto para responder. Mas vejo várias direções. Sempre houve tentativas de ciência de intensidade; seria preciso ver historicamente. Isso me parece apaixonante, porque é uma tentativa perpetuamente sufocada, que ressurge o tempo todo. Houve uma tentativa muito importante de ciência real de intensidade, na escolástica. As quantidades intensivas desempenhavam um papel muito importante no nível da física

e da metafísica. Em Duns Escoto há uma tentativa de ciência das quantidades intensivas no nível dos modos e no nível de Deus. [231] Eu pulo etapas. Houve uma tentativa de ciência das quantidades intensivas na energética do século XIX, em pura física, distinguindo a natureza das quantidades intensivas e das quantidades extensivas. O último avatar do sucesso das ciências das quantidades extensivas são as ciências humanas. Por que fracassou uma ciência das quantidades intensivas? Uma ciência das quantidades intensivas implicaria, com sua própria história, uma conexão totalmente distinta com a epistemologia. A epistemologia não é conciliável com tal ciência. Ela é inteiramente feita em função das quantidades extensivas. Tudo o que foi tentado no sentido das quantidades intensivas permanece marginal, seja a acupuntura, as tentativas de física intensiva, de linguística intensiva (pelo lado da escola de Hjelmslev), o papel das intensidades na música, pelo lado de John Cage. Então, será que é possível uma ciência das quantidades intensivas? Vejo uma grande diferença entre as quantidades intensivas e as quantidades extensivas. De novo, sinto-me bergsoniano. Tomo uma única característica das quantidades intensivas. É muito simples reconhecer uma quantidade extensiva. O que você toma simultaneamente, no mesmo instante, é por definição uma unidade. O comprimento desta mesa é uma quantidade extensiva: toda divisão que eu tome do seu comprimento será apreendida no mesmo instante. Desde o momento em que ela é apreendida no mesmo instante eu a constituo como unidade. A quantidade intensiva é o contrário. É uma multiplicidade que, num mesmo instante, você toma como multiplicidade. Quando você diz: faz vinte graus de calor, você não quer dizer dez graus mais dez graus. Isso quer dizer: faz a multiplicidade vinte graus que apreendo num mesmo instante. Uma multiplicidade apreendida instantaneamente como multiplicidade é uma quantidade intensiva.

Quando você utiliza o grau, você utiliza um sistema de codificação, é nesse sentido que eu falava do problema de uma ciência.
[GD] Voltamos ao tema de Félix. Assim como o sonho edipiano e as linhas não edipianas estão ligadas, a intensidade e sua tradução em extensão estão ligadas. Uma ciência das quantidades intensivas seria uma ciência que conseguiria desprender um sistema numérico não

extensivo. Isso foi feito mil vezes, e sufocado a cada vez. Os sistemas ordinais, os ensaios sobre a interpretação de números ordinais, as tentativas de Russel, de Meinong... Não podemos perguntar: será que uma tal ciência é possível? [232] A pergunta que devemos fazer é esta: o que faz com que tal ciência tenha sido sufocada? No nível da psicanálise, parece-me que encontramos o mesmo problema. Por que os estados vividos de um sujeito são traduzidos em fantasma?

[Deleuze é interrompido por um telefonema e sai do recinto]

[FG] Estou de acordo com o que diz Gilles, mas me sinto pouco à vontade, porque, no fundo, creio que o problema não se coloca. Uma ciência das quantidades intensivas é um absurdo. O problema é o da conexão de toda ciência com um campo político, um campo de desejo. Isso não pode ser uma ciência. Isso pode ser, sobretudo, uma política no seio da ciência, no seio da arte, da experimentação da vida cotidiana, do campo revolucionário. Alguém que propusesse uma ciência das quantidades intensivas se encontraria na mesma posição de um epistemólogo que propusesse um tipo de metalinguagem das quantidades intensivas relativamente às ciências ou à política. Poderíamos muito bem imaginar um althusserianismo das quantidades intensivas com o mesmo resultado desastroso. É por isso que me sinto pouco à vontade. Para mim, as quantidades intensivas são o processo de desterritorialização, isto é, de conjunção de processos. Não pode haver uma ciência das conjunções de processos, pois é a característica própria de uma política.

No artigo da Minuit sinto que quando, negativamente, não se pode mais associar, é que se pode ser conectado a uma máquina desejante, e não em virtude de uma dissociação positiva. Não é em virtude de um processo positivo de dissociação, mas de um processo negativo de não associação.
[FG] Exatamente. Não há garantia alguma. Assim como não há garantia de um protocolo revolucionário, não há garantia de se estar numa quantidade intensiva na ordem das ciências, na ordem da arte.

[Deleuze retorna]

[GD] Ele acrescentou características às quantidades intensivas, não foi?
[FG] Eu disse completamente o contrário do que você havia dito.
[GD] Bem. Muito bem.

Para Félix é um problema de política. Toda ciência lhe parece recair numa formalização contraditória com o próprio caráter das quantidades intensivas.
[FG] O problema das quantidades intensivas é que isso não pode ser uma ciência. [233] É tanto o campo político quanto o campo desejante e quanto o campo da experiência revolucionária. Não se pode imaginar uma ciência que seria um tipo de epistemologia das quantidades intensivas, sobrecodificando todos os outros domínios. A constituição de um discurso científico nunca dará garantia alguma de uma consistência qualquer, de qualquer efeito que seja.
[GD] A epistemologia, seguramente não! Você que fala constantemente em máquina de ciência, a máquina de ciência é de intensidade. A relação signo-partícula é intensiva. A intensidade é a loucura da ciência.
[FG] Como loucura da ciência? Antes como política da ciência!
[GD] Concordo. É o sistema signo-partícula. Não falamos dos buracos negros. São buracos de intensidade, quando os buracos são considerados como partículas mais rápidas que todas as outras partículas.

Vamos à esquizoanálise. Sua realidade? Por quem? Para quem? Quando? Onde? Como? Até quando?
[FG] Emprego uma fórmula que utilizo diante de semelhante questão: se em algum momento a esquizoanálise tem que existir, ela já existe. Mas ela não poderia aparecer no âmbito de uma escola, de uma sociedade constituída, de uma corrente, de pressões. Ela só pode ser a conjunção de diferentes experiências locais, de tomadas em consideração do desejo, quer se trate de um professor na sala de aula, de uma comunidade que muda seu modo de vida, de um psicoterapeuta em seu consultório, de um grupo de cuidadores num hospital psiquiátrico, de um grupo de militantes que queiram mudar as relações em suas práticas. Se, num dado momento, houver conjunção de diferentes práticas concernentes ao desejo, que fazem com que haja conjunção de uma crítica da burocratização da organização, crítica das relações pedagógicas opressivas, das relações sugestivas e alienantes dos contratos

psicoterapêuticos, então se constituirá uma atividade de análise que será uma interseção de toda uma série de lutas políticas. Ao mesmo tempo, a esquizoanálise será o fato de grupos ou de indivíduos que seriam simultaneamente militantes e analistas — isto é, totalmente o contrário de pessoas que tirariam sua legitimidade da cooptação de uma sociedade de psicanálise — ou de gente que segmentaria o campo de sua prática privada, de sua prática terapêutica, de leituras significantes relativamente ao campo de lutas revolucionárias. [234] A esquizoanálise está em toda parte em que essa questão se coloca, se é que ela se coloca.

[GD] Na esquizoanálise há princípios muito gerais. Não se trata de uma coisa qualquer que estaria na base de uma escola analítica. Do que se trata? Trata-se de um pequeníssimo número de princípios. Busca das intensidades. Não figurativo. Inconsciente não edipiano. Experimentação contra interpretação. Esquecimento contra anamnese. Supressão do eu [moi] e da subjetivação. Enquanto o psicanalista diria, sobretudo: retorne ao seu eu. Nós dizemos: você ainda não dissolveu suficientemente seu eu.

[FG] Nada de neutralidade. Politização. Engajamento na própria estrutura em que as pessoas estão presas.

[GD] Não precisa ser alguém competente.

Isso quer dizer que qualquer um pode ser esquizoanalista.
[GD] Não qualquer um.

Não qualquer um, mas todo mundo.
[GD] Todo mundo, que seja.
[FG] Grupos militantes, grupos-sujeitos.
[GD] Creio que há um ponto essencial na diferença entre esquizoanálise e psicanálise. O golpe genial de Freud foi descobrir o inconsciente e ser inimigo do inconsciente. O inconsciente é aquilo que é preciso reduzir pela análise. Félix diz muito bem que nosso problema é totalmente outro, é o contrário desse: em que condições pode-se produzir inconsciente? Aí, vê-se bem a diferença teórica e prática entre a psicanálise e nós. Para nós, não há inconsciente. Para a psicanálise, há um inconsciente. Você carrega um nas costas, e eu vou interpretá-lo para você. Quanto a nós, dizemos: o inconsciente não

existe, e vou tentar fazê-lo para você. O problema é: em quais condições, alguém cujo inconsciente está por natureza sufocado, reprimido, e não recalcado, cujo inconsciente não existe, em quais condições esse inconsciente pode ser produzido. Vê-se que todas as instâncias sociais, inclusive a psicanálise, são feitas para impedir a produção de inconsciente. Quando Félix analisa as instâncias ditas terapêuticas da setorização, vê-se muito bem, em nível concreto, que tudo é feito para que o tipo que vai ao psicanalista, por natureza, não tenha chance alguma de falar. [235] Ele pode falar, mas não tem chance alguma de fazer passar o menor enunciado no que ele diz. Isso porque é imediatamente tomado numa máquina na qual qualquer coisa que ele diga já está sufocada de antemão. De antemão, ele está fodido. Por mais que ele grite, por mais que ele berre... É por isso que, quando Green nos censura por não levarmos em conta os sofrimentos do neurótico, isso é estranho, porque, por mais que o neurótico grite no divã, nada se passa. Não é que nada se passe por erro, é que o sistema da psicanálise é feito para que nada se passe.

[FG] Tudo é rebatido sobre um esquema preestabelecido no qual o auge da interpretação é que tudo aquilo que ele diz esbarra no silêncio do analista, pois é a mais forte interpretação. É mesmo uma intensidade de alta sedução, pois o silêncio do analista torna-se música celeste. É a resposta a tudo o que possa se apresentar. É uma música muito sedutora, pois é uma música de morte.

[GD] Sim, é uma música de morte.

[FG] A pulsão de morte é o silêncio do analista. Então, essa efetuação suprema da análise no silêncio... e custa caro semelhante silêncio! Em vez disso, uma multiplicidade sendo dada, chega um tipo: o que se poderia colocar em conexão para que sua relação com o desejo seja de outra natureza? Em vez de se colocar o problema: o que é preciso suprimir da situação? O que é preciso reduzir? Para nós é: o que é preciso complexificar? Como tornar mais complexo os complexos, pela conexão real de máquinas reais para que haja outras engrenagens, outras ligações? Qual é o papel de um grupo analítico ou de um analista? É o de ajudar a decifrar as potencialidades de conexões. Registrar, marcar que certas coisas poderiam ser experimentadas mais tarde, que talvez o próprio analista possa colocar ali algo seu, possa encontrar engrenagens, possa intervir.

Alguém, ou um grupo, vem ver quem? Onde?
[FG] Pouco importa. Esse não é o problema. Pode ser uma escola, um grupo de militantes, um consultório de grupo ou alguém sozinho. Não é porque sendo grupo será melhor. Um grupo pode ter a pior política. Basta ver os grupos de psicoterapia familiar.

A partir daí, você sente a permissividade como sendo total?
[GD] Total. [236]

No sentido em que qualquer um possa se erigir, produzir-se como esquizoanalista?
[GD] Completamente, pois Félix diz muito bem: a diferença de natureza não está entre análise dual e análise de grupo. Ele tem completamente razão. A diferença está totalmente em outro lugar. Por exemplo, o MLF[2] faz interpretação maciça, abominável. Não param de interpretar. Por outro lado, concebemos uma conexão dual que não seja interpretativa. E bem mais, pensamos que o incesto irmão/irmã é uma escapatória esquizoanalítica completamente diferente de qualquer relação edipiana. Isso pode resultar no Édipo, se a irmã é o substituto da mãe, e isso pode abrir coisas fantásticas. Não há regra alguma para isso. A regra está no nível da interpretação: interpreto ou não interpreto? É por isso que não são princípios abstratos. Ora, não interpretar implica uma ascese, uma disciplina fantástica, uma espécie de yoga...
[FG] ...uma permanente microluta de classe.
[GD] Desde que haja interpretação, há merda. Ah, você fez isso? Por quê? É o contrário da liberdade. A velha oposição determinista/liberdade deve ser transposta em interpretação/experimentação. Experimentação não quer dizer: eu jogo com você. Isso quer dizer: eu tento alguma coisa com você, que de modo algum é uma renovação relativamente à sua infância. Mais uma vez, nossa dualidade não passa por infância/adulto. Quem é esquizoanalista? Qualquer um em relação a qualquer um, contanto que isso não passe pelo contrato comum. Se você pergunta: qual é a posição de Félix relativamente à sua situação de analista? Ela é análoga à minha posição de professor. Fazer passar

---

2. Sigla do Mouvement de Libération des Femmes [Movimento de Liberação das Mulheres], atuante na França no início da década de 1970. [N.T.]

Gilles Deleuze, Félix Guattari: entrevista sobre *O anti-Édipo* com Raymond Bellour

o máximo de coisas possíveis através de uma estrutura já existente, apelando para o que as pessoas fazem em outros lugares. Elas não nos esperaram. Quando dizemos que não queremos fazer escola, é claro que fazê-lo seria uma cagada tal que não poderíamos fazer mais nada. [FG] Não somos capazes disso.

[GD] Não somos capazes, não estamos a fim. Não nos diz respeito. Por outro lado, muita gente em seu canto inventa esquizoanálise, é muito evidente.

Vocês preconizam, como sendo produtivo e única possibilidade, uma espécie de poliexplosão, o fato de que isso possa se passar nos quatro cantos da sociedade e da geografia, sem qualquer possibilidade de racionalização? [237]
[GD] Nós somos os primeiros a anunciar alguma coisa que se passa e que não nos esperou, ou seja, que as coisas não mais passarão pela leitura de Freud e da psicanálise, mas passarão pela experimentação, o que os norte-americanos fazem há muito tempo: as coisas se farão pela não cultura e não pela cultura.

Tenho uma questão relativa às crianças. A família: como organizar sua destruição? As crianças: como criá-las? Será preciso fazê-lo? Como e com quem?
[FG] Não damos a mínima.
[GD] Não sabemos. A questão está regulamentada. Nenhuma ideia a ser dada. Salvo o que dissemos anteriormente, que me parece muito importante: o tempo em que a criança forma suas lembranças edipianas de infância é o mesmo tempo em que ela leva sua infância não edipiana.

Eu dizia isso relativamente à fatalidade do sistema no qual as crianças nos tomam e são tomadas.
[GD] Não há fatalidade do sistema no qual elas estão tomadas. O que elas fazem? Elas sonham com a bomba. Julien, meu filho, com o quê ele sonha? Ele sonha com petardos, explosão, e isso não é edipiano.
Elas têm problemas com seu papai, e isso é edipiano.
[GD] É porque elas fabricam suas lembranças de criança ao mesmo tempo. É preciso distinguir bloco de infância — fórmula de Félix — e lembrança de infância. Então, Freud, os freudianos e os dissidentes de Freud sempre perguntaram: não há lembranças de infância que vêm após a infância, mas que são retroprojetadas?

[FG] As lembranças-telas.

[GD] Isso é completamente idiota.

[FG] Há tão somente lembranças-telas...

[GD] ...e elas são fabricadas no próprio momento. Então, quando meu filho me diz: "eu quero explodir você, papai", ou quando minha filha dorme na minha cama, é edipiano, os psicanalistas têm razão. Isso já é lembrança de infância. Ela a fabrica ao mesmo tempo. Ela já está na lembrança. Será para quando ela tiver trinta anos: ah, eu dormia na cama do papai!

[FG] Ela prepara seu futuro. [238]

Como se pode lutar para mudar isso?

[GD] Não é preciso lutar para mudar isso.

[FG] É preciso fazer outra coisa.

[GD] O que conta é liberar os blocos de infância o máximo possível, em oposição às lembranças de infância, uma vez dito que as lembranças de infância se fazem ao mesmo tempo que os blocos de infância. Os blocos de infância, é quando meu filho diz: "eu quero explodir o liceu Chaptal", e não "eu quero explodir papai", pois são as duas coisas ao mesmo tempo que ele quer. Ali, também, há sempre essa mistura, essa ligação ao campo social que os psicanalistas ignoram completamente. E quando ele diz: quero explodir o liceu Chaptal, ele não quer dizer: quero explodir papai. E quando minha filha dorme na minha cama, ela não quer dizer: quero fazer amor com papai. Ela quer dizer isso, mas ela quer dizer outra coisa também. Eu quero fazer alguma coisa minha, quero fazer minha própria vida etc.

E você pensa que não é preciso lutar contra o um...?

[GD] Seguramente não.

...mas, a partir do um, liberar o outro?

[GD] Evidentemente.

...e tentar lutar muito certamente contra o um o faz ressurgir ainda mais?

[GD] Completamente. O problema, de fato, não é esse. Que seja numa família unida ou desunida, no internato, na sociedade, os mesmos dois aspectos se apresentam. Para cada caso, encontrar a saída, se possível.

O que há de surpreendente é que na experiência cotidiana, material, o que mais fortemente se sofre, o que mais se percebe como atual, paradoxalmente, na relação com a criança, é infelizmente o que provém da lembrança.
[GD] Evidentemente. Pois a sociedade toda é feita para isso. A sociedade toda é feita para dizer à criança: é com teu papai e com tua mãe que você tem de se haver. Não é de admirar. O liceu é bom, é sagrado e se você o ataca é por causa do teu pai e da tua mãe. A psicanálise serviu antes de tudo para isso. A criança é inteiramente orientada para isso: o professor é a imagem do teu pai.

Você não pensa que a família, não a família simbólica, mas a família real, favoreça de modo incrível esses processos?
[GD] Sim, evidentemente. [239] Mas, com isso, ela preenche tão somente sua função social. Sua função social é derivar toda agressividade política da criança, uma vez dito que a criança é política desde seu nascimento. A criança é politizada desde seu nascimento, enquanto criança pobre ou rica. Ela é sexuada política. Freud diz: a criança é sexuada, mas ela não é política. Não a torne política. Quanto a nós, dizemos: ela é sexuada política. Não há sexualidade sem política. Ser sexuado quer dizer viver como rico ou como pobre. Discernir uma menina é discerni-la como filha do patrão ou do barman etc. Não dizemos outra coisa. Se a psicanálise não atinge isso, então a psicanálise é uma merda. A sexualidade de uma criança não está no âmbito familiar, é a empregada, a mulher rica, a mulher pobre. Desde que nasce, ela discerne isso. Portanto, ela é sexuada política. A esquizoanálise é feita em qualquer lugar, em qualquer época, com qualquer pessoa, sem contrato, sem transferência.

O TEMPO MUSICAL [240]

Trata-se da versão manuscrita, sensivelmente diferente em alguns pontos, de uma conferência publicada em *Dois regimes de loucos* ("Tornar audíveis forças não audíveis por si mesmas"), realizada no Ircam em 20 de março de 1978, a convite de Pierre Boulez.

Gostaria de fazer uma primeira observação sobre o método empregado. Pierre Boulez escolheu cinco obras: as conexões entre essas obras não são de influência, dependência ou filiação, nem mesmo de progressão ou evolução de uma obra à outra. Haveria sobretudo conexões virtuais entre essas obras, que se desprendem tão somente do seu ciclo ou de sua confrontação. E quando essas obras se confrontam assim, numa espécie de ciclo, erige-se um *perfil particular* do tempo musical. Não é, portanto, de maneira alguma, um método de abstração dirigido a um conceito geral de tempo em música. Boulez poderia ter escolhido, evidentemente, um outro ciclo: por exemplo, uma obra de Bartók, uma de Stravinsky, uma de Varèse, uma de Berio... Então, desprender-se-ia um outro perfil particular do tempo, ou então o perfil particular de uma outra variável que não o tempo. Então, poder-se-ia superpor todos esses perfis, fazer verdadeiros *mapas de variações* que, a cada vez, uniriam singularidades musicais ao invés de extrair uma generalidade a partir daquilo que chama por exemplos.

Ora, no caso preciso do ciclo escolhido por Boulez, aquilo que vemos ou ouvimos, é de que maneira um tempo não pulsado se desprende do tempo pulsado. A obra I (Ligeti) mostra esse desprendimento por meio de um jogo muito preciso de deslocamentos físicos. As obras II, III e IV mostram, a cada vez, um aspecto diferente desse tempo não pulsado, sem pretender esgotar todos os aspectos possíveis. Finalmente, a obra V (Carter) mostra como o tempo não pulsado pode dar uma outra pulsação variável de um novo tipo.

Pois bem, a questão seria saber em que consiste esse tempo não pulsado, esse tempo flutuante, mais ou menos aquilo que Proust chamava "um pouco de tempo em estado puro". [241] A primeira característica mais evidente desse tempo é que ele é uma *duração*, quer dizer, um tempo liberado da medida, regular ou irregular. Um tempo não pulsado nos coloca, portanto, em presença de uma multiplicidade de durações heterócronas, qualitativas, não coincidentes, não comunicantes: não se anda sob medida como também não se nada ou se voa sob medida. O problema, então, é como essas durações vão poder se articular, pois, de antemão, estamos privados da solução clássica muito geral, que consiste em confiar ao *Espírito* o cuidado de impor uma medida ou uma cadência métrica comum a essas durações *vitais*. Já que não podemos recorrer a essa solução homogênea, é preciso produzir uma *articulação pelo interior* entre esses ritmos ou durações. Os biólogos, por exemplo, quando estudam ritmos *vitais* de um período de vinte e quatro horas, renunciam a articulá-los numa medida comum, mesmo complexa, ou numa sequência de processos elementares, mas invocam o que eles chamam de uma população de *osciladores moleculares*, de moléculas oscilantes, acopladas, e que assegura a comunicação dos ritmos ou a transritmia. Ora, não é de maneira alguma uma metáfora, falar, em música, de moléculas sonoras acopladas, de raças ou grupos de acordes, que asseguram essa comunicação interna das durações heterogêneas. Todo um devir molecular da música, que não está diretamente ligado à música eletrônica, vai tornar possível que um mesmo tipo de elementos atravesse sistemas heterogêneos. Essa descoberta das moléculas sonoras, ao invés de notas e tons puros, é muito importante em música e se faz de maneira muito diferente segundo tal ou qual compositor (por exemplo: os ritmos não retrogradativos de Messiaen). Em suma, um tempo não pulsado é um tempo feito de durações heterogêneas, cujas conexões repousam numa população molecular, e não numa forma métrica unificadora.

Haveria também um segundo aspecto desse tempo não pulsado, desta vez concernente à conexão do tempo com a individuação. Geralmente, uma individuação se faz em função de duas coordenadas, a de uma forma e a de um sujeito. A individuação clássica é a de alguém ou de alguma coisa, enquanto provido de uma forma. Mas todos nós conhecemos e todos nós vivemos em outros tipos de individuação, onde já não há forma nem sujeito: é a individuação de uma paisagem, ou então de um dia, ou de uma hora do dia, ou de um acontecimento. [242] Meio dia — meia noite, meia noite a hora do crime, que terrível cinco horas da tarde, o vento, o mar, as energias, são individuações desse tipo. Ora, é evidente que a individuação musical, por exemplo, a individuação de uma frase, é muito mais deste segundo tipo que do primeiro. A individuação em música suscitaria problemas tão complexos quanto aqueles do tempo e em conexão com o tempo. Mas, justamente, essas individuações paradoxais, que não se fazem nem por especificação da forma nem por sinalização de um sujeito, são, elas próprias, ambíguas, porque são capazes de dois níveis de audição ou de compreensão. Há uma certa escuta daquele que fica emocionado com uma música, e que consiste em fazer associações: por exemplo, faz-se como Swann, associa-se a pequena frase de Vinteuil ao Bois de Boulogne; ou então associa-se grupos de sons e grupos de cores, mesmo tendo de fazer intervir fenômenos de sinestesia; ou associa--se até mesmo um motivo a uma personagem, como numa primeira audição de Wagner. E seria errado dizer que esse nível de escuta é grotesco; todos temos necessidade dele, inclusive Swann, inclusive Vinteuil, o compositor. Porém, num nível mais tenso, não é mais o som que remete a uma paisagem, mas a música desenvolve uma *paisagem sonora* que lhe é interior: foi Liszt quem impôs essa ideia da paisagem sonora, com uma ambiguidade tal que não se sabe mais se o som remete a uma paisagem associada ou se, ao contrário, uma paisagem é interiorizada de tal modo no som que ela só existe nele. Dir-se-ia o mesmo no caso de outra noção, a de *cor*: poder-se-ia considerar a conexão som-cor como uma simples associação, ou uma sinestesia, mas pode-se considerar que as durações ou os ritmos são, eles próprios, cores, cores propriamente sonoras que se superpõem às cores visíveis, e não têm as mesmas velocidades nem as mesmas passagens que as cores visíveis. Dir-se-ia também o mesmo de uma terceira noção: a de *personagem*: numa ópera, pode-se considerar certos motivos em associação com uma personagem, porém Boulez mostrou bem como os motivos em Wagner não somente se associavam a uma personagem exterior, mas se transformavam, tendo uma vida autônoma num tempo flutuante não pulsado, no qual eles próprios se tornavam personagens interiores. Essas três noções muito diferentes, de *paisagem sonora*, de *cores audíveis*, de *personagens rítmicas* são, para nós, exemplos de individuação, de processos de individuação, que pertencem a um tempo flutuante feito de durações heterócronas e oscilações moleculares. [243]

Enfim, haveria uma terceira característica. O tempo não pulsado não é somente um tempo liberado da medida, isto é, uma duração, nem mesmo é somente um novo procedimento de individuação, liberado do tema e do sujeito, mas é, finalmente, o nascimento de um material liberado da forma. De uma certa maneira, a música clássica europeia poderia ser definida na relação entre um material auditivo bruto e uma forma sonora que selecionava, que retirava algo desse material. Isso implicava uma certa hierarquia matéria-vida-espírito, que ia do mais simples ao mais complexo, e que assegurava a dominação de uma cadência métrica como a homogeneização das durações numa certa equivalência das partes do espaço sonoro. O que, ao contrário disso, se assiste na música atual *é o nascimento de um material sonoro que não é mais, de modo algum, uma matéria simples ou indiferenciada, mas um material muito elaborado, muito complexo; e esse material não será mais subordinado a uma forma sonora*, pois não terá necessidade disso: ele estará encarregado, por sua conta, de tornar sonoras ou audíveis *forças* que, por elas mesmas, não o são, e as diferenças entre essas forças. O par *material bruto — formas sonoras* é substituído por um acoplamento totalmente outro *material sonoro elaborado — forças imperceptíveis que o material tornará audíveis, perceptíveis.* Talvez um dos primeiros casos mais marcantes seria o *Diálogo entre o vento e o mar* de Debussy. No ciclo proposto por Boulez seria a peça ii, *Modes de valeur et de intensité*, e a peça iv, *Éclat.* Um material sonoro muito complexo é encarregado de tornar apreciáveis e perceptíveis forças de uma outra natureza, *duração, tempo, intensidade, silêncios*, que não são sonoras em si mesmas. O som é tão somente um meio de captura para outra coisa; a música não tem mais o som como unidade. A esse respeito, não se pode fixar uma ruptura entre música clássica e música moderna, e muito menos com a música atonal ou serial: um músico faz material de tudo, e a música clássica, sob o par matéria-forma sonora complexa, já fazia passar o jogo de um outro par, material sonoro elaborado — força não sonora. Não há ruptura, apenas uma efervescência: quando, no final do século xix e no início do século xx, foram feitas tentativas de cromatismo generalizado, de cromatismo liberado do temperamento, de nova criação de uma potência modal da música, foi aí que a música tornou cada vez mais audíveis o que sempre a trabalhava, forças não sonoras, como o Tempo, a organização do tempo, as intensidades silenciosas, os ritmos de qualquer natureza. [244] E é aí que os não músicos podem, apesar de sua incompetência, se encontrar mais facilmente com os músicos. A música não é somente ocupação dos músicos, dado que ela torna sonora forças que não o são, e que podem ser mais ou menos revolucionárias, mais ou menos conformistas, por exemplo, a organização do tempo.

Em todos os domínios, já não acreditamos numa hierarquia que iria do simples ao complexo, segundo uma escala matéria-vida- espírito. *É possível, ao contrário, que a matéria seja mais complexa que a vida, e que a vida seja uma simplificação da matéria. É possível que os ritmos e que as durações vitais não sejam organizados e medidos por uma forma espiritual, mas se articulem a partir do interior, de processos moleculares que os atravessam.* Em filosofia, também abandonamos o acoplamento tradicional entre uma matéria pensável indiferenciada e formas de pensamento do tipo categorias ou grandes conceitos. Tentamos trabalhar com materiais de pensamento muito elaborados, para tornar pensáveis forças que não o são por si mesmas. É a mesma coisa para a música, quando ela elabora um material sonoro para tornar audíveis forças que não o são por si mesmas. Em música, não se trata mais de um ouvido absoluto, mas de um *ouvido impossível* que pode ser colocado em qualquer um, ocorrer brevemente a qualquer um. Em filosofia, não se trata mais de um pensamento absoluto, tal como a filosofia clássica quis encarná-lo, mas de um *pensamento impossível*, isto é, da elaboração de um material que torna pensáveis forças que não o são por si mesmas.

O tempo musical

PREFÁCIO PARA A EDIÇÃO NORTE-AMERICANA DE *FRANCIS BACON – LÓGICA DA SENSAÇÃO* [245]

Prefácio destinado à edição americana de *Francis Bacon. Logique de la sensationø* Paris: la Différence, 1981. Uma primeira edição do texto, ligeiramente falha, figura em Adnen Jdey (dir.). *Gilles Deleuze, La logique du sensible*. Lyon: De l'incidence, 2013.

Essa pintura é de uma violência muito especial. É certo que Bacon passa frequentemente pela violência de uma cena representada: espetáculo horrível, crucificações, próteses e mutilações, monstros. Mas são desvios muito fáceis, que ele próprio julga severamente e que condena em sua obra. O que o interessa diretamente é uma violência que é apenas a da cor e do traço: a violência de uma sensação (e não mais de uma representação), uma violência estática ou potencial, uma violência de reação e de expressão. Por exemplo, o grito que arranca da gente o pressentimento de forças invisíveis: "pintar mais o grito do que o horror...".[1] No limite, as Figuras de Bacon não são, de maneira alguma, corpos supliciados, mas corpos comuns em situações comuns de constrangimento. Um homem fica em posições muito contorcidas quando condenado a permanecer sentado durante horas sobre um estreito tamborete. A violência de um soluço, de uma ânsia de vômito, mas também de um sorriso histérico involuntário. Os corpos, as cabeças, as Figuras de Bacon são carne. E o que interessa a Bacon são as forças invisíveis que se exercem sobre a carne. Não é a relação forma-matéria, mas material-forças. Tornar visíveis as forças pelo efeito que elas têm sobre a carne. Há, primeiramente, uma força de inércia da própria carne: em Bacon, a carne desce dos ossos; ela cai ou tende a cair (donde esses dorminhocos abatidos que conservam um braço erguido ou coxas levantadas cuja carne parece descer). O que interessa a Bacon não é o movimento, mas seu efeito sobre um

---

1. Deleuze faz referência a essa frase de Francis Bacon em seu livro *Logique de la sensation* (Paris: la Différence, 1984, p. 41), extraindo-a das entrevistas de Bacon a David Sylvester. Ver também David Sylvester. *Entrevistas com Francis Bacon. A brutalidade dos fatos*, trad. bras. de Maria Teresa Resende Costa. São Paulo: Cosac & Naify, 1995, p. 48. [N.T.]

corpo imóvel: cabeças esbofeteadas pelo vento, deformadas por um choque. Mas também todas as forças interiores que sobem na carne, tornando visível o espasmo. [246] O corpo todo é plexo. Se há um sentimento em Bacon, não é o gosto pelo horrível, mas a piedade, uma intensa piedade: piedade pela carne, inclusive a piedade pela carne morta dos animais...

Há um segundo elemento na pintura de Bacon: as grandes superfícies planas [*aplat*], sobre as quais se destaca a Figura, sem profundidade, ou apenas com aquela *"shallow depth"* [profundidade rasa] que caracteriza o pós-cubismo. Essas grandes faixas se dividem, elas mesmas, em seções, ou então são atravessadas por tubos ou calhas muito delgadas, ou então cortadas por uma fita, uma faixa bastante larga. O conjunto forma uma armadura, uma ossatura. Às vezes é como cabos suspensos no céu da superfície plana, e sobre os quais a Figura executa suas derrisórias acrobacias.

Os dois elementos picturais não ficam indiferentes um ao outro, e ganham vida um no outro. De um lado, dir-se-ia que quase sempre as superfícies planas se enrolam em torno da Figura, um arredondado, uma pista que a isolam, no seio das quais a Figura faz suas pequenas proezas (vomitar no lavatório, fechar a porta com a ponta do pé, contorcer-se no tamborete). Uma tal situação tem equivalente apenas no teatro e nos romances de Beckett, como no *Le Dépeupleur* — "interior de um cilindro rebatido... Luz... Som amarelo"[2] — ou então corpos que caem num cilindro negro. Mas, inversamente, se as superfícies planas tendem para a Figura, também a Figura tende para as superfícies planas nas quais ela tenta passar e se dissipar. Esse já era o papel do espasmo: todo o corpo tenta escapar, escorrer para fora de si. E não só os lavatórios de Bacon, mas os célebres guarda-chuvas que engolem uma parte da Figura, e que têm uma ponta exageradamente prolongada, semelhantes a vampiros: o corpo todo se esforça para fugir no volume oco, por uma ponta, mesmo que seja a ponta de uma seringa hipodérmica. Ou então, ao contrário, ele se achata e se estira num espelho de fina espessura, ele se acomoda por inteiro nessa espessura, arriscando a se fender e a se dispersar como um bloco de gordura

---

2. Samuel Beckett, *Le Dépeupleur*. Paris: Minuit, 1970, p. 7. [Ed. bras.: *O despovoador*, trad. de Eloisa de Araújo Ribeiro. São Paulo: Martins Fontes, 2008].

Prefácio para a edição norte-americana de *Francis Bacon – lógica da sensação*

numa sopa. As próprias Figuras apresentam sempre zonas limpas ou embaralhadas que mostram essa dissipação. E desde 1978–1979 pode-se ver alguns quadros ainda raros de Bacon, nos quais a Figura desapareceu efetivamente, em proveito de um simples traço ou de um jato, jato d'água, de vapor, de areia, de pó e de erva.[3] [247] Esse novo período que nos parece rico de futuras possibilidades é como uma abstração própria de Bacon. Ela completa o duplo movimento da superfície plana para a Figura e da Figura para a superfície plana.

Bacon é um grande colorista. E, nele, a cor tem muitos regimes, dois principalmente, um que corresponde à Figura-carne, o outro à superfície plana-seção. É como se Bacon retomasse o problema da pintura após Cézanne. Com efeito, a "solução" de Cézanne, quer dizer, uma modulação da cor por pinceladas curtas [*touches*], distintas, puras, segundo a ordem do espectro, fizera nascer ou renascer dois problemas: como salvar, de um lado, a grande homogeneidade ou unidade de um fundo, de uma armadura perpendicular à progressão cromática? Mas, por outro lado, também, como salvar a especificidade ou singularidade de uma forma em perpétua variação? Era esse o novo problema tanto de Van Gogh quanto de Gauguin. Com dois perigos, pois era preciso que o fundo não permanecesse inerte e que a forma não se embaralhasse ou caísse na monocromia [*grisaille*]. Van Gogh e sobretudo Gauguin redescobrem a arte do retrato, "o retrato pela cor", restaurando para o fundo vastos planos monocromáticos que valem para o infinito, e inventando para a carne novas cores "longe da natureza", que parecem sair de um forno e rivalizar com a cerâmica. O primeiro aspecto não parou de animar as buscas da pintura moderna: as extensas superfícies planas monocromáticas e vivas, que ganham vida, não por diferenças de valor, mas por diferenças muito sutis de intensidade ou de saturação determinadas por zonas de vizinhança. É a via de Bacon, na qual essas zonas de vizinhança são induzidas, ora a partir de seções de superfícies planas diversas, ora a partir da barra branca estirada ou da faixa mais larga que atravessa a

---

3. No manuscrito, Deleuze indica duas ilustrações possíveis: nº 38 e nº 70 (numeração que remete às reproduções do segundo volume que acompanham a primeira edição da obra, em 1981). Trata-se de *Jet of Water*, 1979, óleo sobre tela, 198 × 147,5 cm (col. particular) e de *Triptyque*, agosto de 1972, óleo sobre tela, 198 × 147,5 cm (Tate Gallery, Londres).

única superfície plana (vamos encontrar em Newman uma estrutura análoga campo-faixa). Quanto ao outro aspecto, o da cor-carne, ele será resolvido por Bacon na via pressentida por Gauguin: produzir "tons rompidos" que saem de uma fornalha e são riscados por brilhos de fogo. [248] O gênio de Bacon colorista está nesses dois sentidos ao mesmo tempo, ao passo que a maior parte dos pintores modernos só conservou o primeiro aspecto. Mas os dois são estritamente correlativos em Bacon: o tom vivo puro das grandes superfícies planas, e o processo de intensificação, o tom rompido da carne e o processo de ruptura ou de fornalha, os segredos da mistura de complementares. É como se a pintura conquistasse o tempo de duas maneiras: uma vez como luz e eternidade no infinito da superfície plana, onde os corpos caem ou fazem seus exercícios; uma outra vez como [palavra ilegível] variação metabólica no exercício dos corpos, na carne e sobre a pele (por exemplo, três largos dorsos de homem com variação dos tons rompidos). É uma "cronocromia", segundo o nome que o músico Messiaen deu a uma de suas obras.

O abandono da pura e simples figuração é o fato geral da pintura moderna e, mais ainda, da pintura simplesmente, de qualquer tempo. Mas, o interessante é a maneira pela qual Bacon, por sua conta, rompe com a figuração: não é impressionismo, nem expressionismo, nem simbolismo, nem cubismo, nem abstração. Nunca (salvo talvez com Michelangelo) se rompeu com a figuração, elevando a Figura a um tal nível. É a confrontação da Figura com a superfície plana e seu amplexo solitário na "*shallow depth*" que arrancam o quadro de toda narratividade, mas também de toda simbolização. Narrativa ou simbólica, a figuração só atinge a falsa violência do que é representado ou significado, mas nada exprime da violência da sensação, isto é, do ato de pintar. É natural, ou melhor, necessário, que Bacon tenha ressuscitado o tríptico: ele encontra nessa forma a condição da pintura e da cor, tais como ele as concebe. É que o tríptico tem partes separadas, realmente distintas, que renegam de antemão toda narração que poderia se estabelecer de uma à outra. Mas ele também reúne essas partes num tipo de unidade distributiva brutal que as conecta umas às outras, independentemente de qualquer pano de fundo simbólico. É nos trípticos que as cores se tornam luz e que a luz se divide em cores. Descobre-se então o ritmo como essência da pintura. Pois nunca é esse ou aquele personagem, esse ou aquele objeto, que possuem um ritmo. Ao contrário, são os ritmos, e tão somente os ritmos, que se tornam personagens e objetos. Os ritmos são os únicos personagens, as únicas Figuras. [249] Ora, a função do tríptico é tornar evidente o que, de outro modo, permaneceria oculto. O que os três painéis do tríptico distribuem, de maneira variada, é como os três ritmos de base, um ritmo constante, ou melhor, "testemunha", e dois outros ritmos, um de variação crescente ou amplificação (subida, expansão, diástole, valor acrescentado), e outro de variação decrescente ou eliminação (queda, contração, sístole, valor retirado). Consideremos cada tríptico de Bacon: em cada um dos casos, onde está a Figura-testemunho, onde está a Figura em vias de adjunção ou de diminuição? Um tríptico de 1972 mostra uma figura cujo torso está "diminuído", mas da qual uma perna já está completa, e uma outra Figura cujo torso está completo, mas da qual falta uma perna e a outra escorre.[4] São monstros, do ponto de vista da figuração. Mas, do ponto de vista das Figuras, são ritmos, nada mais, como numa música, como na música de Messiaen, que fazia ouvir "personagens rítmicos". Se tomarmos consciência desse desenvolvimento do tríptico, dessa maneira própria de Bacon de efetuar as conexões da pintura com a música, então podemos voltar aos quadros simples. Ver-se-á sem dúvida que cada um já é organizado como um tríptico, e que ele enrola um tríptico: ele distribui ritmos, três ritmos pelo menos, como outras tantas Figuras que ressoam na superfície plana, e que esta separa e faz comunicar ao mesmo tempo, superpondo-as.

---

4. *Tríptico*, agosto de 1972, óleo sobre tela, painéis 198 × 147,5 cm (Tate Gallery, Londres). Ele corresponde à reprodução nº 70 na primeira edição da obra.

TEXTOS DE JUVENTUDE

DESCRIÇÃO DA MULHER. POR UMA FILOSOFIA DE OUTREM SEXUADA [253]

Publicado pela primeira vez em *Poésie 45*, nº 28, pp. 28-39, out.-nov. 1945. As chamadas de nota foram completadas e ajustadas. Este é o primeiro texto que Deleuze publicou. Ele tinha exatos vinte anos e fazia seus estudos em *khâgne* no liceu Louis-le-Grand. É dedicado a Alain Clément, criador da revista de filosofia *Espace*, que no ano seguinte irá publicar apenas um número. É nessa revista que figura o artigo "Do Cristo à burguesia". Os temas explorados por Alain Clément em seu conhecido artigo "A vida interior mistificada (Narciso e sinceridade)", são próximos daqueles abordados aqui por Deleuze.

[Em relação à biografia pessoal, o jovem Deleuze acabara de perder o pai e o irmão e de ser reprovado no exame de admissão da École Normale Supérieur. Alguns críticos consideram que ele escreveu esse pastiche por diversão, "com e contra" Sartre de quem era, naquele momento, profundo admirador. Um artigo muito interessante sobre o texto é o do crítico inglês Keith W. Faulkner, "Deleuze IN UTERO: Deleuze-Sartre and the essence of woman" N.T.]

para Alain Clément

A mulher ainda não tem estatuto filosófico. Problema urgente. As filosofias do Outrem são estranhas; com elas, não se fica à vontade. E por uma razão bem simples: o mundo que nos é proposto é um mundo assexuado. Reciprocidades, comunicações, comunhões, essas conscienciosas misturas são a obra muito pura das almas. O Sr. Sartre parecia ter notado essa insuficiência das filosofias do Outrem, quando censurava Heidegger por ter deixado assexuada a "realidade humana".[5] E o próprio Sartre consagra um capítulo ao desejo e outro ao amor. Mas o progresso é apenas aparente. O que é sexuado, então, é aquele que faz amor, é o amante, e de maneira alguma o amado. O amado é em si mesmo sexuado apenas na medida em que é, por sua

---

5. Jean-Paul Sartre, *L'Être et le néant*. Paris: Gallimard [1943/reed. 2014], 3ª parte, III, II, p. 423: "seu *«Dasein»* nos aparece como assexuado". [N.A.] [Ed. bras.: *O ser e o nada*, trad. de Paulo Perdigão. Petrópolis: Vozes, 2007, p. 477].

vez, amante. Reencontra-se a ilusão clássica de uma reciprocidade das consciências: Outrem seria, simplesmente, outro EU, tendo suas próprias estruturas apenas no sentido em que é sujeito. Isso é dissolver o problema do Outrem. Como se apenas o amante fosse sexuado, como se fosse o amante que conferisse ao amado o sexo oposto, mais que isso: como se o amor habitual e a pederastia não diferissem essencialmente. Visão contrária a toda descrição sincera, na qual é o outro enquanto tal, e não como outro EU, que se revela em seu sexo, que é objetivamente amável e que se impõe ao amante. [254] A fenomenologia deve ser aquela do amado. Por isso, o mundo de Sartre é ainda mais desolador que o outro: um mundo objetivamente de assexuados, mas com os quais só se pensa em fazer amor, um mundo completamente monstruoso.

Grande princípio: as coisas não esperaram por mim para ter sua significação. Ou, pelo menos, o que do ponto de vista descritivo vem a dar no mesmo, eu não tenho consciência de que elas tenham me esperado. A significação se inscreve objetivamente na coisa: há o fatigante, por exemplo, e isso é tudo. Esse grande sol redondo, essa estrada que sobe, essa fadiga na cavidade das costas. Eu não sou responsável por nada disso.[6] Não sou eu que estou fatigado. Eu nada invento, nada projeto, nada faço vir ao mundo, eu nada sou, nem mesmo um nada, sobretudo: nada senão uma expressão. Eu não penduro nas coisas minhas pequenas significações. O objeto não tem uma significação, ele é sua significação: o fatigante. Ora, esse mundo estritamente objetivo, esse mundo sem sujeito encerra em si mesmo o princípio da sua própria negação, de sua própria dissolução: um objeto dentre os outros, mas que não tem menos especificidade, o mais objeto dos objetos que chamamos de Outrem. Outrem está nesse mundo fatigante e, no entanto, por sua atitude e por todos os seus gestos, seu passo ágil, sua respiração calma e sua desenvoltura, ele pode *exprimir* um mundo no qual não há o fatigante. Outrem

---

6. Nesse ponto, com esse exemplo, Deleuze muito provavelmente está se referindo ao romance de A. Camus, *O estrangeiro*, especialmente às suas páginas iniciais que descrevem o velório e o cortejo fúnebre da mãe do protagonista. A primeira edição de *O estrangeiro* é de 1942. [N.T.]

é isso: "a expressão de um mundo possível".[7] A expressão de um mundo exterior ausente, um expressante sem expressado. O mundo expressado por Outrem, o universo inteiro que é Outrem, se inscreve nessa categoria de objetos da qual Valéry falava: "ação de presença das coisas ausentes".[8] Ação de presença por contraste, mas que é suficiente para rechaçar em mim o universo antigo, para me enfiá-lo na garganta, para me fazer tomar consciência de que, desta vez, sou eu mesmo que estou fatigado. Transformação mágica do fatigante em fatigado. Sou eu, apenas eu: responsabilidade grande demais, ela é insuportável, idêntica à contingência. Tenho vergonha. Essa vergonha, essa tomada de consciência que destrói toda descrição objetiva e serena, essa consciência de Outrem, é a timidez, o ódio dissimulado a respeito de outrem. [255] Mas, Outrem seria somente o inimigo, o odioso? Ele não seria nada senão a expressão de um mundo exterior possível? Ele não seria também a oferta de uma amizade? Eu superarei minha fadiga, eu farei do sol e da estrada e da própria fadiga encorajamentos, eu me sacrificarei sem reciprocidade; sacrificarei essa fadiga tornada minha, tornada eu, que me era tão cara, realizarei enfim esse mundo exterior ausente que Outrem me revela, em uma palavra, eu me associarei a Outrem... Visão otimista: a que preço ela será sacrificada? E relativamente ao autêntico, qual será o sentido respectivo do ódio e da amizade? Aí está todo o problema do Outrem. E não é nosso problema; nós falamos dele somente na medida em que a descrição da mulher não pode ser feita sem referência ao Outrem-macho.

***

Eis o Outrem-macho, definido não como uma consciência, não como um outro EU, mas objetivamente como uma exterioridade possível. Completamente outra é a mulher. Aqui, é preciso ser simplista, ater-se à imagem ingênua: a mulher maquiada que atormenta o adolescente

7. Tomo essa expressão de um texto inédito de Michel Tournier. [N.A.] [Talvez se trate do texto lançado no ano seguinte sob o título "O impersonalismo" na revista *Espace*, cf. texto de apresentação deste capítulo, do qual algumas teses foram retomadas em *Vendredi ou les limbes du Pacifique*. Paris: Gallimard, 1967].
8. Paul Valéry, "Préface aux *Lettres persanes*" in *Œuvres I, Variété*. Paris: Gallimard, 1957, p. 509.

Descrição da mulher. Por uma filosofia de Outrem sexuada

afetuoso, misógino e dissimulado. Sobre o rosto dessa mulher, procurar-se-ia em vão a expressão de um mundo exterior ausente. Nela tudo é presença. A mulher não exprime nenhum mundo possível; ou melhor, o possível que ela exprime não é um mundo exterior, *é ela mesma*. A mulher não exprime senão ela mesma: auto expressão, inocência, serenidade. Podemos dizer, então, que ela é intermediária entre o objeto puro, que nada exprime, e o Outrem-macho, que exprime outra coisa que ele, um mundo exterior. A mulher nos faz presenciar a gênese de Outrem, nascido do objeto, na passagem do objeto a Outrem. Por outro lado, pode-se distingui-la nitidamente do Outrem-macho: eu posso, aos meus próprios olhos, ridicularizar Outrem, insultá-lo gravemente, negar a possibilidade do mundo que ele exprime, isto é, reduzir Outrem a um puro comportamento mecânico absurdo. Com efeito, chama-se "comportamento" a própria expressão, cortada do mundo exterior possível que ela desenha por contraste que ela exprime pela ausência. O comportamento é o expressante cortado do expressado; é verdade que, no caso do Outrem-macho, o expressado está ausente, mas ele não deixa de ser aquilo em direção ao qual o expressante tende completamente. [256] Fechado sobre si mesmo, cortado de sua superação, Outrem toma uma aparência absurda, se reduz a gestos incoerentes. A mulher, pelo contrário, em sua enorme presença, é impossível negá-la, insultá-la: impossível fazer o corte. Então, não há mundo exterior; o expressado é o expressante. A mulher se dá em um bloco indecomponível, ela surge, e nela o interior é exterior, o exterior é interior. A coincidência do expressante e do expressado é a *consciência*. Consciência definida de fora, objetivamente, mas, como tal, muito particular: ela não está em situação, consciência pura que exprime a si mesma, consciência de si e não de alguma coisa. Toda a carne da mulher é consciente, toda sua consciência é carne. *A mulher é seu próprio possível, ela se possibiliza.*

Tal é seu mistério, sua graça. O que não se percebeu o suficiente é que a graça se define por uma mistura de peso e de leveza, sendo que o peso é o mais leve, e a leveza, a mais pesada. O corpo da mulher é o triunfo transbordante da carne, da materialidade: "Uma barriga delicada que se via apesar do vestido que envolvia o que é comum nas mulheres: pernas, braços, o que resta; mas, sobretudo, uma barriga delicada. Um sol que fazia fervilhar o sangue e, depois, ainda duas luzes espessas sobre seu corpo, os seios e, lá em cima, aquele rosto onde a boca espessa estava sempre fechada — oh, prudência! — e seus olhos que cantavam o tempo todo como os belos verdilhões".[9] A mulher é essencialmente a encarnada; mas, quanto mais ela se encrava na materialidade, mais ela se faz imaterial, mais se refaz através da expressão de si mesma, tornando-se o próprio possível do ser que ela é. Como coisa, ela é consciente, e como consciente, ela é coisa. Ela é indissoluvelmente possibilidade de ser e ser do possível, carne do possível: dito de outra maneira, leveza do peso e peso da leveza. É a graça, essa união dos contrários, uma estrita identidade do material e do imaterial. Consciência do seu próprio peso, do seu encravamento no mundo. (Entendamos: não se trata de lastimar sob seu peso, não é isso, ter consciência não é sofrer seu peso como uma significação, "pesada demais, não o suficiente...", trata-se de uma consciência pura). [257] Barriga delicada, como diz Giono: a consciência é delicadeza. E o perigo que pesa sobre a mulher, como um peso desgracioso, é que ela perca essa consciência, que ela não seja mais que uma barriga, uma materialidade transbordante, uma maquiagem que se desfaz: então ela é uma coisa. Não falemos disso, é penoso demais: uma mulher que perde seu ser. Porque seu ser é essa incrível unidade de consciência e de carne. A mulher é uma consciência e, contudo, nada exprime de exterior a si mesma. Ela é uma consciência inútil. Uma consciência gratuita, autóctone, indisponível. Ela não serve para nada. Um objeto de luxo.

O próprio dos objetos de luxo é que eles não servem para grande coisa. Ora, há duas maneiras de ser inútil. Primeiro, objeto tão preciso, tão minucioso, tão precioso que não tem mais aplicação, objeto supérfluo que se dirige tão diretamente ao seu possuidor que este não pode se basear nele para agir: com efeito, o eu que age é sempre substituível, sempre mais ou menos qualquer pessoa, jamais é único. Para além do eu que age, o objeto de luxo se dirige a um eu mais profundo, mais interior, mais *feminino*, por exemplo, um eu que se regozija ao ver, exibidas num cigarro, suas inúteis iniciais. Objeto de luxo do qual se serve um ser de luxo: ser tão geral, neste caso, tão

---

9. Giono, *Le Chant du monde*. Paris: Gallimard, 1934, p. 121 [reed. na col. "Folio", VIII, p. 108]. [N.A.]

vasto que qualquer uso é especial demais. Nesse sentido, a mulher é cósmica. Ela é coisa e consciência, coisa na consciência, consciência na coisa. E a pura consciência, a consciência de si leva a matéria que ela afeta ao coeficiente cósmico, torce-a em torno de si. A consciência da mulher não se abre para uma pluralidade de mundos exteriores ausentes, ela se fecha sobre a matéria que ela possibiliza, que ela universaliza. A mulher é um universal concreto, ela é um mundo, não um mundo exterior, mas o debaixo do mundo, a morna interioridade do mundo, um comprimido de mundo interiorizado. De onde o prodigioso sucesso sexual da mulher: possuir a mulher é possuir o mundo. Essa síntese do ser e do possível é o que se chama a "necessidade" da mulher.

***

Consequência moral: da mulher jamais se fará uma amiga. Que nossos garotos e nossas garotas renunciem a essas teorias hipócritas. [258] A amizade é a realização do mundo *exterior* possível que Outrem-macho nos oferece. A mulher não tem mundo exterior a nos propor. A mulher não é aquilo que pode negar violentamente, numa proposição irretocável, esse mundo que há pouco eu acreditava ser objetivo, esse mundo fatigante, por exemplo, substituindo-o por outro mundo, onde não há o fatigante. Ela é simplesmente, em sua essência, aquilo que tem o poder de me desinteressar do resto das coisas, porque ela mesma é uma coisa sem relação com as outras, porque ela é um mundo sem exterioridade. É isso que se exprime quando se diz: esta mulher é desejável.

Que haja contrariedade profunda entre o amigo e o amado, isso é um fato bem conhecido. "Esta mulher é desejável", não sou eu quem projeta sobre ela essa significação (que nos lembremos do grande princípio), não sou eu quem a deseja, ela me aparece como desejável. Mas no próprio cerne desse mundo centrado em torno dela, meu amigo pode contrariamente achá-la desprezível e feia: revelação de um mundo possível onde ela não é amável. Conflito célebre entre o amor e a amizade. Eu vou realizar esse mundo exterior possível que Outrem me revela?... A mulher sente esse conflito, de modo que de duas coisas, uma, ou ela vai tentar me indispor com meu amigo, ou ela vai seduzi-lo, impor-lhe a expressão de um mundo onde ela é desejável, reduzi-lo à existência surda, junto a mim, de um rival: rival do qual tenho ciúmes, não mais o amigo que existe apenas na oposição dos mundos. — Tudo isto, pretexto para inumeráveis romances.

Retenhamos, portanto, essa oposição da mulher e do Outrem-macho. Entretanto, a mulher não poderia exprimir um mundo exterior possível? Não poderia, como Outrem-macho, propor um mundo fatigante, não fatigante etc.? De uma vez por todas: esse não é o papel da mulher, nele ela perde sua essência. O homem que sente prazer em ver a mulher exprimir um mundo exterior, eu o chamo sádico. (Das formas inofensivas do sadismo até as formas mais sutis, mais evoluídas, nas quais se impõe à mulher uma máscara de sofrimento e de medo, expressão de um mundo doloroso). Um único exemplo: a ruga no Outrem-macho, a testa surpreendida, que se enruga para ver melhor e para compreender, exprime um mundo possível, uma resistência exterior a penetrar: rugas largas, longas, bem desenhadas, separadas por dobras iguais, desenvoltura das rugas, em um rosto feito para isso. [259] Oh, a ruga na testa de uma mulher, ao contrário! Mil quebrinhas em desordem e tão desajeitadas, elas são curtas, renunciam rapidamente, recomeçam em outra parte, um pouco abaixo, sem sucesso, cortes movediços de canivete ou papel amarrotado; é de fazer chorar a impotência da testa para se contorcer de modo coerente, é ridículo e tocante. (Ridículo e tocante: curiosa aliança de palavras, que retornam sempre ao espírito). O sádico disse à mulher: senta aí e franze tua testa.

Diabo no corpo. Dir-se-ia que elas querem uma filosofia de Outrem assexuada. São as próprias mulheres que contribuem para o seu fracasso, elas querem exprimir um mundo exterior, todos os mundos exteriores possíveis, içar-se ao nível do Outrem-macho, ultrapassá-lo. Nisso, elas perderão sua essência. Um duplo perigo pesa sobre a mulher, independentemente, aliás, de qualquer questão de idade: "velhas" demais, elas se reduzem a uma coisa inexpressiva; "jovens" demais, elas querem agir como Outrem-macho. Mais uma vez ainda, é preciso ser simplista: o lugar delas não é no exterior, é na casa, no *interior*. Vida de interior e vida interior: a palavra é a mesma.

***

A mulher é seu próprio possível: ela exprime não um mundo exterior, mas o mundo interior. Ou melhor, a vida interior é essa identidade do material e do imaterial, que faz a própria essência da mulher. Enquanto Outrem-macho se define antes de tudo pela exterioridade, a mulher é uma interioridade enorme, quente, viva:

A maquiagem é a formação dessa interioridade. Vimos como a consciência de si imaterializa, interioriza a matéria que ela afeta. E não esqueçamos que essa consciência, nós a definimos sempre de fora. Deste ponto de vista, a maquiagem não aparecerá como uma máscara, colocada sobre um rosto para revestir-lhe a expressão, mas como a própria Persona feminina, instaurando uma ordem sobrenatural, isto é, interiorizando a natureza. Num livro de título promissor, e que não mantém suas promessas,[10] Billy se refere a "esse acordo de certa forma consubstancial da carne e da maquiagem", "não sei que acordo da carne com a civilização". [260] Sabemos agora que o que mantém esse acordo entre a natureza e a Persona é o próprio ato de interiorizar a natureza sob a forma de Persona, é a consciência. Essa consciência se localiza essencialmente no pescoço, nos tornozelos, há lugares graciosos: os tornozelos, ou melhor, os sapatos de salto alto, consciência do peso do corpo, e o pescoço, consciência do peso da cabeça. No Outrem-macho, ao contrário, o pescoço jamais é consciência.

Distinguem-se dois tipos de maquiagem. Primeiro, a maquiagem das superfícies, à base de creme e de pó, que consiste em deixar a superfície absolutamente lisa, "insignificante" no sentido etimológico, inexpressiva, para preservá-la de qualquer contexto, de qualquer marca de exterioridade (rugas, cicatrizes etc.). A maquiagem dos orifícios, por outro lado, consiste em salientar toda interioridade. Ora o exterior se interioriza: o preto que contorna o olho empurra o olhar, torna-o interior a si mesmo. Ora o interior se exterioriza, mas conservando, para além da sua exteriorização, o seu ser interior: os lábios avermelhados são a irrupção de uma interioridade espessa, e esse vermelho dir-se-ia que ele se prolonga no interior, vermelho como ele é, vermelho sempre mais distante, sob a pele, sob a superfície que ele tinge de rosa; assim a maquiagem dos orifícios se apodera até mesmo das superfícies. E não apenas os lábios, mas também as unhas: aqui

---

10. André Billy, *La Femme maquillée*. Paris: Flammarion, 1932, p. 78. [N.A.]

novamente o vermelho se prolonga, se prolonga tão bem que se perde o hábito absurdo de deixar a meia-lua em branco.

O problema das sobrancelhas se coloca, ao mesmo tempo em que o da junção das duas maquiagens. Na mulher, o cabelo marca uma proliferação, uma exuberância interna, uma fecundidade interior inesgotável. Mas, não é esse, mais ou menos, o sentido do pelo em geral? Então, por que a mulher depila as sobrancelhas? É que, apesar de todas as aparências, as sobrancelhas são a marca de uma exterioridade, ou melhor, a marca de uma fronteira entre o interior e o exterior: abaixo das sobrancelhas está a interioridade dos olhos, acima, a exterioridade da testa. Mas a mulher suprime toda fronteira entre interior e exterior, ela busca reduzir o exterior ao interior o máximo possível, para assegurar a primazia do interior, daí a supressão das sobrancelhas. Pela depilação, faz-se a junção das duas maquiagens.

Outros signos de uma proliferação interna: a pinta. [261] As sardas: "Não as imagine como um defeito. Elas ornavam sua tez. Sua pele parecia ser de uma essência mais rara. Como ocorre com as madeiras preciosas. Desde que eu, mais de uma vez, sem me dar conta, tive de procurar sobre os belos rostos essas sardas e ficar um pouco decepcionado com sua ausência".[11] Eu realmente não compreendo por que a mulher tem vergonha das sardas e as combate por meio da maquiagem e, pelo contrário, cultiva, ou ao menos por muito tempo cultivou, a pinta. Isso só pode se explicar por um erro da mulher sobre sua própria essência. As sardas evocam um impulso misterioso e perfeito, uma trajetória ágil procedente de qual estilingue? Como se fossem bolhas vindas de longe, que se desenhariam na superfície sem inflá-la, sem volume e sem brilho. Por mais que passemos a mão, elas não se prendem, não avançam, apenas se expandem na superfície, proliferação sem espessura, charme irritante: vê-se as sardas e não se pode tocá-las, seus contornos são simplesmente visuais e as próprias sardas estão fora de alcance: impossível pegá-las com dois dedos, contorná-las com o dedo, torná-las salientes. E, no entanto, elas estão lá, ao meu alcance, não fogem, imutáveis e serenas. A sarda vai ao encontro do reflexo de Narciso ou do suplício de Tântalo: ao meu alcance e fora

11. Jules Romains, *Les Hommes de bonne volonté*, III: "Les Amours enfantines". Paris: Flammarion, 1932, p. 60. [N.A.]

de alcance. Essa presença indiferente e inexorável, isso que se pode ver e que não se pode tocar, eu chamarei de númeno. O númeno é verdadeiramente o símbolo do interior no exterior e que, para além da sua exterioridade, mantém seu ser de interior. No limite, inclusive, toda a maquiagem tende a se fazer numênica: o que se pode ver e que não se pode tocar. A interioridade é o inviolável. Não desarrumar esse penteado, não tocar essa maquiagem. Proibição verbal proferida pela mulher que, todavia, para além das palavras, revela a verdadeira significação ontológica da maquiagem. Entretanto, é preciso desconfiar da pinta, que tem espessura, que se deixa contornar, que não é numênica. E depois a pinta está sozinha, não aparece em grupo, é de um preto pronunciado. Em suma, ela prepara e suscita uma inversão "irônica": ao invés de o rosto ter uma pinta, é a pinta que "tem" o rosto, todo o rosto se organiza em torno de uma pinta preta. [261] Efeito desastroso, que as sardas, dada sua multiplicidade, sua primorosa leveza e sua perfeição são incapazes de suscitar.

O segredo é apenas uma interioridade escondida. Situado no auge da vida interior, no entanto, este não é o seu aspecto mais interessante: o que a mulher pensa, sobretudo o que a faz rir, e que os homens jamais compreenderão. A timidez diante da mulher, e aquela outra timidez, da qual já falamos, que inspira Outrem-macho, são muito diferentes: a mulher não é como Outrem, não revela um mundo novo, ela simplesmente me olha, pensa alguma coisa de mim e seus pensamentos a fazem rir. Sou tomado pela confusão, por ver-me como o efeito de subentendidos, *de interpretações*, de segredos de que eu não desconfiaria, de cochichos que não têm nada a ver comigo. E minhas tentativas de sedução não eram senão uma vontade de impressionar a mulher, de reduzir sua interpretação a uma pura expressão, a um espelho onde me encontrarei tal como quero ser, tal como, a rigor, creio ser. No outro polo, o sadismo é uma sedução violenta, trata-se de destruir na mulher os segredos *que ela tem*. Daí a destruir o segredo *que ela é...* Porque, se a mulher, como sujeito, tem segredos, como objeto ela é o próprio Segredo e o Subentendido. O segredo é toda uma categoria de coisas — que não são ditas em voz alta, que, por natureza, devem ser compreendidas por meias-palavras. É verdade que para as crianças não é somente uma categoria de coisas, mas tudo, estritamente tudo é segredo: alfabetos secretos, piscadelas, elas se cutucam com os cotovelos, riem a propósito de nada. É o subentendido no estado puro: uma forma sem matéria. E essas mesmas crianças, por outro lado, estão absolutamente disponíveis, têm a consciência ingênua, refletem, exprimem todos os tipos de coisas que elas nem mesmo procuram interpretar: aqui, matéria sem forma. Contudo, vem a puberdade, é o encontro da forma sem matéria e da matéria sem forma; e isso, a propósito da *garota*, da mulher. Os adolescentes se cutucam com os cotovelos não mais sem razão, quando uma garota passa. O segredo se encarnou, a forma do segredo se materializou, a matéria se informou. A partir daí o segredo é a Mulher e tudo o que diz respeito à sexualidade. É o escândalo. Daí nasce o complexo puberdade cujo peso vai influenciar nossa vida inteira; a vida provinciana e, de porta em porta, aquilo que se conta em voz baixa.

A *mentira* é a interioridade preservada, defendida. [263] Sabe-se bem que a mulher mente muito. É de fato mentira ou apenas a afirmação de uma verdade feminina? Há dois tipos de mentiras. Por um lado, a vida interior defendida contra todo retorno ofensivo do exterior, as secreções imaginativas para digerir as mais duras exterioridades, a recusa sistemática de toda determinação extrínseca (cf. a Mulher e sua idade). Por outro lado, em vez de entregar sua vida interior ao amante que a exige, antes de exteriorizá-la, a mulher prefere deformá-la, desfigurá-la, quase sabotá-la: tais são as garantias do amor.

O sono é a interioridade entregue, que se oferece. É novamente a interioridade essencial, aquela que nós havíamos perdido desde a maquiagem, não mais a interioridade escondida ou preservada de todo alcance exterior, pelo contrário, aquela que se espalha, se entrega inteiramente ao exterior, mas como se fosse interior, inviolável. Por que nós a tínhamos perdido? Agora eu sei. O olhar é um dos elementos essenciais da pessoa feminina, da maquiagem. É ele que nos fez abandonar a essência, que nos arrastou em direção de uma interioridade mental, secundária e derivada mentira, segredo. Ei-la novamente, aquela essência feminina, e nós vamos compreendê-la melhor — já que agora os olhos estão fechados. Não é mais preciso se preocupar em seduzir; ela dorme. Aquela pura identidade do material e do imaterial, do ser e do possível, se declara como um coração que bate, um peito que se eleva compassadamente. A mulher agora está ao meu alcance. Nós vamos encontrar a experiência da maquiagem, ao meu alcance e fora de alcance? Que significa essa interioridade que se dá no exterior como sendo interior? Refletindo bem, parece que a interioridade como tal não possa jamais aparecer ao exterior, jamais se dar: só se conhece aquilo que esconde o interior e o recobre. De nada me serve, para constituir uma interioridade total, amontoar sobre esse corpo vestes sobre vestes, e muros após muros em torno da casa: o único muro e a única veste que me sejam dados no exterior, por definição, não é interior... Porém, desconfiar das antinomias: elas soam falso. Um gesto simples as destrói. O amontoamento das vestes é apenas uma obstinação ou um mergulho pueril no erro. Jamais a mulher é mais interior a si própria do que quando ela está nua: quando ela dorme e se entrega inteiramente à exterioridade. A essência da vida feminina é esta: ao meu alcance e fora de alcance. [264] Segredo, mas segredo essencial, nem mental nem carnal: númeno. *Tem-se* o segredo acidental: tem-se um segredo, protege-se esse segredo, constrói-se um muro em torno dele, ao abrigo de toda exterioridade que o faria desaparecer como segredo. Não é segredo senão na medida em que, para Outrem, ele se manifesta como uma ausência a ser preenchida, alguma coisa a se saber e que não se sabe. Ao contrário, a mulher que dorme *é* o segredo: não mais um ter segredo, mental, carnal, mas a possibilidade do segredo, o ser do segredo, totalmente exposto na exterioridade e que, para além dessa exterioridade, conserva seu ser de segredo. Um segredo sem matéria e que não se esconde. Aqui não há nada a saber; inviolável, porque não há nada a violar, a não ser um corpo.

***

E, no entanto, essa interioridade não pode ser desatada, desenlaçada, desfeita? Ao menos pela ação do amante, pela *carícia*. Renunciar a essa última esperança; a carícia não é aquilo que desfaz, mas aquilo que realiza. Nós falamos amiúde de uma interioridade que se entregava ao exterior como interior. Ou melhor, o interior é a cavidade da exterioridade, sua torção sobre si mesma. É a negação de uma espessura, uma espessura oca. Vamos, portanto, mais longe, não somente o segredo sem matéria, sem distinção de forma e de matéria, o segredo do segredo, o segredo de si mesmo, mas, além disso, o segredo sem qualquer espessura: esse é o termo ideal para o qual tende a mulher, jamais atingido. Todavia, é sob a carícia que ela mais se aproxima disso. Não confundir com o apalpamento. Com efeito, é a carícia que nega toda espessura, incessantemente ela dobra a exterioridade, faz com que ela entre em si mesma, torna-a interior a si mesma, traçando uma curva delicada e flexível. A carícia exprime essencialmente a síntese do ser e do possível, essa consciência de si que dá leveza à carne, essa identidade do material e do imaterial, do exterior e do interior. Gesto incansável do escultor amoroso. Ora, se pela carícia como ato, o amante pode se aproximar da essência feminina, é porque a própria mulher é o ser como carícia, o segredo sem espessura. Porém, aqui o ser jamais se realizou, sempre retido mais baixo pelos restos de uma exterioridade infinitamente renascente, que é preciso novamente acariciar. Não há imaterialidade total, pura interioridade sem espessura a ser colocada para dentro. Além disso, ela seria assaz decepcionante, essa negação total da espessura. [265] Com efeito, que seria ela senão a água, o reflexo? Essa imagem já apareceu para nós: sardas, reflexo de Narciso, númeno — o que se pode ver e não se pode tocar. Mas a mulher aí perderia tudo: a interioridade total realizada no reflexo não teria existência própria, existiria apenas em referência ao refletido. Seria bem perigoso realizar um ideal desenhado sob a forma da ausência, preencher o pontilhado. Dissolver-se-ia a mulher em uma pura interioridade, ela viraria água. O amante ali encontraria o seu reflexo, mas a mulher, reduzida ao ser como carícia, nela perderia sua substância. Felizmente o ser como carícia é sempre o que se desenha ao revés, guiando as mãos do amante assim como ele também guiava as operações da maquiagem; pura ausência que funda a necessidade da carícia como ato. Também a mulher tem necessidade de um amante. Amante que a acaricie, e nada mais. Esse é o verdadeiro estatuto ontológico: o ser da mulher jamais se realizou, não pode se realizar sem contradição, sem dissolução. Seu ser só existe sob forma de ato efetuado por um outro. A mulher não é nem objeto nem sujeito, ela não é mais somente o que se tem, mas ainda não é o que é, ela é o impulso do objeto em direção à subjetividade. Nem objeto no mundo, nem sujeito de um mundo possível. Ela não é sujeito, não atinge o ser: ser desenhado somente por contraste, ser não realizado — daí um último aspecto da graça, e a razão da necessidade ridícula que um homem sente de proteger a mulher.

A carícia esgota todo o amor? Certamente, ela funda a sua possibilidade. Mas o amor, para além da carícia, coloca um problema completamente outro: impuro. Ele faz parte de uma dinâmica da mulher ou, se preferirmos, de uma descrição moral. Abandona-se assim o domínio de uma descrição das essências.

DO CRISTO À BURGUESIA

Publicado pela primeira vez em *Espace*, nº 1, pp. 93-106, 1946. O texto é dedicado a Marie-Magdalène Davy [1903-1999], filósofa e teóloga, próxima do esoterismo, que Deleuze encontra talvez no Quai de la Mégisserie, no salão do escritor católico personalista Marcel Moré [1887-1969], onde se reuniam grandes figuras intelectuais (lá se cruzavam, entre outros, Jean Wahl, Maurice de Gandillac, Jacques Lacan, Jean Grenier, Pierre Klossowski, e os jovens Michel Butor, Michel Tournier e Gilles Deleuze). Para mais informações sobre M.-M. Davy, cf.: < europsy.org/pmmdavy/davymm.html>.

À Srta. Davy

Proclama-se a falência do Espírito no mundo moderno e se amaldiçoa o advento do materialismo. Num ponto preciso, talvez haja uma confusão. O que se está querendo dizer é que hoje em dia muitos homens já não acreditam na vida interior; não vale mais a pena. Mas isto não é uma novidade. O século XVII, aristocrata, viveu com a ideia de que a vida espiritual é tão somente o corpo, a coincidência com o corpo; e que a polidez e a honestidade, pelo contrário, consistem em fazer do corpo um objeto.

É decerto por razões totalmente outras que o interior, hoje em dia, é desprezado. Primeiramente, estou pensando na consciência revolucionária, num mundo industrial e técnico. Quanto maior vai ficando a potência desse mundo técnico, mais ele parece esvaziar o homem, como fazemos com um frango, de qualquer vida interior, reduzindo-o a uma total exterioridade. São conhecidas as célebres caricaturas sobre os modos de usar: *há esta manivela, e vemos que ela deve ser girada para a direita*. Mesmo assim o problema é mais complexo, e o parafuso de um motor facilmente se torna o símbolo daquilo que é importante.[1] Não haveria vida espiritual fora da vida interior? Naquele mundo puramente objetivo onde o operário trabalha com companheiros pode emergir o Chefe, o Líder. O chefe é aquele que revela um *mundo*

---

1. Alusão ao capítulo VII do livro *O pequeno príncipe* (1943), de Antoine de Saint-Exupéry. [N.T.]

possível, onde, por exemplo, o operário não mais trabalharia para patrões. [267] Mas esse mundo, assim revelado, permanece exterior, não menos exterior do que o primeiro mundo no qual ele nasceu. De modo que o primeiro mundo objetivo encerra em si mesmo o princípio de sua própria negação, sem referência a qualquer tipo de interioridade. O chefe é aquele que oferece uma *amizade,* não um amor, mas uma amizade, no interior de uma equipe. É que a amizade, a equipe, consiste em realizar o mundo exterior possível que o chefe revelou. Amizade técnica, se quisermos. Diz-se que a técnica é uma relação entre meios e fim; porém, quanto mais ela se afirma, mais o próprio fim também se afirma por ele mesmo. E o espírito revolucionário nos propõe um fim, que deve ser realizado na força e na quantidade dos integrantes da equipe. Não nos precipitemos em sair gritando que se trata de uma moral em que o fim justifica os meios. Isto seria transpor o espírito de exterioridade para o plano da vida interior. O que já não faz sentido é a própria noção de meios. Não é em nós que devemos fazer a revolução, é no exterior — fazê-la em nós é apenas um meio de não a fazer lá fora.[2] Isto, aliás, não impede que a amizade revolucionária seja essencialmente sacrifício de si. Mas o sacrifício, aqui, não tende para uma transformação interior: ele é o preço possível pelo qual se deve pagar a substituição dos mundos. A Equipe sempre se levanta contra alguém, contra alguma coisa. Estamos falando de uma revolução em ato.

Estes seriam traços bem grosseiros, se nosso problema fosse caracterizar a consciência revolucionária. Mas trata-se de outra coisa. E não é somente no plano revolucionário que a vida interior entra em falência, mas em outros planos também, mais individuais, mais naturalmente

---

2. Haveria uma oposição fácil de ser estabelecida entre o governo de Vichy e o governo de [De] Gaulle. Vichy invocava o remorso e a revolução interior que cada francês teria que fazer por conta própria; como se a vida interior e a revolução fossem compatíveis. Comecem por se arrepender, é o que se dizia; e instituía-se uma espécie de culto do remorso. O governo de [De] Gaulle, como chefe, revela-nos, pelo contrário, um mundo exterior possível, onde a França seria grande. Quanto aos meios de assegurar essa grandeza, não é aí que está a questão. Alguns verão nisto verbalismo. De fato, só há verbalismo e, pior ainda, contradição, se o atual governo não for revolucionário e se, com certas características formais de uma revolução, também não for um governo reacionário. O que, aliás, é possível (dezembro de 1945). [N.A.]

abertos à exterioridade. Por que, frequentemente, a vida interior não pode ser evocada sem arrastar com ela a imagem de grandes flores sem viço, babas e borborismos, palmas suadas, larvas brancas levemente caídas para fora das calças? [268] A ponto dessas imagens já estarem começando a ficar gastas. Em suma, insulta-se a vida interior, só podemos imaginá-la sob a forma de suores. "Em vão buscaríamos, como Amiel, como uma criança que se beija o ombro, as carícias e os mimos de nossa intimidade, já que no fim tudo está fora, tudo, até mesmo nós: fora, no mundo em meio aos outros. Não sei em que esconderijo iriamos nos abrigar: na estrada, no meio da multidão, coisas no meio das coisas, homens no meio dos homens."[3]

Haveria para alguns uma nova crença?

Que o Evangelho, em parte, tenha esse aspecto de exterioridade, é certo. Basta pensar nos milagres. E também: "Não acreditai que eu vim trazer a paz, mas sim a espada. E quem não tomar sua cruz e não me seguir, não é digno de mim. Quem conservar sua vida a perderá."[4] Essas palavras se referem a um mundo de exterioridade. O Cristo é o Chefe que nos revela um mundo exterior possível, e nos oferece uma amizade. Sua presença não eclode na intimidade dos pátios, mas ela se impõe na estrada, no desvio de um caminho, nos campos, pela brusca revelação de um mundo possível. O homem em sua intimidade é impotente para descobrir sua *relação interior* com Deus. Mas aí é que está a palavra perigosa. O Cristo nos revela um mundo exterior, mas este mundo exterior não é um mundo social, histórico, localizado; *é nossa própria vida interior.* O paradoxo do Evangelho, em termos abstratos, é a exterioridade de uma interioridade.

A atualidade do Evangelho é tanto a má quanto a boa nova, e esta só existe por conta daquela. O cristianismo acarretou a dissociação da Natureza e do Espírito. Talvez se possa dizer que a união, no tempo dos Gregos, já não existia. Pouco importa. A identidade da Natureza

---

3. Cf. Sartre: "Une idée fondamentale de la phénoménologie de Husserl: l'intentionnalité", artigo publicado em janeiro de 1939, que será reeditado em *Situation*, I (Paris: Gallimard, 1947).
4. Mateus, 10:35-39.

e do Espírito existe a título de nostalgia na consciência moderna; quer seja definida referindo-se à Grécia, a um estado anterior à culpa original ou, se gostamos da psicanálise, a um estado anterior ao trauma do nascimento, uma vez mais, pouco importa. [269] Era uma vez uma união da Natureza e do Espírito, e essa união formava um mundo exterior. A natureza era espírito, e o espírito, natureza; o sujeito não intervinha, a não ser como um coeficiente de erro. O cristianismo subjetivou a natureza em corpo e vida espiritual roída pelo pecado e, por outro lado, ele subjetivou o espírito sob forma de "vida" espiritual. Mas a consciência cristã está tão dilacerada, que nem pode apreender nela mesma a relação da vida natural com a vida espiritual. E, deste então, a miséria dessa consciência é tal, que para estabelecer uma certa unidade do corpo e do espírito é preciso que ela veja fora de si, exteriormente, essa própria unidade sob forma de vida interior. É preciso que ela veja fora de si, exteriormente, sua própria interioridade. Por isso é preciso um Mediador que traga a boa nova. O Evangelho é a exterioridade de uma interioridade; e este paradoxo se exprime essencialmente na noção de *parábola*. O cristão apreende em si mesmo a dissociação da vida natural e da vida espiritual: e a união das duas vidas como vida interior ele só apreende do lado de fora. Sua tarefa paradoxal é interiorizar a vida interior. Interiorizar o Cristo.

Muito diferente, à primeira vista, da oposição cristã entre a Natureza e o Espírito, parece ser a oposição burguesa entre a vida privada e o Estado. E, no entanto, não é. O burguês soube interiorizar a vida interior, como mediação entre a natureza e o espírito. A Natureza, ao se tornar vida privada, espiritualizou-se sob a forma de família e de boa natureza; e o Espírito, ao se tornar o Estado, naturalizou-se como de pátria, sem contradição com o liberalismo, aliás, e com o pacifismo burguês. Como tudo isso foi feito? Veremos mais tarde. Mas, o importante é que a burguesia se define, antes de tudo, pela vida interior e pelo primado do sujeito. Gostaríamos de invocar os exemplos mais simples, e até os mais pueris. Há burguesia desde que haja submissão do exterior a uma ordem interior, a uma cerimônia. A fábula quer que o burguês, não importa o tempo que está fazendo, não saia sem colarinho e chapéu coco. O calor não é mais aquilo que se *exprime* por uma quase-nudez do corpo, pelo menos por roupas leves, ele é aquilo sobre o qual se *projeta* uma significação. E essa significação é: "Aquilo apesar do que... Assim é a Ordem. Arrumo meus papéis e coloco meu lápis à direita. Eu *sei*, quando quiser escrever, que só terei de esticar um pouco o braço direito". [270] A ordem transcende o tempo; e o burguês sabe disso. (Seria interessante mostrar, por exemplo, o quanto é burguesa a teoria clássica da percepção do século xix: só se percebe o que se sabe, e toda percepção é uma interpretação etc.)[5]

A burguesia é essencialmente vida interior interiorizada, ou seja, mediação da vida privada e do Estado. Mas ela teme tanto um quanto o outro desses dois extremos. É a famosa luta contra duas frentes. Seu domínio é o centro. Ela odeia os excessos de uma vida privada demasiadamente individualista, de uma natureza *romântica*; a posição burguesa a respeito dos problemas sexuais mostra bem isto. Mas ela não deixa de temer o Estado que, na medida em que se introduz na vida interior, como quem não quer nada, e com a desculpa de uma Pátria ameaçada, nada mais é, por sua vez, senão uma natureza pura, uma força pura. Basta pensar aqui nos Fisiocratas do século xviii. E também nos socialistas do século xix, e no espírito de 1848. Renouvier, por exemplo, queria as livres associações, isto é, "um crédito organizado pelo Estado em favor das associações livremente formadas",[6] e exigia, como garantias fundamentais, o direito de propriedade e o direito ao lucro. O domínio da burguesia é o do humanismo, aparentemente tranquilo, dos Direitos do homem. A Pessoa burguesa é a mediação substancializada; ela se define formalmente pela igualdade e pela reciprocidade, materialmente pela vida interior. Que a igualdade formal seja materialmente desmentida, nisto não há contradição aos olhos do burguês, nem razão para fazer uma revolução. O burguês permanece coerente. Aqui se vê tudo que pode opor a "equipe" do burguês à equipe revolucionária, pois se a segunda é verdadeiramente uma equipe, a primeira, no fundo, é um contrato.

---

5. Sobre a Ordem, o Ter e o Saber burgueses, cf. o artigo capital do Sr. Bernhard Groethuysen, "L'Encyclopédie" in *Le Tableau de la littérature française* – séculos xvii e xviii (Paris: Gallimard, 1939, pp. 343-349). [N.A.]

6. Ao que tudo indica, esta frase, exatamente, encontra-se não em Renouvier, mas num artigo do filósofo suíço Charles Baudouin [1893-1963], "La philosophie politique de Ch. Renouvier" in *Revue philosophique de la France et de l'étranger*, cxix, jan.-jun. 1935, p. 326. [N.T.]

Mediação substancializada? Os filósofos deram um nome à mediação da natureza e do espírito: o de Valor. Mas trata-se aqui de uma mediação-substância, distante dos extremos. Do mesmo modo o valor substancializado é o *Ter*. Quando os Fisiocratas falavam de natureza, estavam falando de ter. A propriedade é um direito natural. O século XVIII acreditou de bom grado que o homem não *é* nada, mas que ele *tem*; ele tem impressões e, com isso, ele adquire: tudo é recebido. [271] E se o burguês tem o desejo de ter, ele permanece, por outro lado, insensível ao desejo de estar onde ele pudesse ver, facilmente, com seu olho hábil, os traços do romantismo e da idade ingrata. (A idade ingrata, sua grande preocupação; pois o burguês tem uma família que vive nas suas propriedades. Da vida interior à vida de interior é só um pulo, duas letras.)

Para que se possa estabelecer uma mediação entre a vida privada e o Estado, é ainda preciso que ninguém possa dizer: o Estado sou eu. O Estado permanecerá sujeito, certamente, mas sujeito impessoal. A situação da burguesia, antes de 1789, era paradoxal: a burguesia tinha a propriedade privada, tinha a mediação da vida privada e do Estado, e não havia Estado. O Estado não era um sujeito impessoal; e para constituí-lo foi preciso a revolução. Mas essa própria constituição não estava fundando a possibilidade de uma outra mediação? A do *Dinheiro*. O Ter como dinheiro, não mais como propriedade. E essa nova mediação não é substancializada; pelo contrário, ela é fluente. Enquanto os dois extremos (vida privada e Estado) ficavam à sombra, na propriedade, o dinheiro, em contrapartida, estabelece entre eles um contato pelo qual o Estado se dissipa e se espalha nas mãos de sujeitos privados ricos, e estes sujeitos privados acedem ao poder. Donde a ameaça e o perigo. A burguesia de negócios substituiu a burguesia de propriedade. É o famoso capitalismo. O dinheiro nega sua própria essência, paralisa ao dar o poder aos capitalistas, ao restaurar uma forma de poder pessoal, em suma, ao abandonar seu papel de mediação, sua referência à vida interior e de interior. E se os comunistas negam a burguesia, se eles querem um poder verdadeiramente impessoal, no qual, por exemplo, não haja patrões, é antes de tudo porque a própria burguesia se nega ela mesma. É natural, a partir daí, que quando os comunistas falem de burguesia, e eles frequentemente falam, não se saiba muito precisamente do que estão falando.

Invoquemos um caso menos importante: é sabido que o burguês frauda enormemente. Inútil invocar o fisco, no entanto. Simplesmente, o burguês gosta de atravessar fora da faixa, e sair pela entrada. Tudo tem um sentido. Mas aí, duas hipóteses extremas devem ser excluídas: 1) o burguês projetaria na entrada a significação "saída", pensando que seria melhor assim; 2) a entrada conservaria sua significação, e o burguês colocaria *ao lado*, num ato de desafio, a significação saída. De fato, a significação legal é reconhecida, mas ela está envolvida, integrada sob a forma do "Aquilo apesar de que...". [272] A Entrada é aquilo apesar do que eu saio. Mas o burguês está perseguindo assim qual objetivo? Poder-se-ia dizer que a fraude é o contrário da guerra. O Estado engana o sujeito privado com um movimento centrífugo, sob forma de família e de associação; mas pela guerra ele está pronto a reconduzi-lo para si, para lembrá-lo de que ele é essencialmente cidadão sem vida privada. Inversamente, o burguês engana a Ordem social espiritual com um movimento centrífugo, que a ele se manifesta do exterior como entrada, saída, faixa, isto é, que volta diretamente para ele como natureza. E a fraude é tão somente a reação do burguês, para assegurar-se de que o Estado, como sujeito impessoal, "nem está tão longe assim..." Para assegurar-se, ficar sossegado, para ver... Não se leva a fraude a sério, no fundo se está de acordo com a lei, é só para ver. Mas sobretudo é para melhor levar a sério o resto, para aderir mais tranquilamente à ordem social e nacional, para assegurar-se de que esta ordem é sim um negócio de família, e projetado pelo sujeito. Se o burguês frauda, é para assegurar-se de que é livre, e de que o Estado é "cada um por si". E o burguês, tranquilizado, irá, portanto, à guerra, pois há coisas com as quais não se brinca. Logo se vê em que sentido a fraude é ainda uma mediação entre a vida privada e o Estado. Ela é o que a prova é para o cristão, a manifestação sensível que Pascal exigia. Nem reforma, nem revolta, mas, ao contrário, exterminação da dúvida.

Além de fraudar, o burguês, do mesmo jeito, *interpreta* enormemente. Não é bem do mesmo jeito, todavia. A fraude é negativa, e por ela o burguês traz o Estado para si. Na interpretação, que é positiva, pelo contrário, ele se alça até o Estado. O burguês tem gosto pelo segredo, pelo subentendido, pela alusão, ele gosta de "ultrapassar as aparências"; pois o objeto interpretado se divide, ou antes, se sublima e se ultrapassa, ao mesmo tempo em que são ultrapassadas as aparências e, paralelamente, o sujeito que interpreta parece também ultrapassar-se, sublimar-se, alcançar uma lucidez sobre-humana. Atenhamo-nos à interpretação política. Jules Romains pensa que o milagre da democracia burguesa é que, dos milhões de absurdos lançados por todos aqueles que têm vida política, por todos os que dizem "Se fosse eu...", esguicha e jorra, por fim, uma direção coerente e válida do país. [273] E, no caso geral, ele tem razão, manifestamente contra Anatole France, que fazia o socialista Bissolo dizer: "Uma besteira repetida por 36 milhões de bocas não deixa de ser uma besteira".[7] Pois raramente a mesma besteira é repetida, na democracia.[8]

Na medida em que a burguesia interioriza a vida interior e o próprio Cristo, ela o faz sob a forma de propriedade, de dinheiro, de ter; tudo o que Cristo odiava, e que ele veio combater, para substituí-lo pelo ser. É, portanto, o paradoxo do Evangelho, como exterioridade de uma interioridade, que continua. Mas será que já podemos tirar essa conclusão? É que não mostramos, de modo algum, como a oposição cristã entre a Natureza e o Espírito se transformava em oposição burguesa entre a vida privada e o Estado.

Correspondendo à oposição burguesa, falamos da interpretação. Há também uma interpretação religiosa, aparentemente de outro tipo, completamente diferente. O intérprete, então, chama-se profeta. O Cristo dizia: "Vos disseram que... E eu vos digo...", "Em verdade vos digo". Finalmente, uma terceira interpretação, a ciência, responde a uma nova oposição, desta vez entre a realidade e a verdade. Realidade das qualidades sensíveis e verdade dos objetos de pensamento: o calor é movimento.

Então, estamos aqui diante de uma tripla oposição: 1) a oposição científica, entre o objeto sensível real e o objeto de pensamento, oposição de exterioridade; 2) a oposição religiosa de interioridade, entre o sujeito corpóreo e pecador e o sujeito espiritual; 3) a oposição política, entre o sujeito privado e o sujeito impessoal ou Estado. E se nada é pessoal na primeira, e se na segunda tudo é pessoal, a terceira é a

---

7. Cf. *Monsieur Bergeret à Paris*, cap. XI (Paris: C. Lévy, 1901) do escritor Anatole France. [N.T.]

8. Ele pensava no caso Dreyfus. [N.A.]

oposição mais irredutível do pessoal e do impessoal. O sujeito privado será, dessa maneira, determinado impessoalmente pelo Estado, determinado por oposição, negativamente, como aquilo que escapa do Estado e que o Estado, entretanto, *regula*. Assim, instalado no domínio mediador, o indivíduo dos Direitos do homem é intercambiável; e no próprio seio deste domínio, encontrar-se-á a oposição da forma e da matéria.

Aliás, a mediação política é ainda mais instável porque se funda sobre um desenvolvimento unilinear e progressivo da vida privada, da família e das associações, e do Estado. [274] O que é absolutamente falso. Mas as outras interpretações tampouco são capazes de reduzir as oposições correspondentes. Sob a oposição religiosa, reconhecer-se-á a dualidade do Diabo e de Deus. Talvez o Cristo se tenha feito homem para nos salvar do Diabo. Mas esta salvação pela vida interior, vimos que ela sempre esteve fora de nós, no exterior. O mesmo, enfim, para a oposição científica, "na realidade — na verdade"; por mais que se desloquem os termos ("na aparência — na realidade", diremos), o que não será explicado é a aparência enquanto tal.

Como passar da oposição científica à oposição religiosa? Toda a filosofia de Malebranche é uma resposta a esta pergunta, no sentido em que ela substitui, por um lado, a ordem das conexões de grandeza pela ordem das conexões de perfeição, e por outro, a desordem aparente das coisas pela desordem da alma e do pecado.

Resta mostrar a identidade da oposição religiosa e da oposição política. Ou pelo menos a transformação do par vida natural-vida espiritual, em par vida privada-Estado. Ora, parece que há uma certa ruptura entre a vida espiritual em Deus e o Estado, no fundo ruptura do espiritual e do temporal. Dar a César o que é de César. A Verdade religiosa é de outra ordem. "Do Evangelho", pôde-se dizer, "jamais se tirará uma técnica; o Evangelho não vem salvar o mundo, ele vem nos salvar do mundo".[9] Decerto, Cristo é a mediação da Natureza e

---

9. Não se conseguiu encontrar esta citação, mas o teor do texto ressoa com o início da Carta aos Gálatas, de Paulo de Tarso: "Que desçam paz e graça sobre todos vós, das mãos de Deus Pai e de Nosso Senhor Jesus Cristo, que se entregou pelos nossos pecados a fim de nos salvar do mundo perverso em que vivemos." (traduzido aqui de Ernest Renan. *Saint Paul*, cap. XI. Paris: Michel Lévy, 1869, pp. 314-315). [N.T.]

do Espírito, e esta mediação, esta revelação pelo Cristo se estabelece entre dois termos; mas a boa nova que ela nos propõe não incide sobre o mundo, ela incide sobre aquela parte do mundo, chamada natureza humana, onde rói o pecado. O Evangelho não se ocupa do político e do social, no sentido em que o social colocaria problemas específicos; ele reconduz tudo à possibilidade do pecado, e à possibilidade de salvar o homem do pecado. A vida interior cristã está inteiramente tensionada para uma vida espiritual interior; é neste sentido, *muito especial*, que se pode falar de uma "indiferença" cristã. Porém, inversamente, o Estado pretende ter todo o homem, reduzir o homem inteiro ao cidadão. Entre a vontade de potência do Estado sobre o homem interior, e a vontade de indiferença do homem interior a respeito do Estado, nasce a oposição. E o Estado perseguirá. Mas o cristão acolherá as perseguições com doçura. [275] (Ele será mártir e receberá o sofrimento como uma exterminação do pecado.)

Com doçura? Mas o mal está feito. O homem poderá ser ateu, ele não deixará de ser cristão, não temos mais escolha; ela oporá o homem privado ao Estado. O homem interior, mártir indiferente e doce, o que é certamente a pior das revoltas, tornar-se-á o homem privado, rabugento, preocupado com seus direitos, preocupado apenas em invocar a Razão. "O homem de hoje rapidamente se desumaniza, pois ele deixa de acreditar que tem direitos irracionais e imediatos contra o Estado. O sentido da revolta se perde, ele se sublima, ó ironia, em resmungos... ele se alastra em mau humor."[10] Trata-se de uma laicização da Igreja. Mas não nos enganemos, essa laicização é dupla: 1) a vida interior cristã, revelada pelo Cristo, era o elã do homem para fora da natureza, seu elã para o Espírito. Mas ela perde sua tensão para a vida espiritual em Deus, na mesma medida em que perde sua "indiferença" irracional e imediata para com o Estado; e no sentido em que ela já não se ultrapassa, ela evolui da humildade cristã para a oposição fechada sobre si própria. É assim que a vida espiritual cristã é tão somente uma *natureza burguesa*. Mas esta nova natureza guardou alguma coisa de seu contato com o Espírito; e se observávamos, falando da burguesia, que a natureza sob forma de vida privada se espiritualizou e se transformou em boa natureza,

10. Rougemont, *Journal d'un intellectuel em chômage* [Paris: Albin Michel, 1937]. [N.A.]

agora compreendemos isso, é porque o Espírito cristão se naturalizou. 2) Mas e o espírito vacante, esse lugar que ele ocupava e de onde ele desertou? O Espírito torna-se aquilo ao que ele era indiferente. Aquilo que ele considerava como o mundo, e pelo qual ele só se interessava para reconduzi-lo indiretamente à possibilidade do pecado. O que pôde exercer sobre ele até mesmo uma ação de força. O Espírito torna-se o Estado. Deus torna-se o sujeito impessoal; e no Contrato Social, tentativa magistral para reduzir o homem interior ao cidadão, a vontade geral tem todas as características da divindade.

***

Não é uma conexão contingente que liga o Cristianismo e a Burguesia.

DIZERES E PERFIS [276]

Publicado pela primeira vez em *Poésie 47*, nº 28, pp. 68-78, dez. 1946. As referências e chamadas de notas foram, a cada vez, completadas e precisadas.

Os sentimentos fora da lei são outras tantas reações de defesa. Talvez haja uma paixão fundamental, insuportável para alguns, que então a perfilam em ações sob forma de vícios. Estranhos perfis e por vezes contraditórios, eles se misturam, se implicam, se sobrepõem, perfis monstruosos como aqueles que as crianças sabem fazer, manipulando os dedos, numa parede iluminada. Mas a filosofia nos ensina a despojar as coisas e os seres do seu sentido pejorativo: trata-se de *dar conta*, e é tudo. Trata-se de descrever, e as coisas nada devem às nossas reprovações, às nossas apologias tampouco. Que isto sirva de introdução a um mundo desagradável.

***

Estou cansado? Primeiro, isso não quer dizer grande coisa, pois minha fadiga não é minha, não sou eu que estou cansado. "Há algo fatigante". Minha fadiga se inscreve no mundo como uma consistência objetiva, de uma espessura mole das coisas elas mesmas, do sol e da estrada que vai subindo, e do pó, e dos pedregulhos. Mas neste mundo objetivo, ao meu lado, Outrem pode me revelar um mundo exterior, possível, que ele exprime pelo seu leve andar, sua respiração calma e sua desenvoltura; um mundo exterior onde nada cansa. É a negação do mundo anterior, a revelação de que minha fadiga não tem consistência objetiva, que sou eu, eu mesmo desta vez, que estou cansado, que confiro às coisas, num ato arbitrário e do qual sinto, de supetão, em meu ombro, a total e gelada responsabilidade, suas significações fatigantes. Ele entra em mim, esse mundo fatigante que ainda me servia de consolação, ele agora só existe em mim, ele já não é meu corpo cansado. [277] Meu corpo alquebrado permanece só, *exprimente sem exprimido*, e não é mais sustentado pelo mundo que ele exprime. Isso sou eu. Essa apreensão do EU, sob qualquer forma que ela se especifique (em vez da fadiga, poderíamos igualmente ter pegado como exemplo a alegria, o bem-estar), é também a apreensão da existência como *medíocre*. O EU se conhece a si mesmo na solidão e conhece Outrem-macho no ódio, sem romper sua solidão. Isto porque nenhuma intimidade possível, nenhuma vida interior, como uma sombra ao sol, aparece para rompê-la. A mediocridade do EU, o que chamávamos de paixão fundamental, não é nem interior nem exterior, ela *é*, isso é tudo, ela está aqui, para além das especificações. E, por outro lado, Outrem-macho suscita o ódio do medíocre apenas pela revelação de um mundo exterior possível. Ele é a expressão de um mundo exterior possível. Aqui, precisamos nos entender: estamos falando de Outrem-macho como surgimento ontológico, categórico, num bloco *anônimo*, falamos de Outrem *a priori*, de modo algum deste Outrem aqui, que pode muito bem, em sua personalidade, ter uma vida interior.

***

Decerto este mundo não é o Único. É que, no fundo, o mundo possível que Outrem-macho revela pode também se chamar oferta de uma amizade. Que eu supere minha fadiga, que eu realize um mundo onde não exista nada fatigante, que eu colabore com Outrem, em equipe. Equipe esportiva, ou social. Mas talvez, para melhor compreender esse mundo colaborativo e poder participar dele, é preciso também conhecer esse outro mundo que o duplica como uma ameaça, e que pode surgir de um momento para o outro entre os membros da equipe, romper suas ligações, colocá-los uns contra os outros, torná-los rivais. A Equipe é o único meio de escapar da mediocridade. Muitos, porém, só puderam escolher o rancor, é bom que se saiba isso, e seu próprio amor os rejeita. Seu papel, sem importância, é sempre mudar de posição para enfim encontrar um lugar fresquinho no travesseiro, mas é em vão, eles se desgastam em posições físicas curtas e pesadas.

***

A filosofia exige um derradeiro esforço. Que se remova da própria palavra mediocridade qualquer sentido pejorativo. Dar conta talvez esteja ligado à ideia de caridade. Por que não? [278]

***

Se Outrem-macho exprime um mundo exterior, a mulher, pelo contrário, é uma enorme vida interior. O mundo possível que ela exprime é ela própria. Sua própria carne como pura matéria é espiritualizada pela expressão dela própria, e se torna *graciosa*. Uma interioridade que se dá no exterior e que, para além dessa exterioridade, preserva seu ser de interior, uma interioridade que se dá no exterior como interior a si mesma: o que pode se chamar de *segredo*, não os segredos que ela tem, mas o segredo que ela é. Decerto a mulher também pode revelar um mundo exterior possível (fatigante ou não); mas já não se trata da mulher como essência, trata-se desta outra mulher, da amada, por exemplo. Ao vê-la, então, exprimir um mundo exterior, o medíocre sente alegria, não mais ódio. Mundo exterior possível, mais de sofrimento, do que de facilidade; mas mesmo quando esse mundo é de facilidade, a alegria que ele inspira chama-se, exatamente, *sadismo*.

***

Aos que não podem ou não querem ultrapassar a mediocridade para se juntar à Equipe, dois meios se oferecem, na necessidade de "fazer alguma coisa", de ao menos adquirir a vida interior que lhes falta, de interiorizar a mediocridade.

E, primeiramente, o onanismo, "historicização" do eu medíocre. — O que é, de fato, o objeto histórico? Uma peça de museu, um fuzil de uma certa época, por exemplo, é um fuzil que, fixado numa parede, fora de nosso alcance, nos faz *imaginar* aqueles que o colocaram no ombro. O mesmo se dá com um castelo histórico e aqueles que o habitaram. "Ele imaginava todos os personagens que tinham assombrado aquelas paredes, Carlos v, os Valois, Henrique iv, Pedro o Grande, Jean-Jacques Rousseau, e as belas carpideiras que ocupavam os melhores lugares, Voltaire, Napoleão, Pio vii, Louis-Philippe; ele se sentia rodeado, ladeado por esses mortos turbulentos; uma tal confusão de imagens o atordoava, embora ele achasse tudo isso encantador, no entanto."[11] [279] Mas vamos mais longe em sua unidade categórica com todos os outros objetos históricos (e não em sua individualidade relativa a certa época): o fuzil histórico é simplesmente aquilo que se coloca no ombro por si próprio. Não é preciso imaginar. O objeto histórico basta a si próprio e remete apenas a si próprio, ele é aquilo que se toca a si mesmo. (Daí os cartazes: proibido tocar). E aqueles livros maravilhosos, que ninguém jamais lê porque eles leem a si próprios.... É esta a vida da história.

Ainda uma palavra. A mundanidade transforma em seres históricos aqueles participam de sua essência com mais brilhantismo. A princesa de Laumes entra num salão; "para mostrar que ela não queria exibir, num salão onde apenas ia por condescendência, a superioridade do seu posto, ela havia entrado encolhendo os ombros, mesmo que não houvesse nenhuma multidão para afastar e ninguém para deixá-la passar."[12] Ela mesma se afasta, e ela mesma se deixa passar.

A gente se faz histórico como pode. E o onanismo é a mundanidade dos medíocres, dos solitários e das crianças.

***

A pederastia, mais ainda, é a aquisição pelo medíocre de uma vida interior, isto é, do segredo. A mediocridade fundamental, que nascia com o próprio aparecimento de outrem *a priori* num mundo anterior, torna-se o segredo, signo de uma independência abjeta e dolorosa, que o homem do segredo compartilha com a criança, contra os outros. Vemos que é absurdo acreditar que o pederasta queira se tornar mulher, e que, pelo contrário, a possibilidade viciosa da pederastia está apenas indiretamente fundamentada no exemplo da mulher.

***

11. Gustave Flaubert, *L'Éducation sentimentale* [3ª parte, cap. 1]. [N.A.] [Ed. bras.: *A educação sentimental*, trad. de Rosa Freire d'Aguiar. São Paulo: Cia. das Letras, 2017].

12. Cf. Marcel Proust, *À la recherche du temps perdu*, tomo 1. *Du côté de chez Swann*. Dir. J.-Y. Tadié. Paris: Gallimard, 1987, p. 325. Coll. "Bibliothèque de la Pléiade" [*Em busca do tempo perdido*, v. 1, trad. bras. de. Mario Quintana. Rio de Janeiro: Globo, 2006]. [N.A.]

É certo que o onanismo, a pederastia... etc., numa palavra, o vício, seja a vida interior fora da equipe e o segredo. A pederastia passa de bom grado como sendo coisa de intelectuais. Flagrei no liceu x... essa conversa agressiva e reticente entre dois adolescentes. [280] Estavam falando de professores. Esquematizo. "O nosso se pica com morfina. — Ah! mas o nosso é pederasta etc." eles estavam mentindo, não há dúvida. Estamos falando aqui de adolescentes obcecados. Mas o importante é que eles queriam, respectivamente, ter o *melhor* professor, e conferiam a esse "melhor" uma enorme vida interior da qual eles, como alunos, participavam, como que da essência prestigiosa do vício. No fundo, eles tentavam canhestramente *caluniar*, isto é, não exatamente mentir, mas assinalar para além dos *fatos*, apontar, no plano das essências, a monstruosa pureza de uma vida interior, para cujo círculo eles gostariam de se deixar levar. Eles se cutucavam, eram fraternais e, todavia, não esqueciam sua rivalidade, sua competição, a necessidade de que houvesse um vencedor. Esses jovens perseguiam tudo aquilo que lhes parecia ser uma vida interior, e suas línguas hábeis, involuntariamente, só achavam para designá-la ideias viciosas em palavras caluniosas. Como souberam ultrapassar o domínio dos fatos! Quão longe estava a mentira! Uma única coisa iguala, combate e consegue, em certo sentido, vencer o inacreditável prestígio que o vício exerce sobre o adolescente: é a preocupação com sua saúde. É sempre do vício do outro que ele participa, e seu grito de admiração secreta tem a aparência de uma branda acusação de vício. Que o adolescente conheça tantos pederastas, e fale disso com facilidade, é bastante tranquilizador para as famílias. Aqui se vê qual pode ser o papel moral, não da medicina, mas dos médicos.

***

Também é certo que a mediocridade, tornada vida interior, e o vício do outro, exerça sobre o adolescente um charme do qual ele participa em palavra e em sonho. Neste sentido, o romantismo, em sua aliança com a idade ingrata, é essencialmente uma operação verbal pela qual a mediocridade *se chama* grandeza. Vimos, por outro lado, que a mediocridade em si mesma e na medida em que nos damos conta dela, não se coloca em termos morais, menos ainda quando esses termos são elogiosos, heroísmo ou grandeza. Em sua obsessão de participar do "vício" do outro, os adolescentes são, às vezes, estranhos e comoventes moralistas:

"Eu tenho um amigo que se suicidou depois de ler Proust..." Que tom triste, acabrunhado, feliz, ele usou para dizer isto. E o prestígio que logo lhe confere a amigável frequentação dos cadáveres. [281]

Será o mesmo, ou será um outro, que falava tão deleitosamente da angústia e da liberdade para a morte? Com tristeza ele fala do *Dasein*, e já não se sabe se está cuspindo palavras ou pedacinhos de pele. Todas as manhãs, diante do espelho, ele enrugava a testa, sugava as bochechas e, passando sob os olhos a pena da caneta, esculpia o olhar. Suas bochechas rosadas, sua testa lisa, sua saúde normal o desolavam. Com frequência, ele sonhava com doenças aterrorizantes, dolorosas e sem gravidade.

***

O dizer do medíocre adolescente:

Jamais concebi a confissão de amor a não ser sob forma de injúrias. E quando devaneio um pouco, ao sair do cinema, é sempre a mesma coisa. Estou escondido num armário, na casa de um amigo. Uma moça entra e grita: "Pedro (ou Paulo ou Tiago, enfim, meu nome) é um canalha imundo, um pernicioso, um fétido, um pederasta, ele se masturba, ajuda os amigos a fazer as amantes abortarem, e acaba de levar ao suicídio, por brincadeira, três garotinhos de doze anos, cujos pais agora estão chorando...". Então saio do armário e digo: Sou eu, e pouco importa o que vem depois, porque eu soube fazer com que ela confessasse o amor, desfazendo a injúria como se fosse um nó complicado. Mas aí é que está: se absolutamente não importa, aliás, que a moça exista, importa bastante que haja um armário realmente, efetivamente, no quarto de uma das minhas amigas. Mais ainda, é preciso, necessariamente, que esse armário tenha dimensões, condições verossímeis de acesso e ventilação. São estas as duras leis da imaginação, e na falta de armário, nunca pude dar uma consistência objetiva ao meu sonho preferido. Será que encontrarei algum? Estou procurando um amigo.

***

Após esse banho de frescor, chegou a hora de reencontrar perfis mais sérios, mediocridades e vícios doravante sem prestígio, no sentido em que não são mais os do outro.

Num polo está o segredo, como vimos. [282] No lado oposto, a mediocridade que exibimos — não mais a mediocridade como segredo; pelo contrário. E ela se exibirá sob forma de corpo, de partes corpóreas. É preciso que o medíocre se torne um objeto, uma coisa no mundo. Uma coisa *assentada* no fundo do mundo, e não é por acaso que empregamos a palavra "assentar-se". Que ele se torne uma coisa, um mineral. Que ele se mineralize. É ainda preciso, para que seu projeto seja efetivo, que ele coincida com seu corpo. Assim, por um lado, ele exibirá as partes curtas e pesadas; tudo aquilo que nele é pura carne, e que a consciência menos atinge, impotente para aliviá-lo. E, por outro lado, se é preciso que o exibicionismo seja coisa no mundo, do mesmo modo que esta pedra ou esta lâmpada, ele só pode sê-lo aos olhos de um outro, aos olhos de uma mulher. A mediocridade, então, só se exteriorizou, só se exibiu para participar, pela violência e pela surpresa, da vida interior da mulher. É essa dupla restrição que define o caráter do exibicionismo, como desafio lançado a Outrem.

***

Vamos mais longe, num domínio onde não existe mais desafio nem ilegalidade. Estou pensando na doença física e no castigo recebido. Caso quiséssemos fazer uma tabela das categorias materiais, poder-se--ia dizer: o exibicionismo é mediação da mediocridade fundamental e da doença física. Em seu *Diário de um médico doente*, o Dr. Allendy cita o exemplo de um complexo, nascido de uma significação psíquica da perna, que se transforma e se converte em coisa e se materializa em dor (física) na perna.[13] A perna, e mais geralmente o corpo inteiro, torna-se objeto de *interesse legal*. E o doente que, na dor, coincide com todo seu corpo, chama os médicos e lhes diz: eis aqui minha perna,

---

13. René Allendy, *Journal d'un médecin malade ou six mois de lutte contre la mort*. Paris: Denoël, 1944.

eis aqui meu corpo. Mais ainda: a mediocridade não se converte apenas em doença física e legal, mas em objeto de pensamento na forma de órgãos anatômicos. Da mesma natureza é a simulação, que é tão somente uma necessidade da legalidade a qualquer preço. Por outro lado, no castigo recebido pela criança, nas palmadas, trata-se de uma outra legalidade: não mais organizada, mas antes difusa, não mais social, mas familiar. [283] Invoquemos aqui as palmadas recebidas por Rousseau quando criança.[14]

***

O exibicionismo está cercado por uma dupla restrição: somente certas partes do corpo serão exibidas, e só poderão ser exibidas aos olhos de Outrem, num gesto de desafio. E se a doença física rompe com a primeira restrição, a segunda não deixa de permanecer. Então é preciso ir mais longe: que o medíocre se converta em coisa para si próprio, e não mais aos olhos dos outros. Que seu corpo se converta em coisa, se recolha e se concentre, e se envolva inteiramente, até os ossos sob a pele, nas mesmas malhas de uma possessão digital. Que seu corpo queime, e "endureça" como uma massa, e "congele" como um verniz. Narciso se acaricia e (concedam-me essa palavra que parecerá ridícula a alguns) se coça. Mas não há um fracasso de Narciso?

***

O Dizer do Narciso medíocre:
Casto inacessível
como uma consciência impossível de coçar
como um chamado em mim de odiosa finitude
e que
eu não sou Deus
coisa em mim não de mim
como em mim a recusa que se diverte sob a pele
o númeno omoplata
distante das torções

14. Narrado no primeiro livro das *Confissões*, de Jean-Jacques Rousseau. [N.T.]

(Uma outra vez ele disse, sem esperar uma resposta: estímulo do bandolim[15] ou a ninfa do ácaro?).

***

Então, onde está a vitória? Para achá-la é preciso avançar no domínio estético. É o *Mímico*. O verdadeiro mímico é lento e pesado; mas este peso é o do instante, o qual (inserido no tempo) é apenas uma suprema leveza. As crianças pressentem isso — pelo menos aquelas que sabem dançar como os ursos, que procuram se espremer, e se esgotam em caretas que congelam seus rostos. [284] O mímico (e sobretudo a lenta vida das mãos e dos dedos, aqui também como uma massa que endurece) é tendência à petrificação, à mineralização. Nada mais antirromântico que o mímico; o grande pensamento do romantismo é uma oposição entre o homem e as coisas; a se perguntar se o romantismo, em sua casmurrice visual, é mesmo estético. O verdadeiro mímico é mímico das coisas. Ele é a aquisição do pleno-ser. Que o sentimento se converta em coisa, e teremos a mímica do ódio e do amor. Ponge quer que as coisas se convertam em sentimentos; "pois há milhões de sentimentos", diz ele, "para serem conhecidos, experimentados... Pois bem, quanto a mim tenho a dizer que sou outra coisa e que, por exemplo, afora todas as qualidades que possuo em comum com o rato, o leão e o filé, almejo as do diamante, e, aliás, me solidarizo inteiramente tanto com o mar quanto com a falésia que ele ataca e com o seixo que surgiu daí."[16] Ponge ou o Antimímico; o mímico, ao contrário, é a transformação dos sentimentos em coisas. Mas não nos esqueçamos de que os contrários são de um mesmo mundo, e que os sentimentos se transformam em coisas apenas na medida em que as coisas se convertem em sentimentos.

***

15. Em francês, *élan de mandoline*. Há uma expressão francesa, provavelmente aludida aqui, que relaciona tocar um bandolim [*jouer de la mandoline*] com masturbar-se, referindo-se a mulheres. [N.T.]

16. Francis Ponge, "Introduction au galet" in *Le Parti pris des choses, suivi de Proêmes*. Paris: Gallimard, 1948, p. 174. Reed. Coll. "Poésie".

Os Dizeres do Mímico:
Atento e fecundo
ele se pôs diante do espelho
e então virou o olho
e fez nascer
um olho outro
na ponta do nariz

a pane veio da eletricidade
como um batimento cósmico das pálpebras
e tão preciso
que peço a Deus
que eu bata como uma lâmpada

***

Vimos toda uma série de ações sentimentais que nos pareciam ser da mesma natureza: o exibicionismo, a doença física, o recebimento (ou a provocação) dos castigos, o ato de acariciar a si mesmo e de se coçar, por fim o mímico. Porém, enquanto o exibicionismo representava o sem-segredo, por oposição ao onanismo como segredo, é o próprio eixo dessa oposição que já não faz sentido com a carícia e o mímico. Trata-se apenas, então, de devir coisa, e coisa em si, não para os outros. E a coisa é a unidade dos contraditórios, do segredo e do sem-segredo, do onanismo e do exibicionismo. [285]

***

Voltemos ao segredo. O segredo sobre os outros só pode vir do segredo de si mesmo. O pederasta será "calunioso".

Maledicência e calúnia têm um duplo sentido. Primeiramente, um sentido psicológico e moral. Maldizer é falar mal de alguém, mas sem mentir. Caluniar é falar mal, sem razão e sem fundamento. (O Falar Mal). E depois, um sentido metafísico. Maledicência e calúnia referem-se à Linguagem, à palavra. Mas, na maledicência, fatos precisos são invocados, ou estão prontos para serem, e são verificáveis; o papel da palavra se reduz a apresentar esses fatos, a valorizá-los, a organizar entre eles conexões convincentes e pérfidas. Totalmente diferente é a pura calúnia; e se, num grau ainda impuro, a calúnia apela para fatos fabricados e distingue-se da maledicência tão somente pelo seu caráter de inexatidão, há um grau em que a verdadeira diferença é que a maledicência apela para fatos, e a calúnia, não invocando fato algum, revela a essência da palavra em toda a sua pureza, espécie de injúria suprema e espiritual, buscando, por outro lado, determinar a essência daquele que ela quer atingir. Aqui, a palavra basta a si mesma, ganha uma significação *régia*. Faz sofrer. Como na tragédia clássica, em que personagens, chegando a uma sala absolutamente neutra, não se sabe de onde, reunidos não se sabe como, sofrem e se torturam com palavras; e essas palavras só remetem às próprias palavras. É este o domínio das essências. E a tragédia é aristocrática, assim como a dor oriunda da calúnia.

***

Exemplo banal: o amante recebe uma carta anônima que lhe revela coisas terríveis sobre a amada. A palavra importante é "anônima". [286] 1) A carta anônima me revela um mundo exterior possível, onde a amada aparece apenas como amada *por mim* e não mais como amável, mas ao contrário como desprezível. 2) Ela foi escrita por um "amigo", ou antes ela se oferece como uma amizade (é para o seu bem, de alguém que lhe quer bem). 3) Ela foi escrita por Outrem *a priori*. Não por este Outrem. Ela é anônima, ou seja, seu autor não tem determinação, nome nem individualidade.

A carta anônima é o meio que o medíocre encontrou para *se converter ele mesmo em Outrem* a priori, *relativamente aos outros*. Decerto posso febrilmente procurar quem a escreveu, posso evocar a dança dos nomes (Fulano? Sicrano? Beltrano?) para reduzir Outrem *a priori* a este Outrem. Mas é preciso ver bem que essa tentativa de redução é apenas uma recusa da "amizade" oferecida, que exige, para nascer ontologicamente, a surda existência ao meu lado de um Outrem em geral e indeterminado. Reduzir a um Fulano o mundo possível que a carta me revela, é, no fundo, negar essa possibilidade com uma alma idêntica, e é recusar a carta, que se revela, então, unicamente, em sua baixeza e em meu desgosto. É este o fracasso da carta anônima.

***

E sua vitória? Pouco importa saber, então, quem a escreveu. Simplesmente sofremos. Ela teve êxito. Revelou-me um mundo possível, e esse mundo me atacou. E é a palavra que faz sofrer, a palavra plenamente eficaz, independente, já que ninguém a assume. A carta é anônima. Aqui também, é óbvio que não estou falando de carta repleta de fatos (tal dia, tal hora, tal rua, tal número), mas antes estou pensando naquela que tende para a calúnia pura e nada acrescenta além de uma eficácia trágica, aristocrática, das palavras. Mas o que é essa calúnia pura, essa eficácia das palavras sem referência aos fatos? No exemplo que escolhemos, é a suspeita de que a amada seja lésbica.

***

Vimos em que sentido a Mulher é "categórica". [287] E vimos que, neste sentido, a Mulher é o segredo. Assim, é total a oposição entre a Mulher e a amada. A amada é individual, é esta mulher aqui, presença pura, e não é uma essência. *O ciúme será a revelação da Mulher no seio da amada*. E essa revelação se manifesta de duas formas sucessivas: 1) Como ausência. O que ela, a amada, estava fazendo às cinco horas da tarde, quando eu não estava com ela? A amada *tem* segredos. Ela não é pura presença. Ela já é Mulher, e sua ausência apresenta uma essência delineada por contraste. 2) Como pecado. A amada *é*, então, o segredo — e tende a realizar plenamente a essência feminina, cercando-a cada vez mais ao excitar o máximo de ciúme, na medida em que ela é lésbica. Mesmo sexo. E o amante ainda tentará reduzir essa Mulher estranha que se levanta no cerne da amada, ele suplicará à amada que ela própria lhe confesse seu segredo, único meio para que ela volte a ser novamente pura presença; e ele até mesmo se contentará, invocando como cura o mesmo procedimento que lhe provocou a dor, com uma simples retratação, não pedirá por provas, não buscará verificar: palavras lhe bastarão, ao menos é o que ele diz: "Ó minha querida, sei o quanto sou odioso… não me diga: você bem sabe que nunca fiz esse tipo de coisa com nenhuma mulher."[17] Mas tudo será em vão, e o mal é definitivo.

17. Marcel Proust, *À la recherche du temps perdu*, tomo I, op. cit., p. 356. [N.A.]

***

O ciclo da pederastia, da calúnia e do lesbianismo é contingente, depende do exemplo que escolhemos. Mas o que não é contingente é o próprio estatuto da calúnia, cercada pela pederastia e o lesbianismo. A calúnia é mediação; tensionada inteiramente para o segredo da Mulher, no outro polo ela é oriunda do segredo de si mesma. Nunca o medíocre se perfilou tão malvadamente.

MATESE, CIÊNCIA E FILOSOFIA [288]

Introdução a Jean Malfatti di Montereggio, *Études sur la mathèse ou anarchie et hiérarchie de la science*. Paris: Éditions du Griffon d'or, 1946, pp. ix-xxvi. Esta introdução foi certamente redigida a pedido de Marie-Magdeleine Davy (ver p. 265), que colaborava com as Éditions Griffon d'or, cuja coleção "Sources et Feux" ela dirigia.

[Há uma tradução para o português desse livro, com a introdução de Deleuze: *Estudos sobre a* mathesis *ou anarquia e hierarquia da ciência*, trad. bras. de Patrícia C. R. Reuillard. Chapecó: Argos, 2012. A tradução francesa é de Christien Ostrowski, feita em 1849. O original em alemão foi publicado em 1845, em Leipzig. N.T.]

Pode ser interessante definir a matese em suas conexões com a ciência e a filosofia. Forçosamente, uma tal definição permanece, de certa forma, exterior à própria matese; ela é simples, provisória, e tende somente a mostrar que a matese, até mesmo independentemente de qualquer momento histórico, delineia uma das grandes atitudes do espírito, sempre atual. Isso quer dizer que aqui só se encontrará uma crítica dos argumentos que os cientistas e os filósofos sempre são tentados a invocar contra ela, e sobretudo um ajuste na significação que é preciso dar à palavra "iniciado". Não devemos esquecer aquele plano de civilização indiana onde se manifesta a matese; isto é o essencial. Não se dirá dessa civilização que ela possa ser abstrata, qualquer que seja o grau, mas apenas que, no próprio seio de nossa mentalidade ocidental, certas exigências fundamentais se deixam apreender, e a matese, numa espécie de introdução, de prefácio a si mesma, é a única que satisfaz. É desse ponto de vista que o livro do Dr. Malfatti apresenta um interesse capital. Talvez outras obras tenham sido publicadas desde então, que vão mais adiante na consciência indiana: mas não há muitas que introduzam, melhor que esta, a noção de matese em si, nas suas conexões com a ciência e a filosofia.

***

Não é fácil compreender o sentido exato das discussões que, periodicamente, opõem filósofos e cientistas; eles não falam a mesma linguagem. [289] A ciência se instala no objeto, reconstrói ou descobre a própria realidade no nível do objeto de pensamento, sem jamais colocar o problema das condições de possibilidade. O filósofo, pelo contrário, situa o objeto como representação, em sua conexão com o sujeito cognoscente. Pouco lhe importa saber, observa Alquié, o que é por último a matéria, átomos talvez, já que estes, como qualquer outra representação, só têm estatuto filosófico em referência ao espírito que os representa; e não se vê que mudança as últimas descobertas da física moderna poderiam impor, por exemplo, às concepções de Berkeley, datadas do século XVIII. Assim se coloca um dualismo fundamental no seio do saber, entre a Ciência e a Filosofia, princípio de uma *anarquia*. No fundo, é a oposição cartesiana entre uma substância extensa e uma substância pensante.

O exemplo cartesiano é ainda mais interessante porque Descartes nunca renunciou à unidade do saber, à *mathesis universalis*. E é curioso ver como esta se situa no plano teórico: o espírito cognoscente, tão distinto em si da extensão que parece não ter estritamente nada a ver com ela, não deixa de apresentar a ordem das coisas ao pensar a ordem das suas representações. No mesmo momento em que se afirma a unidade, esta se quebra e se destrói.

Mas ao quebrar-se, observava ainda Descartes, ela se reforma sobre outro plano, onde ganha seu verdadeiro sentido. Na mesma medida em que se afirma a desunião teórica do pensamento e da extensão, afirma-se também o fato de sua união prática, como definição da vida. A unidade não se faz no nível de um Deus abstrato que transcende a humanidade, mas em nome da vida concreta; a árvore do Conhecimento não é uma simples imagem. A unidade, a hierarquia para além de qualquer dualidade anárquica é a mesma da vida, aquela que delineia uma terceira ordem, irredutível às outras duas. A vida é a unidade da alma como ideia do corpo e do corpo como extensão da alma. Mais ainda, as duas outras ordens, ciência e filosofia, fisiologia e psicologia, tendem a reencontrar, no nível do homem vivo, sua unidade perdida. Para além de uma psicologia desencarnada no pensamento, ou uma fisiologia mineralizada na matéria, a matese só estará acabada na verdadeira medicina, onde a vida se define como saber da vida, e o saber, como vida do saber. [290] Por isso a máxima: "*Scientia vitæ in vita scientiæ*" ["Ciência da vida na vida da ciência"]. Daí uma tripla consequência.

Primeiramente, seria um erro total acreditar que a matese é apenas um saber místico, inacessível, sobre-humano. Aí está o primeiro contrassenso que não deve ser feito sobre a palavra "iniciado". A matese se desenrola no nível da vida, do homem vivo: ela é antes de tudo pensamento da encarnação, da individualidade. Ela quer ser essencialmente a exata descrição da natureza humana.

Contudo, ela ultrapassa essa natureza humana viva? Ela se define, de fato, como saber coletivo e supremo, síntese universal, "unidade viva" impropriamente chamada de "humana". Aqui é preciso que nos entendamos, é preciso ver que uma definição como essa não pode ser imediata, mas se coloca em última instância, afetada por um sentido preciso. Prefigurando as conexões do homem e do infinito, a relação natural une o vivente à vida. À primeira vista, a vida não parece existir de outro jeito senão pelo vivente e no vivente, no organismo individual que a a faz agir; ela só existe através dessas assunções fragmentárias e fechadas, onde cada um a realiza *por sua própria conta*, é tudo, na solidão. Isso é dizer que a universalidade, a comunidade da vida nega a si própria, se dá a cada um como um simples exterior, uma exterioridade que lhe permanece estranha, um Outro: há uma pluralidade de homens. Mas justamente, é *cada um*, geralmente, que deve assumir sua vida, sem comparação com os outros, por sua própria conta: o universal é imediatamente recuperado. E, neste sentido, a vida se definirá como cumplicidade, por oposição à equipe. A equipe, com efeito, é a realização de um mundo comum, cuja universalidade não pode ser comprometida ou fragmentada, e de tal maneira que, no próprio curso dessa realização, a substituição dos integrantes uns pelos outros seja algo possível, indiferente. Assim é a ciência, do lado do objeto de pensamento; ou a filosofia, do lado do sujeito pensante; trata-se ainda, nesses dois casos, de uma equipe morta, teórica e não prática, especulativa. A única Equipe viva é a de Deus: e isto porque só há um Deus, que se simboliza no círculo, figura perfeita, indiferente, onde *todos* os pontos estão a igual distância do centro. Na cumplicidade, pelo contrário, há um mundo comum, mas o que faz disso uma comunidade, uma vez mais, é que cada um deva realizá-lo

Matese, ciência e filosofia

sem comparação com os outros, por conta própria e sem substituição possível. [291] É claro que as principais realidades humanas, o nascimento, o amor, a linguagem ou a morte, delineiam esse mesmo perfil; sob o signo da morte, cada um existe como insubstituível, não pode ser substituído; e é precisamente nisto que está a universalidade da morte. Do mesmo jeito, a vida é essa realidade onde o universal e sua própria negação são uma coisa só.

Precisamente, o próprio da cumplicidade é que ela pode ser ignorada, negada, *traída*: a locução "cada um" nega tão bem o universal no momento em que o afirma, que se pode apenas ser sensível a este aspecto negativo. Assim, o problema humano consiste em passar de um estado de cumplicidade latente, ignorante, para uma cumplicidade que se sabe ela mesma afirmativamente. Certamente não aquele ponto em que se ama como todo mundo, mas no qual todo mundo ama como ninguém. É no exato momento em que o vivente se obstinava em sua individualidade que ele se afirmava como universal. No momento em que o vivente se fechava sobre si mesmo, colocando a universalidade da vida como um exterior, ele não estava vendo que esse universal, de fato, o interiorizava: ele o realizava por conta própria, e se definia *microcosmo*. O escopo primeiro da matese é assegurar essa tomada de consciência do vivente em suas conexões com a vida, e assim fundar a possibilidade de um saber da destinação individual.

A partir de uma cumplicidade puramente natural e inconsciente, em que cada indivíduo só se coloca opondo-se aos outros e, mais geralmente, ao universal, trata-se de passar para uma cumplicidade que sabe ela mesma onde cada um se apreende como "*pars totalis*", no seio de um universo que ele já constitui. Dizendo de outro jeito, a federação. Foi o que o tradutor desta obra,[18] Ostrowski, viu de maneira bem curiosa: "No momento em que a antiga Germânia busca reconstruir sua unidade federativa (1849), perdida há séculos, e que ela acabará por encontrar provavelmente na nossa, não será desinteressante examinar os esforços empreendidos por esse povo de intrépidos pensadores, para também reconduzir a ciência à unidade, como no seu ponto de partida original, para o seu centro comum." Tratava-se

---

18. A obra de Malfatti, para a qual o texto de Deleuze é uma introdução. [N.T.]

de uma federação como definição da vida, e não de uma unidade fundada sobre o culto da força.

Vemos, portanto, que a unidade é feita no nível do homem concreto: bem longe de transcender a condição humana, ela é sua exata descrição. Simplesmente, é preciso observar que uma descrição como essa deve colocar o homem em suas conexões com o infinito, com o universal. [292] Cada indivíduo existe apenas ao negar o universal: mas na medida em que sua existência se refere à pluralidade, essa negação se opera universalmente sob a forma exaustiva de cada um, tanto que ela é tão somente o jeito humano de afirmar o que ela nega. Tínhamos chamado esse jeito de cumplicidade consciente. A *iniciação* não é outra coisa. Ela não tem um sentido místico: ela é o pensamento da vida, e o único jeito possível de pensá-la. Ela é misteriosa, no sentido em que este saber que ela representa, cada um deve adquiri-lo por conta própria. O iniciado é o homem vivo em suas conexões com o infinito. E a noção-chave da matese, de modo algum mística, é que a individualidade jamais se separa do universal, e que entre o vivente e a vida encontramos a mesma conexão que entre a vida como espécie e a divindade. Assim, a multiplicidade dos viventes, que se conhece como tal, refere-se à unidade: que ela desenha por contraste, simples desenho do círculo pela elipse. E é literalmente que devemos tomar a palavra de Malfatti, lembrando que o círculo, a roda, representa Deus: "A matese seria para o homem, em suas conexões com o infinito, aquilo que a locomoção é para o espaço."

A matese não é, portanto, nem uma ciência nem uma filosofia. Ela é outra coisa, um saber da vida. Não é nem estudo do ser nem análise do pensamento. Mais ainda, a oposição entre o pensamento e o ser, entre a filosofia e a ciência, não faz sentido para ela, parece ilusória, uma falsa alternativa. A matese se situa num plano onde a vida do saber se identifica com o saber da vida. Seu cogito se enuncia assim, segundo Malfatti: *sum, ergo cogito*; *sum, ergo genero* [sou, logo penso; sou, logo gero]. Isso é dizer que o seu método não será nem científico nem filosófico. Ao seu objeto, que é particular, deve corresponder um método particular.

***

O método científico é a explicação. Explicar é dar conta de uma coisa por outra coisa diferente. O calor é movimento, a água se compõe de H_2O: mas o movimento como objeto de pensamento só se constitui pela anulação do que ele explica, do calor como sistema de *qualidade* sensível; outrossim, quando se chega a H_2O, não há mais água. Chamar-se-ia tais qualidades sensíveis de aparências, a própria definição da aparência continuaria sendo que ela não se dá como tal. [293] No outro polo, o método filosófico é a descrição no sentido amplo, a análise reflexiva onde o mundo sensível é descrito como representação do sujeito cognoscente, ou seja, aqui também, recebe seu estatuto de outra coisa que não ele. Nos dois casos, encontramo-nos diante de uma nova oposição, entre o pensamento e o sensível.

Tínhamos definido o objeto da matese a partir da oposição ciência-filosofia, objeto de pensamento-sujeito pensante. Este era apenas um primeiro aspecto da anarquia. É que o objeto de pensamento não é, como o sujeito pensante, apenas "pensamento", ele também é "objeto", como o objeto sensível: nova espessura da oposição. A vida cotidiana traça seu caminho na objetividade do sensível. Os objetos estão fora de nós, nada nos devem, são suas próprias significações. Pode ser que filosoficamente a cor seja uma qualidade secundária, representação do espírito cognoscente, e que cientificamente ela se reduza ao objeto de pensamento "vibração", como última palavra da realidade. Mas não é menos certo que ela se dê em si ao indivíduo, sem referência a outra coisa que não ela. Este sabe bem que as coisas não o esperaram para existir. Invocar-se-á este fato de que o objeto se dá a mim sob um certo ângulo, um certo perfil, segundo o ponto de vista do qual o observamos. Ora, isso não é absolutamente o signo de uma dependência do objeto, pelo contrário, é a manifestação de sua total objetividade. É bem sabido que o objeto contemplado se destaca sobre um fundo, constituído pelo conjunto dos outros objetos. Precisamente, porém, o objeto só poderia ter com os outros uma conexão qualquer, se esta conexão permanecesse exterior a ele: para que tal objeto se destaque como forma sobre o fundo dos outros objetos, é preciso que ele já seja seu próprio fundo para si mesmo. Tanto que as três faces sob as quais sempre se perfilam o cubo, três faces e nada mais, já são seis faces: é preciso que o cubo já seja seu próprio fundo para si mesmo. Esse fenômeno remete ao próprio objeto, e de modo algum àquele que o percebe. Mas dizer que as três faces já são as seis faces, é colocar a identidade da extensão (três) e da compreensão (seis) no objeto sensível. Por que essa identidade, por que as seis faces se dão como três? Simplesmente porque o espaço cotidiano tem três dimensões. Que se reflita um instante e se verá que as seis faces como tais só podem ter sentido em referência a um plano. [294] O único jeito das seis faces existirem em bloco num espaço de três dimensões, é apresentar três delas; a identidade, portanto, da extensão e da compreensão define simplesmente o espaço. Isso quer dizer que o objeto sensível, em geral, no seio desse espaço, em nome de uma tal identidade, é *conceito* perfeito: a palavra "conceito", aqui, não mais significa "objeto de pensamento".

Retenhamos isto, que é apenas um dos momentos da teoria dos números na matese. Que seja, com efeito, o número 7, tal como Malfatti o analisa: 1) ele se representa mediante linhas retas, mas nunca mediante a linha curva; ele é o aparecimento das três dimensões. Indica esta verdade de que todo corpo (indivíduo) pode ser considerado como extensão de superfície (4), operando em três direções, comprimento, largura, profundidade. 2) Mas, por outro lado, 7 é conceito: ele ainda não representa o indivíduo que se tornou real, ele é "o desenvolvimento múltiplo do universal nas inumeráveis individualidades; ele é o pai do tempo e sua imagem antes do tempo divisível, que rola no espaço sobre as ondulosas imagens da aparência... ele se move acima da aparência". Uma crítica filosófica ou científica de uma tal concepção seria um passo em falso: não é o mesmo domínio, nem o mesmo método.

Vimos que esse método da matese se achava diante de uma oposição a ser ultrapassada, a do objeto de pensamento e do objeto sensível. A ciência, com efeito, explica o objeto sensível por outra coisa que difere dele, pelo objeto de pensamento. Nova dualidade que, por sua vez, é preciso reduzir, reconduzindo esse objeto de pensamento ao sensível, a quantidade à qualidade. Notemos, em geral, que essa redução é aquela mesma que o *símbolo* opera. Os exemplos mais simples bastam para mostrá-lo. Quando digo que a bandeira é símbolo da pátria, estou essencialmente colocando um objeto sensível como encarnação de um objeto de pensamento, de um saber. Mais ainda, esse objeto sensível *é* o próprio saber que ele encarna. Agora há pouco, em termos de explicação, o objeto de pensamento vinha sendo o explicante, o qual só se constituía pela anulação do objeto sensível assim explicado. Pelo contrário, o símbolo é tal que o simbolizante é agora o objeto sensível, ao qual se identifica totalmente o saber que ele simboliza. No fundo, o andamento simbólico essencial é o *poema*. Vejamos, por exemplo, *O Leque* de Mallarmé. Seu tema é certamente o movimento em si, como puro objeto de pensamento, para além de qualquer manifestação sensível. [295] Ele também se move acima da aparência e a respeita:

"Cujo prisioneiro golpe recua
O horizonte delicadamente"

Todo o andamento do poema consiste em encarnar o pensamento do movimento num objeto sensível, em transformá-lo neste objeto: e não somente no leque aberto, ainda não muito profundamente mortificado numa matéria sensível, mas no leque como coisa, o leque fechado. Essa passagem do aberto ao fechado é expressamente indicada por Mallarmé: "O cetro das margens róseas", "esse branco voo fechado que tu pousas".

Este é só um exemplo, que nos indica o sentido do símbolo em geral, encarnação de um saber, andamento da matese. Contrariamente à explicação, o símbolo é a identidade, o *encontro* do objeto sensível e do objeto de pensamento. O objeto sensível é dito símbolo, e o objeto de pensamento, perdendo toda significação científica, é hieróglifo, ou cifra. Em sua identidade eles formam o conceito. O símbolo é a extensão deles, o hieróglifo sua compreensão. A partir de então, a palavra "iniciado" ganha seu pleno sentido: o caráter misterioso da matese, segundo Malfatti, não é dirigido contra os profanos, num sentido exclusivamente místico, mas marca tão somente a necessidade de que a apreensão do conceito se faça no mínimo de tempo, e que as encarnações físicas ocorram no menor espaço possível — unidade na diversidade, vida geral na vida particular. Em última instância, podemos observar que a noção de iniciado se racionaliza ao extremo: se o *ofício* se define pela criação de um objeto sensível como completude de um saber, a matese enquanto arte viva da medicina é o ofício por excelência, o ofício dos ofícios, pois é o próprio saber que ela transforma em objeto sensível. Assim se verá a matese insistir nas correspondências entre a criação material e a criação espiritual.

Apliquemos o andamento simbólico ao homem. O pensamento da condição humana, ou seja, sua compreensão, define-a como existência separada de sua essência. Mas dizer que, no homem em geral, essência e existência estão dissociadas, é dizer que há vários homens (extensão): com efeito, "se na natureza, por exemplo, há vinte homens, não bastará fazer com que se conheça a causa da natureza humana em geral" (Espinosa).[19] [296] Isto equivale a dizer que cada existência acha sua própria essência fora dela mesma, no Outro. Equivale a dizer que o homem, no fundo, não é apenas mortal, que ele é "natal". E se os pais dão à criança sua existência para que disponha dela, inversamente a criança vê em seus pais o próprio princípio de sua inteligibilidade, sua própria essência? Na medida em que a compreensão humana se define pela separação entre a existência e a essência, a extensão que lhe é correlativa, e até mesmo idêntica, refere-se à sexualidade: "O homem e a mulher vivem em dois corpos separados e, todavia, cada qual possui em si o corpo do outro". É pelo homem, agora se vê, que ocorre no mundo o conceito como identidade da extensão e da compreensão. Ou seja, *é a sexualidade que funda as qualidades sensíveis*; e Malfatti cita a frase de Hipócrates: "O homem é uma dualidade, e se ele não fosse uma dualidade, não sentiria". Mas nós vimos que a sensação se refere às três dimensões; assim, não é tanto a dualidade sexual que se deve ressaltar, mas o caráter triádico do amor. "O que seria da vida individual sem o amor de si, que pode sozinho levá-la à vida da espécie, fazendo-a reproduzir-se como ser eterno, infinito, na espécie? O dualismo não abrange vida real. O amor sexual conquista os outros dois, o egoísmo e o heroísmo". Aliás, é a vida do mundo que se estabelece sob o signo ternário: o devir como adição, isto é, nascimento; o durar, como multiplicação pela qual se conserva o ato de devir; a destruição ou subtração.

Qual será, portanto, o conceito humano por excelência? Deus, unidade da essência e da existência, é conceitualizado pelo círculo: equivalência e repouso, indiferença da zona interfocal, vida pré-genesíaca. Na elipse, pelo contrário, ou antes no elipsoide, sempre em movimento, se reencontrará a separação, a dualidade, a antítese sexual dos focos. O espaço é a passagem do círculo ilimitado à elipse limitada,

19. *Éthique*, I, prop. VIII, sc. II (trad. fr. de Charles Appuhn. Paris: Flammarion, 1993).

o tempo, passagem da unidade do centro ao dualismo dos focos: as três dimensões nasceram. Essa passagem poderá ser definida pelo nascimento do equívoco; a elipse define-se por um círculo equivocado. Há de se lembrar como se encontrava o próprio objeto da matese no problema da vida, da cumplicidade: "É no mesmo momento", diz Malfatti, "em que o indivíduo se coloca momentaneamente no lugar da natureza, que ele restitui sua vida própria à vida da natureza". [297] Neste sentido, o amor sexual é ao mesmo tempo o amor de si e o amor da espécie, o homem que se tornou interior e o homem tornando-se exterior. Lembremo-nos, por outro lado, da correspondência que preside às conexões (vivente — vida universal) e (vida universal como espécie — divindade). Assim se verá Malfatti insistir neste fato de que o genesíaco e o pré-genesíaco jamais estão separados, que um desenha o outro por contraste. "Antes eu era redondo, agora estou alongado como a forma de um ovo". Pelo engendramento a humanidade persegue sua própria imortalidade, constitui o tempo como imagem móvel do eterno, busca a realização da elipse no círculo. Justamente, o *êxtase* é apenas o ato pelo qual o indivíduo se eleva ao nível da espécie. A espécie, com efeito, só se deixa pensar nos limites do círculo: antes da culpa, Adão existia como humanitas.

Não é de se surpreender que o método venha se juntar ao próprio objeto da matese. É por um mesmo andamento que a matese se situa para além da oposição sujeito pensante — objeto de pensamento, e para além dessa outra oposição objeto de pensamento — objeto sensível. Isto será ainda mais nitidamente visto com o problema dos números. Por um lado, o número só existe no seio da década, ou seja, da numeração: ele parece ser construído por um ato do espírito, transparente a si mesmo, no curso do qual contentamo-nos em acrescentar a unidade ao número anterior; com isso, o número parece estar do lado do sujeito pensante, porém, objeto de pensamento, ele se revela, pelo contrário, como opacidade, provido de propriedades imprevisíveis, a ponto desse ato do espírito, supostamente transparente a si mesmo, engendrar verdadeiras naturezas. É este privilégio, por outro lado, que explica que a matese tenha dado ao número toda uma importância particular: o símbolo *é o pensamento do número que se tornou objeto sensível*. É curioso ver a acusação que Malfatti dirige aos estudos análogos dos gregos: o erro deles foi ter buscado a significação do número numa relação puramente geométrica, fechando-o assim no objeto de pensamento. É o símbolo, ao contrário, em seu pleno sentido, que se deve destacar do número. A década começa com o 0, hieróglifo do homem e do mundo, e acaba com o 10, unidade realizada num completo organismo espiritual e corpóreo. É a respeito do 10 que Malfatti escreve: "Ele não se cansa na ação de entrar nem na de sair. Ele é o soberano do pequeno mundo (microcosmo) no homem." [298]

A definição da matese era dupla: em seu objeto, relativamente à dualidade sujeito pensante-objeto de pensamento; em seu método, relativamente à outra dualidade objeto de pensamento-objeto sensível. Chegamos a este ponto em que os dois temas se cruzam sem parar, se identificam. O primeiro nos levava a estabelecer um sistema de correspondências *entre o indivíduo (microcosmo) e o universal*; o segundo, *entre o corpóreo e o espiritual*. Que não se busque nisto uma "explicação" filosófica da união da alma e do corpo. Que tampouco se busque criticar cientificamente as correspondências que se estabelecem entre o indivíduo e o universo, sob os grandes temas do fogo, da fermentação... etc. A matese evolui num outro domínio, na dupla espessura do símbolo; nela ele se completa como arte viva da medicina, incessantemente estabelecendo um sistema de correspondências sempre mais estreitas, onde se encontram abarcadas realidades cada vez mais individuais.

INTRODUÇÃO A *A RELIGIOSA* DE DIDEROT [299]

Introdução a Denis Diderot, *La Religieuse* (Paris: Éditions du Griffon d'or, 1947). Conservamos a paginação original das citações, acrescentando-lhes, após uma barra, a paginação da edição "Folio classique", da Gallimard, de 1972.

Toda obra válida é definida por uma dupla relação: a do autor com a própria obra e a da obra com o leitor. Aí está a dificuldade da crítica literária, e das reflexões sobre a criação artística. O mínimo que se pode dizer, com efeito, é que esses dois pontos de vista não são *contemporâneos*. Na medida em que uma obra está acabada, definitiva, impressa, ela parece, em última instância ter rompido toda conexão com seu autor, ser independente, autônoma, e para o leitor. A tal ponto que se pode dizer de alguns, como Valéry, que o problema da relação do autor com a obra deve, então, ser anulado: a criação se volta contra si mesma e coloca seu objeto como incriado.

A mistificação é uma espécie de relação unívoca entre um outro e aquele que o mistifica; aquele faz nascer no mundo um ser, um mítico objeto, para que o outro creia nele espontaneamente, leve-o a sério; dito de outro jeito, ele cria este ser, este objeto, mas não para se confessar criador dele; assim Malraux observava a dupla significação da palavra "intriga", moral e literária.[20] Toda obra literária pode ser considerada uma mistificação. Porém, é verdade que isto será apenas, com mais frequência, uma longínqua metáfora, precisamente porque o autor e o leitor, o mistificador e o mistificado, em literatura, não são literalmente "contemporâneos", porque o leitor jamais acredita no que está lendo como sendo uma existência exatamente real, e porque por mais que o autor seja um indivíduo preciso e determinado, o leitor, por sua vez, também não é um ser indeterminado, geral. Salvo exceções.

Dessas exceções, a mais brilhante e a mais famosa é, sem contestação, *A Religiosa*. [300] As circunstâncias da obra são conhecidas,

---

20. Alusão ao prefácio das *Liaisons dangereuses*, de Choderlos de Laclos, em 1939 (reed. "Folio classique", 2006).

contadas por Grimm.[21] O marquês de Croismare, amigo de Diderot, interessou-se intensamente pelo caso de uma jovem religiosa, sem mesmo conhecê-la, que protestava juridicamente contra seus votos: isto em 1758. Dois anos mais tarde, Diderot decidiu fazer reviver, de forma intensamente mítica, essa irmã Suzanne: ela teria fugido de seu convento, e escrito ao marquês para lhe pedir socorro. Mesmo correndo o risco de ser conduzida à morte, caso o marquês levasse a história demasiadamente a sério. Tudo foi combinado nos menores detalhes, sobretudo o endereço ao qual o marquês devia enviar suas respostas. Estas foram efetivamente numerosas, e tão tocantes que a religiosa, em quatro meses, estava morta. Mas paralelamente às cartas, que por si só são uma obra-prima, Diderot tinha escrito as memórias de Suzanne: estas formam o romance.

Vemos as condições da mistificação. Um único leitor essencial, o marquês, e que acredita em Suzanne fugida do convento como numa existência real; as relações entre o autor e o leitor são "contemporâneas", são relações de correspondência. (Afinal, Diderot não deixou que se imprimisse *A Religiosa*; primeiro houve a Bastilha, aliás; escrito em 1760, o romance só será publicado em 1796). M. de Croismare leva, portanto, Suzanne a sério, e Diderot a criou apenas para não confessar ser o criador dela, porém, justamente, a existência da religiosa se manifesta unicamente em forma de cartas. Ela adquire a autonomia, ela é *obra*, independente nos seus dois polos. Se quisermos, ela só é literária para não o ser, mas para não o ser é preciso que ela o seja. Substituindo-se, de certa forma, à *natureza* do marquês e à *liberdade* de Diderot, a religiosa é ela própria natureza e liberdade. Ela é heroína. Neste ponto, tudo se inverte, e é Diderot o mistificado. "Um dia em que ele estava empenhado nesse trabalho, o senhor d'Alainville lhe fez uma visita e encontrou-o mergulhado na dor e com o rosto coberto de lágrimas. — Mas o que o senhor tem? disse-lhe o senhor d'Alainville. Veja só como o senhor está! — O que eu tenho, respondeu-lhe o senhor

---

21. Trata-se de Friedrich Melchior von Grimm [1723-1807], diplomata e crítico de arte bávaro, que contribuiu com a *Encyclopédie*, e era amigo de Diderot. Em 1753, ele iniciou uma *Correspondência literária* com vários soberanos alemães, que pagavam uma inscrição para receber mensalmente as cartas, onde eram comentados temas políticos, literários, sociais, religiosos etc. [N.T.]

Introdução a *A Religiosa* de Diderot

Diderot, estou triste com um conto *que estou escrevendo para mim mesmo*" (Grimm).[22]

Portanto, é no seio de uma relação moral extraliterária entre dois termos contemporâneos, o mistificado e o mistificador, que vai nascer a relação literária e "distemporânea", do autor com o leitor em geral, a mistificação como origem *possível* da obra de arte. [301] Notar-se-á o quanto Grimm, em seu relato, insiste no duplo sentido da intriga moral e estética. *A Religiosa* coloca de uma maneira aguda o problema da criação literária como tal, e é fora da literatura que ela faz isso. Esse é também o problema da origem.

Esta seria tão somente a história da obra, anedota exterior à própria obra, caso não se encontrasse essencialmente no caráter de Suzanne, no curso do romance, o duplo aspecto natureza-liberdade. Ora, é isso mesmo que encontramos a cada página, Suzanne é libertada, ou melhor, ela quer a cada instante a liberdade, e terminará por recuperá-la perigosamente. "A senhorita não sabe o que é o sofrimento, o trabalho, a indigência / eu pelo menos conheço o preço da liberdade" (p. 30/66). Ela não fez seus votos de religiosa livremente, esse é o estopim do romance. "Eu os fiz sem reflexão e sem liberdade". "Cada qual tem seu caráter, e eu tenho o meu... Só estou pedindo minha liberdade" (pp. 96-97/117-118). A liberdade é saber: "Eu não me conhecia; agora eu me conheço; minhas ilusões durarão menos" (p. 271/253). Mas Suzanne também é natureza. Para ela talvez a liberdade seja apenas o livre exercício dessa natureza. Todavia, é preciso notar que Diderot só fala do natural de Suzanne no momento em que mostra que ela é coagida em sua liberdade pela vontade dos outros, que ela *desfalece*, desencoraja-se, ou não mais compreende.

A natureza é nostalgia da liberdade, é ingenuidade, simples pureza e que não compreende. Ela é o aspecto passivo da liberdade, ou seja, o conjunto das lágrimas lançadas sobre uma liberdade perdida. "A natureza, não podendo se sustentar, parece estar procurando desfalecer frouxamente" (p. 120/136). "Ó quantas vezes eu chorei por não ter nascido feia, burra, tola, arrogante; numa só palavra, com todos os defeitos com que [elas] triunfavam perante nossos pais"

---

22. O texto figura no prefácio tirado da correspondência literária de M. Grimm (Paris: Gallimard, p. 271).

(p. 3/46).[23] E sobretudo o grande elã: "Deus, que criou o homem sociável, aprovaria que ele se feche?... Esses votos, que ferem o pendor geral da natureza, poderiam, em algum momento, ser observados, a não ser por algumas criaturas mal organizadas?... Onde é que as noites são perturbadas com gemidos, e os dias encharcados de lágrimas vertidas sem causa, e precedidas por uma melancolia que *não se sabe a que atribuir*? Onde é que a natureza, revoltada por uma coação para a qual ela não foi feita, quebra os obstáculos que se lhe opõem e torna-se furiosa" (pp. 139-140/151-152), senão nos claustros? [302] Num sentido um pouco diferente, quando Suzanne fica transtornada sob as carícias de uma Superiora estranha, ela não compreende, atribuindo sua emoção à música, ela já não sabe mais o que está sentindo; ela é como o Querubim.

Fizemos suficientes citações para que já se possa dar conta de que, a esses dois aspectos, natureza e liberdade, correspondem pelo menos dois estilos diferentes, que, aliás, serão reconhecidos nas outras obras de Diderot. O estilo-natureza é bem século XVIII: eloquente, periódico, exclamativo ou interrogativo, sentimental, ritmado. Quanto ao estilo-liberdade, é um estilo de diálogo ofensivo em que as consciências se opõem em frases curtas, em negações contumazes. Nisto Diderot era excelente; será preciso esperar o século XIX para encontrar isso novamente, e em particular, Stendhal.

***

O que faz a complexidade do caráter de Suzanne é não ser sucessivamente natureza e liberdade, mas *ao mesmo tempo*, de maneira contemporânea. Suzanne é ingênua e doce, mas não se pode impedir de ter alguma dúvida sobre o grau exato dessa doçura e dessa ingenuidade. Ela certamente não é a pura vítima. Se é vítima das intrigas, ela também tem ardis de intrigante graciosa e que conhece sua força. Quando, sem querer, ela goza dos favores declarados da terceira Superiora, e assim suplanta a antiga favorita, irmã Thérèse, o mínimo que se pode dizer é que ela encontra um certo prazer em oferecer seus serviços a

---

23. O pronome "elas", acrescentado entre colchetes, são as irmãs de Suzanne na história. [N.T.]

esta última, em contemplá-la um pouco na sua derrota e no seu ciúme, em intervir perante a Superiora, pedindo-lhe que não guarde rancor daquela que foi vencida. Neste sentido, uma das cenas é maravilhosamente conduzida por Diderot (pp. 231-232/221-222). E também, quando Suzanne é conduzida ao convento e as irmãs lhe imploram que cante: "Eu cantei sem delicadeza, cantei por hábito, porque o trecho me era familiar: *Tristes aparatos, pálidas tochas, dia mais assustador que as trevas...* etc. Não sei o que isso produziu, mas não me escutaram por muito tempo; fui interrompida com elogios..." (pp. 43/76-77). [303] Veremos que há traços mais inquietantes em Suzanne, seus atos e seus sentimentos têm amiúde duas espessuras: natureza imediata, quando Suzanne fala na primeira pessoa, mas também liberdade refletida. O humor de Diderot consiste no seguinte: seu estilo recolheu as duas espessuras.

Suzanne, sendo a uma só vez, e no mesmo instante, natureza imediata e liberdade refletida, é equívoca. Por este equívoco se define sua vida pessoal, e seu *patético*, fora de qualquer relato de amor. O próprio Diderot escreve em 1780: "*A Religiosa* é a contrapartida de *Jacques, o Fatalista*. Ela está repleta de quadros patéticos", e ele acrescenta: "Não acredito que algum dia se tenha escrito uma sátira mais horripilante dos conventos".[24] Eis o porquê. O que à primeira vista é questionado, na *Religiosa*, não é, ao que parece, a religião ela mesma, muito menos Deus, mas simplesmente a religião em suas relações com a vida pessoal e privada. Suzanne crê em Deus, sua natureza a leva para uma devoção muito pura, ela reza com fervor: quando os visitantes aplaudem o canto das irmãs, ela é a primeira a se indignar (p. 83/107); ela tem todas as qualidades do coração; a primeira Superiora que ela encontra é uma mulher santíssima. Só que Suzanne não tem a vocação. O problema, então, não parece ser o de um sentimento, do sentimento religioso, mas, segundo um método caro a Diderot, o de um estado, de uma *condição*: a religião imposta como condição social, como vida privada, àquela que não tem a vocação. Mas o leitor não se engana. Trata-se também de outra coisa. Percebe-se que a primeira pintura da boa Superiora é manifestamente destinada apenas a destacar o caráter das duas Superioras seguintes, que são mulheres perversas. Percebe-se

24. Cf. Carta a Meister, datada a 27 de setembro de 1780 (G. Roth (org.), *Correspondance*, t. xv. Paris: Minuit, 1955-1970, p. 191).

também que se Suzanne é piedosa, é no sentido em que ela é natureza imediata. E, por fim, que a oposição não é somente inconciliável, entre *determinada* vida pessoal, aqui Suzanne e a vocação, mas entre a vocação e *qualquer* vida privada em geral, a ponto de que o estado religioso, para ser piedosamente realizado, implicaria a impossível abdicação de qualquer vida pessoal. É bem isso o que nos revela, no fim do romance, e de um jeito bastante sistemático, um misterioso personagem: dom Morel. Numa palavra, ser religiosa, ou é ser má religiosa, como Suzanne que, com toda a bondade do seu coração, recusa sua condição, sabendo que sua verdadeira vida pessoal está necessariamente fora do claustro, ou então é ser religiosa má, como as duas Superioras que só encontraram equilíbrio, no seio do claustro, ao reduzir a religião à sua própria vida privada, fazendo dela o instrumento, primeiro, de sua crueldade, segundo, de seu vício. [304] Finalmente, portanto, é o problema geral da religião que Diderot queria colocar.

***

O romance é bem construído, contrariamente ao que dizem. O que domina é a sucessão das três Superioras: e, frente à autoridade de cada uma, situam-se, de jeitos diferentes, a natureza e a liberdade de Suzanne.

Insistamos simplesmente na terceira Superiora. Ela é lésbica. Seu retrato já é uma obra-prima: "E, dizendo essas palavras, ela pegava uma de minhas mãos e dava-lhe umas palmadinhas com a dela..." (p. 178/181). "É que todas elas lhe dirão que eu sou boa..." (p. 193/192). Pelo vício, ela submete a religião à sua vida privada, ao seu gosto pessoal; ela transforma em vida privada as coisas santas. "Minha amiguinha vai rezar para Deus; quero que coloquem uma almofada neste escabelo para que os joelhinhos dela não fiquem machucados" (p. 179/181). E mais: "A senhora tem tanta bondade / Diga que gosto de você. E, ao pronunciar essas palavras, baixava os olhos..." (p. 200/197). Notar-se-á que a Superiora precedente, a segunda, também reduzia a religião à sua própria vida privada; mas de um jeito totalmente outro, era pelo despotismo, pelo reino absoluto de sua vontade. Contra ela, Suzanne se revoltava: "Eu era sempre pela regra, contra o despotismo". Ela chegava a querer se matar; só o que a retinha era a ideia de que as irmãs efetivamente desejavam sua morte. Entre Suzanne e as outras havia puras relações de violência, em que Suzanne era a vítima, suplícios extremamente refinados, ferrenhos interrogatórios. Sua liberdade consistia em dizer "não", e sua natureza em chorar sua liberdade perdida, em almejar a morte. Aqui, diante da nova Superiora, Suzanne tem outras reações. Sua liberdade agora consiste em olhar, em refletir: ela é espectadora. Quando descreve o convento: "O senhor que é entendido em pintura, eu lhe asseguro, senhor Marquês, que era um quadro bastante agradável de se ver..." (p. 228/219). [305] A Superiora lhe faz perguntas, mas nunca espera por suas respostas. Em sua cela, Suzanne reflete sobre "a bizarrice das cabeças de mulheres..." (p. 198/196). Reflexão *imediata,* e isso é o importante, reflexão que se apreende a si mesma imediatamente, e jamais encontra resposta: "Estou buscando, nada adivinho", "eu não sei", "não ousaria decidir". É essa ausência de resposta, essa reflexão sem resultado, que permite a Suzanne prestar-se às carícias da superiora, sem, no entanto, deixar de ser espectadora; em sua liberdade Suzanne contempla a superiora, contempla a si mesma, contempla sua própria natureza. Concebe-se, desde então, que sua ingenuidade *natural*, em algumas cenas extremamente audaciosas, possa ir um pouco longe: "Parecia-me [...] que eu ia *desfalecer*; contudo, eu não saberia dizer se foi sofrimento o que senti" (p. 202/199). E, na cela, ela vai *refletir* sobre o que se passou. Mas finalmente, enquanto sua liberdade se torna consciência espectadora, sua natureza também se torna *tédio*: jeito novo de apreender que sua única vida pessoal possível está longe do claustro: "Eu me entedio. — Mesmo aqui? — Sim, querida Madre; mesmo aqui, apesar de toda bondade que a senhora tem por mim. — Mas será que você sente movimentos em você mesma, desejos? — Nenhum. — Eu acredito, você me parece ter um caráter tranquilo. — Bastante. — Frio, até" (p. 213/207). Com a terceira Superiora, sua aversão pelo convento ganha, então, um terceiro aspecto. Poder-se-ia mostrar, de um jeito semelhante, como os mesmos temas ganham um valor diferente, em referência a cada superiora: por exemplo, o tema do contágio,[25] ou a recusa em responder às perguntas.

---

25. pp. 163/169 e 210/205. Cf., por um lado, a morte da irmã Ursule e, por outro, o amor da Superiora.

***

O romance acaba com a evasão de Suzanne: ela foge do convento, em busca de uma vida pessoal possível. Dois fatos a determinaram a isso: a revelação daquilo que a Superiora verdadeiramente era e, por outro lado, a súbita descoberta de seu *duplo* num personagem misterioso, dom Morel.

O romance está inacabado. [306] Deve-se lamentar isso? Seguramente não. O relato da fuga, pura notação stendhaliana de fatos concretos, é por si só uma obra-prima: uma dezena de linhas que estão entre as mais belas de Diderot.

Tal qual, na realidade, o romance está maravilhosamente acabado. Nada lhe falta, nem mesmo o *Sacerdos in æternum*.[26] Restituída à vida civil, ela responde "querida madre" ou "minha irmã" àquelas que lhe dirigem palavra, e quando batem na porta ela diz "Ave". Em torno dela, acredita-se que ela esteja imitando a religiosa. Decerto, ela agora se conhece; a última frase do livro é: "Sou uma mulher, talvez um pouquinho coquete, que sei eu?, mas é naturalmente e sem artifício". E, contudo, ela nunca esteve tão longe de uma vida pessoal feminina; estará sempre separada dela, por conta do seu antigo estado, sua antiga condição. Ela sabe bem disso, não aspira a mais nada a não ser à calma. "Uma condição suportável, se for possível, ou uma condição tal qual, é tudo de que preciso, e nada almejo além disso". Absolutamente nada restava senão fazê-la morrer.

26. Em latim, "sacerdote pela eternidade, eternamente, para sempre", que é um verso do salmo 109 de Davi (cf. a *Bíblia*), e também uma fórmula usada na consagração do sacerdócio: *Tu es sacerdos in æternum*. [N.T.]

ÍNDICE ONOMÁSTICO

Adler (A.) 49, 52, 222
Alexandrian (S.) 73
Allendy (R.) 282
Alquié (F.) 30, 109, 113–19, 290
Althusser (L.) 29, 231
Amiel (H.-F.) 267
Arafat (Y.) 16, 58
Artaud (A.) 26, 36, 71, 99–100, 207
Attali (J.) 53
Aymé (M.) 154

Bachofen (J. J.) 173
Backès-Clément (C.) 60–62
Bacon (F.) 14, 80, 86, 244–48
Balandier (G.) 49
Bamberger (J.-P.) 107
Baran (P. A.) 50
Baranger (P.) 121, 151
Bartók (B.) 239
Bataille (G.) 33
Beckett (S.) 15, 52, 206, 245
Bellour (R.) 10–11, 197–238
Bensmaïa (R.) 13
Bentham (J.) 121, 159
Berger (G.) 122
Bergson (H.) 13, 57, 80, 90–91, 96, 221, 230
Berio (L.) 239
Berkeley (G.) 130–31, 138, 290
Bernold (A.) 11, 98–100
Billy (A.) 258
Blyenbergh (G.) 150
Boulez (P.) 14, 239, 241–42
Boundas (C.) 97
Bourdieu (P.) 24
Bousquet (J.) 114

Boutang (P.-A.) 58
Boutang (P.) 81
Bouveresse (R.) 92
Bréhier (E.) 109–12
Breton (A.) 114–15
Burroughs (W. S.) 51, 66, 71, 213
Butor (M.) 265

Cage (J.) 230
Calígula 43
Canguilhem (G.) 112
Carroll (L.) 35–36
Carrouges (M.) 113
Carter (E.) 239
Cartry (M.) 47–50
Céline (L.-F.) 33
Cézanne (P.) 246
Chaplin (C.) 226
Châtelet (F.) 11, 13, 16, 21, 28–32, 113
Clastres (P.) 194–95
Clavel (M.) 55
Clément (A.) 251
Cohen-Halimi (M.) 11
Condillac (E.B.) 121, 123
Cressole (M.) 15, 79, 81, 86
Criton (P.) 11

Dalí (S.) 50, 114
Daney (S.) 15
Darwich (M.) 94
Davy (G.) 109
Davy (M.-M.) 265, 289
Debussy (C.) 242
Defert (D.) 11
Délay (J.) 71

Deleuze (F.) 9, 11, 32, 46–47, 64, 72
Deleuze (J.) 48, 58, 236
Descartes (R.) 30, 113, 117–19, 131, 290
Descombes (V.) 23
Diderot (D.) 300–07
Donati (A.) 53
Donzelot (J.) 15
Dreyfus (A.) 272
Duns Escoto (J.) 230
Duvert (T.) 221

Einstein (A.) 183
Espinosa (B.) 13, 30, 56, 95, 113, 150, 160, 297

Fauré (G.) 50
Faure (H.) 42
Faye (J.-P.) 41
Fichte (J. D.) 20
Flaubert (G.) 207, 279
Fortes (M.) 50
Foucault (M.) 15, 53, 70–82, 85, 103, 197, 216
France (A.) 272
Freud (S.) 70, 174–75, 179–81, 198, 219, 222, 233, 236, 238
Friedman (G.) 112
Fromanger (G.) 14

Galileu 164
Gandillac (M. de) 265
Gauguin (P.) 246–47
Gaulle (C. de) 266
Gémayel (B.) 58
Gérard (R.) 182–84
Giono (J.) 255
Givaudan (C.) 74
Godard (J.-L.) 66, 227

Goethe (J. W.) 171
Gordon (P.) 173
Gouhier (H.) 23
Goya (F.) 78
Graetz (H.) 174
Green (A.) 234
Grenier (J.) 265
Griaule (M.) 49
Grimm (F. M.) 301–02
Guattari (F.) 10, 23, 37–58, 61, 63–4, 80, 91, 197, 225, 235
Guattari (S.) 58
Gueroult (M.) 13, 117

Hartley (D.) 121, 128
Hegel (G. W. F.) 113
Heidegger (M.) 61, 251
Hipócrates 297
Hjelmslev (L.) 230
Hobbes (T.) 128
Hocquenghem (G.) 16
Hume (D.) 7, 10, 13, 30, 121–68, 185–93
Husserl (E.) 122, 267

Jabès (E.) 210
Jaccard (R.) 27
Jankélévitch (V.) 22, 23
Jaruzelski (W.) 58
Jdey (A.) 78, 244
Jung (C. G.) 37, 175, 177–81, 222

Kafka (F.) 14, 47, 93–94, 215, 218
Kant (I.) 13, 19, 20, 30, 80, 90, 113, 125, 132, 134, 162, 165, 167–68, 190
Keaton (B.) 226
Keynes (J. M.) 63
Klein (M.) 226

Kleist (H.) 67
Klossowski (D.) 65, 68
Klossowski (P.) 60–69, 265
Krafft-Ebing (R.) 169
Kurosawa (A.) 95

Lacan (J.) 34, 37–38, 41, 44–45, 48–51, 198, 207, 265
Laing (R.) 228
Laporte (J.) 122, 134, 147
Laruelle (F.) 96
Lavelle (L.) 109–12
Lawrence (D. H.) 14, 27, 206–07, 210–12, 215
Le Senne (R.) 109–12
Lebel (J.-J) 57
Leibniz (G. W.) 13, 128, 190
Leroy (A.) 121, 132, 161–62, 185
Lévy (B.-H.) 53–54
Lewinter (R.) 226
Ligeti (G.) 239
Lindon (I.) 9, 11
Lindon (J.) 25, 47, 54, 82, 84–85
Liszt (F.) 241
Locke (J.) 126, 128
Loy (R.) 181
Luc de Heusch 50
Lucrécio 188, 190
Lyotard (J.-F.) 53, 55, 225, 229

Macherey (P.) 11, 29, 34
Malebranche (N.) 130–31, 273
Malfatti di Montereggio 289–99
Mallarmé (S.) 210, 296
Malraux (A.) 300
Martin (J.-C.) 11, 61, 96–97
Marx (K.) 44–45, 63, 70, 160, 210

Mateus 267
Mattéi (J.-F) 26
McLuhan (M.) 66
Meinong (A.) 231
Messiaen (O.) 56, 240, 248
Métraux (A.) 194
Michaux (H.) 42, 206
Michelangelo (B.) 247
Miller (H.) 51, 71, 210–15
Mizoguchi (K.) 95
Moré (M.) 265
Morot-Sir (E.) 111
Muyard (J.-P.) 38–41

Nacht (S.) 174, 177
Nancy (J.-L.) 96
Nassif (J.) 48–49
Negri (T.) 13
Nero 151
Newman (B.) 247
Newton (I.) 126, 143
Nietzsche (F.) 14, 21, 25–26, 60–62, 70, 84, 95, 99, 112
Nijinsky (V.) 40

Ostrowski (C.) 292
Oury (J.) 37, 53

Painter (G. D.) 29
Parain-Vial (J.) 81
Parnet (C.) 11, 58, 65
Parnet (F.) 59
Pascal (B.) 161, 167, 271
Peirce (C. S.) 57
Perruchot (H.) 170
Pesty (E.) 11

Piel (J.) 33, 72
Platão 28, 79, 207
Polin (R.) 112
Ponge (F.) 284
Proust (M.) 14, 29, 79, 88, 91, 93, 95, 239, 279, 281, 287

Ravel (M.) 98
Reich (W.) 39, 63, 217
Reik (T.) 174–77, 179
Renouvier (C. B.) 269
Romains (J.) 259, 272
Rosset (C.) 11, 21–27, 82, 185
Rougemont (D. de) 274
Rousseau (J.-J.) 121, 278, 283
Roussel (R.) 85
Ruiz (R.) 65
Russell (B.) 231

Sacher-Masoch (L.) 7, 14, 21, 33, 35, 94, 169–81
Sade (D. A. F.) 170, 218
Saltel (P.) 151
Sanbar (E.) 11, 94
Sangla (R.) 77
Santiago (H.) 15
Sartre (J.-P.) 251–52, 267
Scherer (R.) 96
Schlichtegroll (C. F.) 169
Schopenhauer (A.) 20
Schreber (D. P.) 41, 43
Schuhl (P.-M.) 29, 109
Simondon (G.) 30
Smith (N. K.) 122
Sócrates 193
Stendhal 303, 307
Stravinsky (I.) 239

Suetônio 43
Sweezy (P.) 50

Tausk (V.) 42
Tilquin (A.) 82–83
Tosquelles (F.) 37
Tournier (M.) 33–34, 253, 265
Trost (D.) 73, 75

Valéry (P.) 253, 300
Van Gogh (V.) 246
Varèse (E.) 239
Vergès (J.) 47
Villani (A.) 11, 24–25, 78–89
Vinson (A.) 9, 19
Voeffray (J. E.) 11, 90–93
Voltaire (F.-M. Arouet) 27, 278
Vuillemin (J.) 20

Wagner (R.) 241
Wahl (J.) 265
Weil (E.) 19, 31
Wenders (W.) 67
Whitehead (A. N.) 57, 80, 89, 91
Wolfson (L.) 43

Zempléni (A.) 48–50
Zeuxis 162, 188
Zucca (P.) 64–66, 68

Dados Internacionais de Catalogação na Publicação (CIP) de acordo com ISBD

D348c   Deleuze, Gilles

Cartas e outros textos / Gilles Deleuze ; traduzido por
Luiz B. L. Orlandi. - São Paulo : n-1 edições, 2018.
320 p. : il. ; 15cm x 23cm.

Tradução de: Lettres et autres textes
Inclui bibliografia e índice.
ISBN: 978-856-6943-54-2

1. Filosofia. I. Orlandi, Luiz B. L. II. Título.

2018-394

CDD 100
CDU 1

Elaborado por Vagner Rodolfo da Silva - CRB-8/9410

Índice para catálogo sistemático
1. Filosofia 100
2. Filosofia 1

n-1

O livro como imagem do mundo é de toda maneira uma ideia insípida. Na verdade não basta dizer Viva o múltiplo, grito de resto difícil de emitir. Nenhuma habilidade tipográfica, lexical ou mesmo sintática será suficiente para fazê-lo ouvir. É preciso fazer o múltiplo, não acrescentando sempre uma dimensão superior, mas, ao contrário, da maneira mais simples, com força de sobriedade, no nível das dimensões de que se dispõe, sempre n-1 (é somente assim que o uno faz parte do múltiplo, estando sempre subtraído dele). Subtrair o único da multiplicidade a ser constituída; escrever a n-1.

Gilles Deleuze e Félix Guattari

n-1edicoes.org